启真馆 出品

译学馆译丛

The Life
of Learning

学问生涯

［美］道格拉斯·格林伯格
［美］斯坦利·N.卡茨 编

吕大年 等 译

ZHEJIANG UNIVERSITY PRESS
浙江大学出版社

谨以此书之出版向弗雷德里克·布克哈特致敬
并缅怀 R. M. 卢明斯基和约翰·威廉·沃德

前　言

　　美国学术团体协会（American Council of Learned Societies，ACLS）创立于 1919 年，其宗旨在于扶持美国人文学术，并担任美国学术研究的海外代表。美国学术团体协会最初由十二个学术团体组成，目前已包括五十三个会员团体、一大批作为准会员的高等院校机构，以及服务于其他地区人文学科事业的七个关联机构。在它的卓越历史进程中，美国学术团体协会以学术奖金项目的形式，为数以千计的研究者提供了资助。它借此而协助出版的图书专著，亦是不可胜数。它的有效参与，几乎遍布于人文教学与研究的各个层面。

　　约翰·威廉·沃德在 1982 年担任美国学术团体协会主席时决定：为了纪念美国学术团体协会致力于顶尖学术与教学发展的传统，应当每年邀请一位杰出的人文学者举办一场以"学问生涯"（Life of Learning）为主题的讲座。他进一步提议：讲座可冠以查尔斯·霍默·哈斯金斯的姓名。作为一名成绩斐然的学者兼教师，哈斯金斯在美国学术团体协会的创立过程中起到了关键作用，并且担任过协会的第一任董事会主席。

沃德对哈斯金斯讲座的定义是：它不应是寻常意义上的学术工作，而应当代表某一位仍然活跃在专业领域的资深人文学者展开自我反思的契机。这位学者拟将担任的角色，是围绕自己当前学术成就的主体，以及导致它形成的个人与智性力量，而提供某种不同寻常的思考。于是，在寄给第一位哈斯金斯讲座嘉宾梅纳德·迈克的邀请信里，沃德写道：

> 我们的意图，是邀请每位年度嘉宾对自己毕生治学的经历，以及学问生涯里的各种想法动机、偶然决断、满意（和不满）的事情进行反思，并通过自己的生平经历，对更大范围内的体制学术生活进行探索。我们希望，演讲者无须陈述自己的学术研究成果，而是能与其他学者分享个人独有的学问生涯历程。

比尔·沃德将自己的观点阐述得如此精雅，所以自1983年以来，这些话语一直出现在每年寄送给哈斯金斯演讲者的信件里。哈斯金斯讲座带来的荣耀，就像沃德的优雅文辞所体现的那样，已经被证明是充足吸引力的保证。迄今为止，只有一位候选人拒绝了讲座邀请。

为哈斯金斯讲座遴选年度嘉宾的难题，被交给了美国学术团体协会代表团的执行委员会。代表团成员皆属于协会的正式管理机构，并且分别代表不同的会员团体。它们每年在成员当中挑选并重组执行委员会。执行委员会负责审批协会的新晋成员，并向协会工作人员提供年会项目的建议，同时挑选哈斯金斯讲座的嘉宾。历年以来，委员会向各学术团体会员征集建议，并且召开年度讨论会（类似于判断众多伟大艺术品的相对优劣），然后挑选出第二年拟邀发表演讲的学者。确实，那些被认为适合举办讲座、但目前尚未获邀的学者名单，看上去就像是一份册页极薄的《名人录》。不管怎样，一旦人选确定，美国学术团体协会主席就会向受邀嘉宾寄送信函，其内容则与比尔·沃德在 1983 年撰写的那封邀请信几乎一致。

虽然受邀者从来都予以肯定答复，但在他们的犀利言辞里，却可以看出哈斯金斯演讲者在面临各自任务时的高度严肃感。梅纳德·迈克是系列讲座的首位讲演者，他回复道，尽管他很高兴接受这份邀请，但"我终于明白克尔凯郭尔说的恐惧与战栗是什么意思了"。几个星期过后，他在与沃德处理一些具体杂务时写信称："越来越要吓死人了。"

迈克的精彩演讲为后续者开创了先例，许多人都要求提供以前的演讲稿作为参考。保罗·奥斯卡·克里斯特勒在 1988 年接受邀请后，索取了先前所有的演讲稿。他的理由是："它们可以帮助我理解并遵循这些讲座的预期格式和内容。"他还以独特而得体的口吻写道："[我]倍感荣耀，并愉快地接受这次邀请。希望能够不负所托，尽管我已年近老迈。"

弥尔顿·巴比特在受邀举办讲座时，也对它代表的荣耀进行了评价。不过他提醒道："我要在鸡尾酒招待会上弹钢琴，这一项要额外收费。"弥尔顿·阿纳斯托斯在收到邀请后喜不自胜，他写信称："它把我带到了毕生事业的顶点……"卡尔·休斯克以前曾担任协会代表团的执行委员会委员，所以他应该清楚自己究竟是从怎样的竞争之下胜出。他的话很直白："您这封信的内容委实让人惊喜。我在过去的四十八小时里反复掂量这项任务，并充分认识到其中的一些困难——这比我在执行委员会评估候选人时的困难程度更显真切……无论如何，我将尽力而为，为了不辜负这项如此具有标志性的荣誉，而它的颁发机构在我心目中又是如此亲切。"

所有的反馈都体现出一种谦和。尽管每位受邀者的业绩，似乎足以让他们无须如此低调。不过，有些人则坦承自己感到非常吃惊。安娜玛丽·席梅尔在信中说："我看到［邀请信］时觉得格外吃惊。我简直不能相信，你们会挑选我举办这项杰出的美国学术团体协会讲座……我非常非常感谢你们。不过我有些犹豫：到目前为止，许多伟大的学者都参加过同一系列讲座，而我是否需要再去讲一场……"没有哪位哈斯金斯讲座嘉宾比唐纳德·迈尼格的表述更加精彩了。他在收到邀请后写信说："昨天收到了你们这封令人吃惊的信件。我带回家跟妻子一道看，然后把它放到桌上，第二天早上再去看看它还在不在——它是不是真的。"

这些演讲内容的本身，充分证明了委员会在遴选人员时的睿智，以及诸位演讲者在对待这项任务时的审慎持重。偶尔有些时候，美国学术团体协会也会与某次演讲前后分别担任过嘉宾的人士进行沟通。卡尔·休斯克在读完唐纳德·迈尼格的演讲稿后，写信评价它的优雅行文，并觉得这篇讲稿让他对迈尼格的地理学科产生出全新的欣赏体会。迈尼格本人则坦承，"在极其愉快地完成了哈斯金斯讲座之后"，他觉得自己都没能好好感谢一番美国学术团体协会的邀请。不过，约翰·霍普·富兰克林的体验描述，或许能让所有的哈斯金斯演讲者心领神会。他表示，希望"代表团、董事会，以及听众们……对整场讲座的享受程度能够达到我的一半。尽管我感觉这有点儿像是在大庭广众之下脱光衣服，但这次讲座却让我有机会审视自己生活中的某些层面……这是……一次让人铭记在心的经历"。

每一年聆听讲座、随后将它们逐篇付梓的经历，也同样令人难忘。这些讲座所代表的集体智慧与思想理解，在多年间逐步累积。比尔·沃德预言它们最终将结集汇编为一本精彩的小书，已然被证明是真知灼见。所以说，这一册书的出版构想，在沃德计划第一批系列讲座时即已产生。不过，这些计划每一年都在递增添补，因为每位演讲者在思忖学术生涯的意义时，都提供了一种新的视角。我们这些有幸在现场聆听到原始讲座内容的人，也愈加意识到：它们不仅提供了有关个人生活与事业的视角，也给最广泛意义上的人文研究发展提供了视角。确实，它们是书写战后美国智识史的第一手关键材料。这让我们更加充满信心，认为到目前为止的整个系列讲座都值得出版。

对这些汇编讲稿进行更为全面的分析和评注，是一件极具诱惑力的事情。但尽管如此，我们还是决定放弃增补一篇诠释性的文章。因为我们知道，阅读这些文本时的一项至乐，就是从中发现大大小小的惊喜。过于精细的导读，会把这些惊喜之处展露无遗，从而削减读者在阅读本书时的高度愉悦。

本书收录的哈斯金斯讲座内容，与现场演讲的原貌完全一致。仅个别篇目里删除了纯属应景的谈话内容。书中还酌情标明了演讲者当时附属的机构名称。玛丽·罗莎蒙·哈斯在1984年的演讲内容则未收入此书。哈斯教授结合当时的情境，并参照相关笔记而发表了演讲，但最终未能向美国学术团体协会提供一份可供出版的文本。我们很遗憾书中缺少了她的这次演讲内容。

本书编辑者要对每一位演讲者表示感谢。为了让这本书得以迅速出版，他们提供了恒定可靠的协作支持。此外，本书涉及美国学术团体协会整个历史阶段和三任协会主席指导下的讲座系列，芭芭拉·赫宁为此提供了至关重要的行政支持。对于她的支持，以及她对美国学术团体协会运营过程中其他众多关键事务的关注，本书编辑谨此表示最为深挚的谢意。

自1987年以来，美国学术团体协会出版社的执行总编坎迪丝·弗雷德以专业水准监制出版了"不定期论文集"（Occasional Papers）系列，并且指导了最近七篇哈斯金斯讲座文稿的首发工作。对于这些付出，以及她为美国学术团体协会出版项目而付出的不懈努力，我们在此表示感谢。

　　我们谨以此书向弗雷德里克·布克哈特致敬，并缅怀 R. M. 卢明斯基和约翰·威廉·沃德。这微不足道而迟来的敬意，是为了感谢他们三位在担任协会主席期间为美国学术团体协会做出的奉献。更重要的是，他们勉力支持众多学人的求知生涯，在多年里给不计其数的学者带来了无名的馈赠。弗雷德里克·布克哈特凭借他对学问生涯的热爱，并且作为《查尔斯·达尔文书信集》的编辑，作为一位拥有超常智慧与谦逊品格的人物，仍然在激励着我们。他时常造访美国学术团体协会的办公室，而本书编辑则热切期盼着他的每一次到来。我们崇敬他以往的学术业绩，并赞赏他继续取得的成就。鲍伯·卢明斯基曾经为美国学术团体协会服务多年，先期担任董事会主席，后来又担任协会主席。沃德则以非正式身份为协会服务了将近三十年，继而在 1982 年担任协会主席。当他遽然辞世后，协会主席职位一度空置，而卢明斯基则适时回归，继续担任了一年的临时主席。所有认识弗雷德里克·布克哈特、鲍伯·卢明斯基，或比尔·沃德的人，都不会怀疑他们都属于本册书里的哈斯金斯讲座团体。他们三位，是学问生涯的醒目榜样。

纽约　　　　　　　　　　　D. G.（道格拉斯·格林伯格）

1993 年 9 月　　　　　　　S. N. K.（斯坦利·N. 卡茨）

　　　　　　　　　　　　　　　　（李晖　译）

目录

1983
梅纳德·迈克
（耶鲁大学英文系杰出教授）

梅纳德·迈克（Maynard Mack，1909—2001），生前系美国耶鲁大学英文系杰出荣誉教授，著名蒲柏专家和莎士比亚专家。其《蒲柏传》最受世人称道。曾任美国人文学界诸多要职。

《学问生涯》是他在美国学术团体协会（ACLS）1983年年会上发表的演说。

美国学术团体协会成立于1919年，现由七十个学术团体组成，旨在加强人文学科及一切相关社科领域之间的交流，促进美国人文学的发展。美国学术团体协会也是美国人文学最高学术水准的集中代表。

1982年，学会时任主席约翰·沃德（John William Ward）提出一项重大改革，即每年遴选一位杰出人文学者，请其以"学问生涯"为题，到年会发表演说。

翌年，年逾古稀的迈克教授遂成获此殊荣第一人。而他这篇开山演说亦成为后来者每每援引参照却难以逾越的标杆。"我断然无法像他那样，既睿智又谐妙，既博雅又解颐，统统熔于一炉。"——1985年的演讲人、著名史学家劳伦斯·斯通（Lawrence Stone）教授曾如此叹息。或许这正是迈克绝妙好词之绝妙所在？

谈古论今，旁征博引，说的是二十多年前美国人文学界之种种怪现状。而今天，我们中国的人文学者读之，是否不禁莞尔，亦心有戚戚焉？

1994年，牛津大学出版社曾将美国学术团体协会前十位演讲人的讲词结集出版，唯删去其间二三应景闲语。此举固于讲词主旨无害，但就迈克吐属而言，终嫌缺憾些许。为求全豹，译者仍据美国学术团体协会官网所刊原稿移译，要的还是睿智、谐妙、博雅、解颐。一个不能少。

一

梅（Georges May）教授介绍我的一番溢美之词，让我想起温斯顿·丘吉尔的一个故事。二战结束，丘吉尔卸任首相后，哈罗公学请他回母校，到毕业典礼上致辞。丘吉尔觉得理当效劳吧，于是欣然前往。校方在典礼上对他的介绍也是不吝美言，就像你们刚才听到的对我的介绍一样，不过他是当之无愧啊。

丘吉尔没有给人夸晕过去，他站起身，对毕业班的学生说了一句："永不放弃！"然后坐下了。

　　我想，大家会同意我的说法：这是迄今为止你们听到的最最令人难忘的毕业致辞，同时也可能是对咱们在座诸位孜孜以求的生涯——学问生涯的最富睿智的点评。天哪，他们怎么把我给挑了出来——我想黑话该叫"指派"吧——叫我来谈谈学问生涯。这背后的缘由，你们不清楚，我同样也不清楚。我琢磨有两个原因。一是在明天十点半的大戏开场前，也没准就在楼上的酒吧今晚开张前，得有人先来垫个场。二是在座的诸位虽然学问都比我大，但年龄也大过我的却没有几个。我已经从神秘的造物主那里多要了三年半的阳寿，现在一到下午，只要周围安安静静，我就能听见自己的脑细胞在迅速地死去，噼噼啪啪的，像爆玉米花一样。而这，我一下意识到，正是美国学术团体协会看重我的地方：他们是要拿我出来展览呀，就像过去埃及人在盛宴开始时，每每搬出一具骷髅来示众一样。我能够听见董事会上的窃窃私语："要想激励这帮教授们好好想想，没有谁能比这个发了霉的老教授更合适了：这事要趁早，别等他们也变成他这样。"所以，女士们、先生们、金童玉女们，可得好好想想啊。埃克斯特教堂的墓地上立有一块旧墓碑，上面刻有这样的话："你们在我身上看见的缺点，务请避之。看清楚。还有事要做。"

　　我说些什么呢？他们给我的要求是稍微多些个人色彩，甚至不妨叙叙旧。实话实说，我起先真的坐下来，为此专门炮制

3

了一篇煞是简妙的自传。我觉得蛮动人的。有些部分能让你们眼泪汪汪。不过，我太太可不让我就这么交差了事。她一字一句地过了一遍。我写的东西，她都要这样检查的。这篇自传花了她一些时间，因为凡是我标出"停，恭候掌声"的地方，她都一一照办，稍事停顿。不过，看完之后，她抬头说："这不行。""什么不行？"我回道。我这人小有辩才。"说你十七岁读查尔斯·霍默·哈斯金斯[1]的那段，"她说，"没人会信的。他们会觉得你这是应景讨好的话。""可我的确在十七岁就读了哈斯金斯的书呀，"我说，"我记得他那本写 12 世纪文艺复兴的书刚出版时，家里有一本，我就读了，那是我高中的最后一年。还有，两年后，我甚至读到了他的《大学之兴》。要不是看过这两本书，我没准都不会干上这一行呢。"

太太不以为然。"人家还是不会信的，"她说，"还有啊，你这里节外生枝，扯了一大篇解构主义批评，说这如何大大解放了你，你又如何把这全都归在斯威夫特的名下。我不明白你拉扯这些干吗。你很清楚，这跟斯威夫特扯不上一点关系，全是从索绪尔和列维 – 斯特劳斯那里来的。这话你都跟我说过多少回了！""可那说的是理论，"我应道，"斯威夫特才是第一个实践者……你记得《木桶记》里的三兄弟吧？他们怎么处理父亲

---

[1] 查尔斯·霍默·哈斯金斯（Charles Homer Haskins，1870—1937），美国学术团体协会首任主席。协会年会讲座设立之始，即以其名冠称："查尔斯·霍默·哈斯金斯奖系列讲座"。——译者注，下同

的遗嘱来着？哈！他们解构了它，同一个文本生出了罗马天主教、英国圣公会还有福音派新教。要是这还算不得解放，我不知道什么才是呢。""好吧，"她说，目光灼得人难堪，"只是，看见你站到了那一边，很多人会震惊的！最傻不过老来傻，你想怎么写就怎么写吧。不过你记着，照现在的样子，你的演讲比规定的时间至少超出了一个小时十分钟。"

我得承认，这话说得在理。也许我该试试，看能不能写个稍微内敛些、简短些、紧凑些的东西。也许用双韵体写个什么，像蒲柏先生写的那种。眼下我正写他的传记呢。也许来个什么现代版的《笨伯咏》吧。可叹的是，这荣光美梦很快破灭了。因为我几乎立刻想起一件陈年往事。那是在耶鲁念大二的时候，修了一门课，叫"英语二十五"。任课老师给我们的作业是，模仿蒲柏先生，写一副妙联偶句。我们那会儿正在读蒲柏的诗。"就写一对偶句，"老师说，因为他还给我们布置了大量的阅读，"一对偶句。下节课带来。"于是我就写了一对偶句，带到课上给他看。他瞪着眼看了许久——我觉得巴尔博亚[1]当年看太平洋差不多也就这样吧。"喂，"我末了紧张地问，"怎么样啊？"他没有即刻回答。等他开口说话，嗓音完全给噎住了。"妙，"他说，"绝妙——要是你能把头两行给删掉就好了。"

这下我真的慌了。眼看 4 月 14 号一天天逼近，我还两手空空呢。"现在你只剩一条路了，"我对自己说，"'我手写我

---

[1] 巴尔博亚（1475—1519），西班牙探险家，曾率队穿越美洲大陆，抵达太平洋东岸，以发现太平洋之欧洲第一人名世。

心'[1]！"我这人一向以善造警句著称。"对呀，"我说，"看看'所有阶梯开始处，走入心灵那龌龊的旧货铺'[2]。"——我又造一句。于是，昨天午夜时分，我去那里瞅了一眼，我是说去那个旧货铺。黯然神伤啊！满目所见，尽是一生积累起来的陈词滥调，像阁楼里的服装袋，整齐地码在一起。我闷闷不乐地瞪着眼前。靠近身旁有三个袋子，一个奇小，标牌上写：人文学科之前景。第二个袋子大一号，标牌是：教学到底怎么了？第三个袋子像什么乳胶做的，一看就是可以扩大或缩小的那种。标牌上画一问号，后面跟着这么几个字：高等院校：判决待定。"好了，就从这三个袋子里往外拿吧。"我对自己说，"没时间多说什么了。即便就是陈词滥调，听众没准也会想起当今一位杰出的古典学家曾经说过的话：所谓陈词滥调，就是至真至实之言永遭忘弃，以致人人面临困境。"

二

那些袋子里装了些什么货色呢？下面就是倒出来的几样。先说人文学科的前景。袋子说，堪忧。我想，明天会议的议程就充分印证了这一点。不过，咱们中的人文学者至少有责任把眼光放得长远些。人文学科的前景可曾完全无忧过？我以为没

---

[1] 借用英国 16 世纪诗人菲利浦·锡德尼的名句。
[2] 借用叶芝《驯兽的逃逸》一诗中的最后一句。

有。以往的人文学者，至少有许多，都是奉苏格拉底为祖师爷的。我敢说，咱们都还记得那个故事。老师让学童以苏格拉底为题作文。（在那美好而不再的年代，老师仍然布置命题作文，批阅命题作文。）学童写道："苏格拉底是希腊人。他游走四方，给人提意见。他们毒死了他。"中世纪的情况也乐观不到哪里去。12世纪那个萨利斯伯里的约翰——关于这个人，查尔斯·哈斯金斯在我刚才提到的两本书里有许多精彩的描述——这个约翰发现自己与诸多时论格格不入。那些时论，与咱们这个国家20世纪六七十年代间声嘶力竭叫喊的，而今又在风靡全国的职业化教育浪潮中贯彻实施的观点，可谓相似之极。"这老傻帽要干吗？"约翰想象当时的职业教育论者这样质问自己，"他干吗给咱们引述古人的言行？咱们的知识，咱们自己来。咱们年轻，不认识古人。"

历史如何重复，绝对匪夷所思。做过总统的杰弗逊，晚年给同样做过总统的约翰·亚当斯写过一封信，堪列历代书信名篇。其中有这样一段文字：

> 独立战争后出生的年轻人比你我幸运。他们在娘胎里就获得了全部的知识，现成地带到世上来。书本知识不再必不可少了。知识只要不是与生俱来，鄙视之，至少无须过问……我希望我们的继任者会吸取经验教训，关注教育之利。

詹姆斯·雷斯顿[1]曾告诉大家，他在爱荷华的柯尔学院一位退休老教授的书房大门上，看见过一块破烂牌匾，上面写了这么一段话："我等心甘情愿，受无名鼠辈领导，替忘恩负义之徒，干无法完成之事。我等干了很多，干了很久，支持却很少。而今我等可以赤手空拳，无所不能也。"这段文字与上面那段书信并非完全两样啊。

如此看来，追求学问人生而不受待见，或生不逢时，难为世人理解而无可奈何——凡此种种，显然并非自我们才有。我也不会以为到我们即止。人文与社会科学的工作，本质上就有难以界定处，任何社会极易视之为祸害。我们日复一日，辛苦劳作，大多时候，似乎于世无碍，只在档案堆和图书馆里扒拉，或穿梭于异域风土间，东奔西走，与街头药店主的兴味关怀大异其趣，就像沙滩男孩乐队迥异于詹姆斯·瓦特一样。所以，国家权贵看我们这种人，眼光一定是忍恶不得，充其量不过温柔的轻蔑而已。这种态度，我敢说，在座诸位有不少在国会大小委员会前作证时，都曾领教过的。问题倒是，咱们的梳理扒拉加远追近求，虽然未必能有类似《物种起源》《资本论》或《日常生活精神病理学》那样的成就，但至少偶尔也能带来意义深远的别样视角——自此而后，一切均不复原来的十足模样

---

[1] 詹姆斯·雷斯顿（James Barrett Reston，1909—1995），《纽约时报》著名专栏作家，生前于政界人脉深广，影响非比寻常。1971年曾来华访问，因急性阑尾炎发作，在北京反帝医院（今协和医院）手术切除。再经针灸艾条熏灸，术后腹胀疼痛尽祛。于是感而发文，昭布天下，针灸始入美利坚之西人法眼。

了。诸位会记得，布莱克即以令人难忘之笔，记录了这样一种变化。

怎么，有人要问，当太阳升起的时候，你没看见一个有点形似金币的圆火盘吗？哦，没见，没见。我看见的是无数天使聚一起，呼喊："我主全能上帝——神圣啊，神圣，神圣。"我不怀疑我的肉眼或我那植物眼，就像景物在前，我不去怀疑窗户一样。我不是用眼来看，而是透过眼看。[1]

布莱克的例子提示我们，绝非只有社会科学才能打破现状。人文及艺术领域里的成就所带来的变化，兴许慢悠悠，迂回宛转些，但我以为，没有几个人还想就此理论一番，说哲学、历史、文学及艺术创作上的天才巨子大体上都白忙活了。他们也澄清问题、质疑问题，也激发问题、提出问题。我们今晚在此所分别代表的学科就具有这种双重功效。这无疑就是咱们的荣誉勋章了，即便有时候，在紧要关头，我们也得把它当作英勇勋章来佩戴，只是我希望别是红色的就好。[2]

---

[1] 语出威廉·布莱克的名文《最后审判日的灵象》。

[2] 此处套用 19 世纪美国作家斯蒂芬·克莱恩描写美国内战的名著《红色英勇勋章》篇名。

三

抖开第二只袋子——"**教学到底怎么了？**"的时候，我得精挑细选才行。袋子里塞满了我给自己做的小卡片，因为学问生涯对我而言，主要就是教书。我父亲是个教员，在欧柏林教书。我就是在那里长大的。父亲去世后，他生前教过的许多学生都费心写下过缅怀颂扬的文字。读过之后，我最终只能得出这样的结论：父亲作为教师，简直堪称伟大。（我注意到，学问生涯如果真能获得什么褒奖，大多都是人已作古之后的事。）我不能指望也拥有父亲那样的魅力，但我知道，教了四十二年的书，我也并非一无所获。那么，我到底学到了些什么呢？

我记得，有个东西我是很早就学到了的，而且在第一张落到我大腿上的3×5英寸的卡片上果然就有记录。"千万莫忘，"——我立马意识到，我的个人经历正好验证了列奥·施特劳斯[1]过去常常告诫每一个上进年轻教师的话——"千万莫忘，课堂上至少总会有一名学生，心智和情感完全在你之上。千万莫忘，课堂上还有，或应该还有第二个老师，比你重要得多的老师：伟大的文本。注意，别妨碍了他们之间的交流。记住弥尔顿在《论出版自由》里的告诫：一本好书乃是一个大师的宝贵心血，被特意保护珍藏起来，留给身后一人的。小心别说出

---

[1] 列奥·施特劳斯（Leo Strauss，1899—1973），生于德国的犹太裔美国政治哲学家，常年在芝加哥大学讲授古典政治哲学。现被视为美国新保守主义的一个思想渊源，引发颇多争议。

这种愚不可及的话，什么一个艺术大家，或史学大家，或哲学大家，或别的什么伟大著作的作者，为创作一部作品，辛辛苦苦，每每还饱受煎熬。然而这作品，除了自说自话，与谁也不相干。它只说它自己的事，而不提全体人类的愚蠢、伟岸和痛苦。更要小心，别炫耀，无论是你的学问——如果你还有点学问，还是你最新掌握的万能批评利器。记住了，作品的光芒越亮，不透明的遮光体所投射的阴影就越暗。可别成为那个遮光的东西。要是你发自肺腑，真以为普鲁斯特的《追忆似水年华》说的就是'关于'隐喻和借喻的事，或者爱伦·坡的《失窃的信》在赞颂阳具，那么，你自己注意适可而止，找个地方躺下吧。"

　　别的我还学到些什么呢？当然，还有许许多多，都记在我给自己做的那些 5×8 英寸的小卡片上。显而易见的东西，无须拿来再说一遍了，而有些再说起来，还是蛮伤感的。就说一件伤感的事吧。我年轻的时候，最好的老师，面对自己所教的书本，那是敬之、畏之、仰之、慕之、叹而爱之。这份情怀，多少年下来，如果不说日经风吹雨打，有时竟荡然无存的话，而今也是大大地萎缩了——我是这么看的。毫无疑问，与后来的衮衮诸公相比，这些教员简单了些，深度不够；其诡辩功夫也绝对不及啊。现今有所谓"研究型"教授的称谓，有所谓"杰出"教授的头衔，假如那意思就是没有学生可教，或但凭心血来潮，想什么时候教，就什么时候教，想教什么就教什么——教授因此而称"杰出"，得无更近荒唐乎？——而你却要对他们

11

说，有此等头衔称谓乃是某种身份的标志，他们会哈哈大笑的。如果再有人妄自尊大，以为自己"高明"到了无法再给本科生上课的地步，他们更会大笑哈哈了。"做好准备，迎接那个陌生人，"这是艾略特的诗剧《岩石》里的合唱部分喊出的一句话，"做好准备迎接他，他是知道如何发问的。"在学问——这么说吧，在制度化了的学问生涯里，担当这陌生人角色的恰是本科生。正是小男生或小女生会问你：这东西到底有什么用？或者，国王怎么没穿衣服呢？那些假装没看见的人都是谁呀？研究生们从来不问这类问题。他们已经在村子里安营扎寨了，只想知道最近的复印机在哪儿，排污费收多少。

好了，要说当时教我们这一代的教员简单缺乏深度，这话我估摸也还公允。不过，他们倒的的确确，牢牢抓住了一个我们今天好像欠缺的东西。我小时候最早的记忆里有这么一个印象：我看见父亲从书房里出来，眼含泪花——他先前在里面备课，读华兹华斯呢。这在孩子眼里，可是挺吓人的事。我也还记得后来在耶鲁，C. B. 廷克会把一些善本书或手稿从他的书房捧到课堂上来，怂恿大家都去摸一摸，仿佛我们身在一个圣地似的——可不就是嘛：按 W. H. 奥登后来的说法，就是"神圣的文学国"了。大家还会想起济慈发现查普曼翻译的《奥德修纪》时，感觉仿佛天文学家看见了一颗新的行星划过天际。还会想到蒲柏在他的朋友巴瑟斯特勋爵家里，用希腊语大声朗读普里阿摩斯国王与阿喀琉斯会面的场景时，竟唏嘘不能自持；还会想到福楼拜写给一个朋友的话：

最最美丽的作品……神色平静,深不可测……至静似壁立千仞,勃勃喃语如绿木森林,孤绝似大漠,湛蓝如苍穹……透过缝隙,我们一瞥深潭险壑,那阴森奥府令我们晕眩。然而在这一切之上,有一非凡柔情笼罩……像太阳的微笑:平静,平静而有力。

拿已往时代的比喻和修辞风格来打趣——这事轻而易举。不过,我不禁有些好奇,就想知道,福楼拜的"非凡柔情"加蒲柏的颤抖之声,济慈笔下面面相觑、无边妄猜的西班牙征服者们加 C. B. 廷克颤抖的手指,再加我父亲的眼泪——所有这些加在一起,是否就不能构成一种我们可以学习的开放的头脑和心态、谦卑的头脑和心态呢?现如今,至少在本学科吧,愿意让奥秘自觉自愿来到我们跟前的,可是很罕见了。我们连奥秘脉搏的最初几下跳动都摸不准,却非要像罗森克兰兹和吉尔吉斯顿[1] 那样,忙不迭地把奥秘的心脏给拽出来。我们看重伟大的作品,却好像把它们当成了吊杠,为的是借势一跃飞天,一把搂住终身教职,让人看我们的身手何等矫捷。这事屡见不鲜了。我们还施展麻醉大法,把它们弄成了解剖研究的死尸。这事更司空见惯了。

并非很久以前,当代一位诗歌天才,本身也是文学教授[2],

---

[1] 莎士比亚《哈姆雷特》一剧中的两个廷臣。

[2] 即美国当代诗人詹姆斯·赖特 (James Wright, 1927—1980)。以"深沉意象"自由体诗著称,所谓"新超现实主义"诗派代表之一。

参加了一个斯威夫特作品研讨会。那是一个典型的专业协会召开的一次典型的年会。会后，他写了一首诗。所针对的论文也许有好，有坏，有不怎么样的。这都无关紧要。对这位诗人来说，研讨会上严重缺失了一样东西，他觉得有责任把它给找回来。后来，他把这首诗题在斯威夫特的一本诗集上，寄给了一个名叫韦恩·彭斯的朋友，也是参加过那次会议的一个英文教授。诗是这样写的：

> 曾经答应你，假如
> 拿到这本书，我就寄给你。
> 雷特克[1] 说过的诗，旋律
> 奇异，热爱的人啊寥寥无几。
> 想起拉热考[2]，想起乡间路，
> 布林斯利·麦克拉马拉[3]
> 动情哀歌笔来述，
> 教长这之后，
> 横遭耶胡机械手唐突。
>
> 然，火车一响，斯威夫特专家都回家，

---

[1] 雷特克（Theodore Roethke，1908—1963），美国诗人，曾在华盛顿大学教过赖特。

[2] 拉热考（Laracor），爱尔兰一地名，斯威夫特生前是这里的教区长。

[3] 布林斯利·麦克拉马拉（Brinsley MacNamara，1890—1963），爱尔兰作家，曾写过一首凭吊斯威夫特的诗：《拉热考见到斯威夫特》（*On Seeing Swift at Laracor*）。

回到一亩三分地专长，

唯有主席醉醺醺——这时啊，

韦恩，斯威夫特暗里命正旺：

颂歌一曲给斯黛拉[1]——生日最欢喜，

迷倒迷人的约翰——约翰·盖伊，

面对蒲柏美丽的灵、电人的魂，

同是骨销形散，上前一声问。

他在这词这歌这诗里——几无人知

成秘密。斯黛拉睡了，

存放一边去，

他才睡去、死去，一人孤寂。

听，轻款款，伟岸幽灵去，

壮哉！斯魂——看愚人笨爪难及，

犹有崇高伟丽，

有光，有光有空气。

---

[1] 斯黛拉 (Stella)，本名埃斯特·约翰逊，孤女，少受斯威夫特调教，成人后一生相随。斯威夫特称其为斯黛拉。两人或许私结连理。后人将斯威夫特给她的信件编辑出版，取名《与斯黛拉书》。

四

　　这就是我们某些专业会议——虽不尽然，但也数不胜数——存在的问题。而在找出专业会议的毛病之后，我们可以很方便地转而看看整个高校的问题了。这就说到了第三只袋子。我们的事业得以进行，端赖国会、立法机构、基金会以及慷慨大方的善男信女们的支持。若照我们比较稳妥的揣测看，这种支持会持续多久呢？永永远远吧——我们希望如此，或至少到核爆炸后的永恒来临，哪个永恒先来都成啊。可是，难以为继的兆头层出不穷，这一点是毫无疑问的，至少人文学科和文学的状况如此，而照我比较有把握的判断来看，一些社会科学也同样。前面提到过达尔文、马克思和弗洛伊德的著作。我们用心读那三本书，或随便他们写的其他什么作品的时候，最令我们感佩的倒还不是他们所体现出来的我们一般所谓的专业造诣——他们的专业造诣当然好生了得——而是他们的知识何其渊博，开卷涉猎之广何等惊人。我们逐渐意识到，若无如此广博的知识，他们断不可能在自己的领域里获得令人称道的真知灼见来。而今天的我们呢？大多似乎依然走在一条相反的道上，尽管这里那里也有叛逆之举，令人稍感欣慰。我们的视野不是在扩大，而是日益狭隘了。我们不是承担责任，而是摆脱责任。我们与人的交流也越来越少了，因为比起用人的实际语言解释一件复杂的事情，满嘴术语地跑火车要来得更加容易些。试问：对于一小撮自我陶醉、极度自恋而不能自拔的人，一个民主的

16

国家可以给予多长多久的支持？

　　约翰·格伯写过一份非常精彩的报告，直击我们这不负责任的软肋，令人难忘。文章虽然发表在几年前，但今天读来，依然中肯。我这里用"我们"一词，仅是指他的和我的领域：英语文学。不过，我强烈地感到，若把其他学科拉进来也是合适的。在座诸位有些肯定看过这篇文章了，不过我希望大家能容我向其他没有看过的人扼要概述一下。这回且说一个英文教授在希腊的一家酒吧与苏格拉底邂逅了。教授上前一番自我介绍，而苏格拉底的回应不出意料，他说现在得小心自己的英语语法了。教授的回答也不出意料，说英语语法不关自己的事——他说他是人文学者。"实际上，"他补充道，"我们爱把咱们英语系看作人文学科的堡垒呢。"苏格拉底就此接过话茬，开始询问宗教思想大家们的情况。"噢，我们现在不教这些了：校董们会有意见的。"那么哲学大师呢？"天呐，对咱们的学生也太难了点吧。"那么修辞学家呢？西塞罗、朗吉努斯、布瓦洛如何？"那是修辞系的事。"那么古希腊罗马人呢？"啊，那是古典系的事。"现代人在哪儿呢——埃及人、亚洲人还有非洲人？"实话跟您说吧，苏格拉底，对这些东西有兴趣的人已经离开了，他们创建了比较文学系。""那你们一定坚决反对来着。"苏格拉底佯装无知地说。"才没有呢，"教授道，"我们推波助澜。他们要学生读原文原典啊！""不过，"苏格拉底道，"你们一定对语言有兴趣：语言学做得怎么样啊？""怕是也没怎么样。语言的研究变得科学味太浓，我们看不懂了。"

两人继续对谈，又提到几个人文学科领域，结果无一不是被所谓人文学科的堡垒给排斥在外的。苏格拉底这时打断了对方。

苏格拉底：你们这些英语教师啊——你们不要宗教、哲学和修辞学的经典巨著，你们把自己的文学兴趣基本局限在英语作品里，你们扔掉了语言学、比较文学、文学创作，扔掉了修辞、新闻学、美国学、戏剧还有演说训练——而在把这些宝贵的学问从你们英语系的课程里统统剔除之后，你们现在正把写作训练也给剔除掉——我说得没错吧？

教授：这话可说得太笼统了呀，苏格拉底。不过您的话大致也没错。

苏格拉底：那么我只能得出这样的结论：你们英语教师已经不想活了，而且还是两千四百年来我见过的寻死意愿最决绝的人！来和我喝一杯吧。

教授：好呀，苏格拉底。您太客气了。咱们喝什么呢？

苏格拉底：毒药。

对于格伯的表述，我们显然可以有所保留。但无论我们的态度如何保留，他的主要观点还是站得住的。学问生涯理当达成何种目标？在我这一生的时间里，我们对此的期望，在几乎一切学科领域，都已大大降低了，而且不单期望降低，标准也降低了。近来发生了些令人不快的事，在众多校园里，差不多教育体制的方方面面都在瓦解，不仅升级标准降低，对于哲学、历史、数学、科学以及文学的资格要求也在降低。而在此期间，我们却听之任之，甚或助纣为虐，与此同时，还自欺欺人地说此乃治校之道的典范，偏不愿承认唯因我们已经彻底迷失了方向，对人文教育应有的内容无法达成共识，才有了这样的恶果。在最近一期出版的洛克菲勒《人文学科委员会报告》里，也可以看到类似的瘫痪症状，对此，我们只能黯然神伤。《纽约时报》评论员就指出，那份报告里没有一处文字挑明了人文学科究竟是干什么的，或者直直白白地道出它们何以就值得研究。大家也都知道，在为数不多、零零星星的几所学校里，这种丧失了的共识正有所恢复，但差距依然很大，我们要做的事还很多。

在我看来，同样丢脸的是，我们还在"发表学术成果"的问题上，推波助澜，搞出了一大堆郑重其事的废话。学习学习再学习，博览群书，慎思明辨——这些都是干我们这一行的基本要求，无须赘言的。我也认为，你有东西值得写就去写点儿，这对保持思想活力至关重要，就像身体健康有赖体育锻炼，此其一。再有老话所谓：我若不见我说了什么，又何以知道我想说什么呢？——老生常谈里也有真谛在，此其二。

不过，这里有个基本条件：你有东西值得一写再去写。当代一位诗人说得好："诗歌无可无不可。当然，还有这样一个条件：你得胜过白纸。"我觉得，很长时间以来，我们都是在让学问生涯里的年轻人去膜拜我们自己粗制滥造的东西。而有此追求，必会欺世盗名。于是立意欺世麻木不仁者受褒奖，决计盗名无所顾忌者得荣誉。而无法或不愿于三年之内绞尽脑汁写就若干篇幅与书相当之章节的人——常常竟是我中俊杰，则会获罪受罚。即使经验最为老道的学者，在此机制的激励下，也会把原本可能合格的文章放大成洋洋洒洒的二流专著来。而与此同时，我辈中人又有多少在劳神费心，要把自己的学问与大众分享，要把毕生事业中的惊喜交集也告诉大众的？难道这不正是我们"人文学者"分内尤其该做的事吗？然而，我们那样去做的时候，又能指望多少同僚不会因这"普及工作"而对我们嗤之以鼻呢？

　　时间有限，情有可原的话我就不说了。这种局面很是令人沮丧，而其罪魁祸首显然并非只是我们。行政管理层、立法议员、学生、经济形势以及美国人天性中那么一点根深蒂固的好逸恶劳——所有这些都是我们的共犯。也包括当下正影响我们人生的一种残渣馊臭般的浪漫情调——它以为自我即内心某种灵魂之花吐出的温柔无形之气，因而一切差务，但凡"个人感觉不爽"，闪之避之。而所谓"个人感觉不爽"，其实每每指的就是一切艰难之事。另有一桩，我觉得，主要责任也不该在我们。在某种意义上，这也许就是我们当下环境具有的唯一最最险恶的特征了。我指的是人与人之间的相互猜忌。而且由此猜忌，一切决策，不管在体制层面，还是业务层面抑或教学层面，统统变成了好勇斗狠之事。教育界固然是有种种缺点和不足的，但过去它多少像个大家庭，极富人性，充满人情味，因而人文色彩浓厚。而今这样一个大家庭，正按集团公司的模式，被剪除人情人性，被程序制度化，搞合同工时制，成立申诉委员会，颁布雇主规章，制定工会工作条例，再有就是教职员工及学生动辄都去打官司。旧体制也许是家长制的，有时候，像在家庭里一样，也有枉屈不公。新体制则是一场制度化的冷战，在一些校园里，相互信赖已成为首先倒下的牺牲品。高等院校的治理，一如安邦治国，难有十全十美之策——这一点，我会首先出来承认的，但面对权威淆惑之乱局，我们自二战以来，在高校内就随波逐流，乱上加乱，而开动脑筋，止淆澄浊却也并非人力所不能及——我是这样以为的。

五

贺拉斯说，laudatores temporis acti（老人爱赞美过去）。希望大家原谅吧。与此相仿，老人们还爱四下里给人提建议。不过，我就是觉得，我们一直都说自己如何如何来着，而如果我们还想再如自己所说，如果还要让公共部门或私立单位觉得我们与享有的特权相配的话，那么，未来十年内，我们大家面临的任务可就相当紧迫了。假如由我来提出这任务的话，有几点是要优先给予考虑的。所以，最后就让我用三个问题的形式，把它们给列出来吧：

问题一。我们现在大多只与小众对话，难道就没有办法与更加广泛的大众进行交流？作为学者，埃德蒙·摩根教授的资历是无可挑剔的。在最近一期的业务通讯上，我看见他发出的一个呼吁，很是欣慰。摩根教授号召史学界的同行们不要在自己的小圈子里说来道去了，因为现实是，美国的芸芸众生对所谓"通俗"史学家们写出的大量史书，正如饥似渴着，正掏钱购买着。这些史学家对历史可能了解不深，但却知道如何寓教于乐。"我们差不多，"摩根教授写道，"把监管过去的权力都交给门外汉了。"（我可暗暗希望他克制住了自己，没用这个词呢）"现在该把这权力收回来了。不要再讥笑通俗史学家了。应该像他们一样，也做个专业作家吧。"在我看来，这其实就是我们所有学科当前极其重要的一个目标。假如我是研究生院院长，我会要求每个学生，不仅能够写出导师们感觉满意的学位论文，而且还可以就同样的题目，写出大众饶有兴趣的文章，拿到通俗杂志上发表。我还会尝试与当地电台或电视台协作，每周推出一档三十分钟的实况直播。我们这一行里已经有人这么做了。更多的人应该参与进来才是。世上的埃德蒙·威尔逊[1]们和马尔科姆·考利[2]们可不是全副武装就从宙斯的头脑里蹦出来的。为大众写作要比写给同行看艰难得多。而且，为大众写作可以净化我们的语汇。云山雾罩的浮夸之词一下就不见了踪影。

问题二。中学曾是葱郁的葡萄园，而今却是一片破败之景。

---

[1] 埃德蒙·威尔逊（Edmund Wilson，1895—1972），美国文学与文化批评大家，曾对大众认识和理解现代主义文学有过广泛影响。其《阿克塞尔的城堡》是评述象征主义文学的经典，《到芬兰车站》则是研究社会主义革命理论发展史的名作。

[2] 马尔科姆·考利（Malcolm Cowley，1898—1989），美国作家、文学批评家、记者。与所谓"迷惘一代"渊源颇深。对于凯鲁亚克作品的出版以及福克纳在美的声望都曾发挥过相当的作用。

对于那里的同行，我们如何切实伸手相助呢？他们已经身陷绝境，这一点无须我来告诉大家。即使用抽象的学术语言来描绘，那里的形势也暗淡无望得很——我这里就从上面提到的人文学科委员会的报告里借一句吧："这个年龄段的识字率估计在 10% 到 20% 之间。"这可是高中毕业班的情形啊！我们想一想：这些数字意味着社会的损失有多大，未来的代价是多少？也请想一想：比较能干的老师，那些能有去处的老师，正在离去，现在是几百几百人的离去。要是你不明何故，那就去他们的地盘走走吧，去嗅一嗅盥洗室里的恐惧，去看一看过度发育的男孩到校点个卯，然后啐一口在讲台上，扬长而去，一天再不见其身影，而一边的大人们则无可奈何地望着。这简直就像叶芝写《第二次圣临》时，头脑里想的是美国旧城区里一所高中的情形。因为，在这没落的岁月里，那里的确是：猎鹰不听放鹰人的召唤，世间唯乱象肆虐，纯真仪典尽湮没，君子也信念阙如，而小人也狂热激亢。

　　这一现状，有我们非以个体公民之身则无能为力者。但作为隶属各高校的教师团体，我们尽可以创造机会，开展交流，以提升当地中学的士气，改进那个关键阶段的授课内容——这一方面，我们还是大有可为的。我们应该提供时机场合，让那些老师和我们彼此可以见上面，在一个共同的精神氛围下，为一个共同的精神目标而努力。我这里无意吹嘘本校，不过，我确实以为它现在所支持的项目，就我所知，乃是最有利于实现这一目标的。项目的名称叫"耶鲁／纽黑文教师进修学院"，近来已在全国引起很大反响，多位校长、院系主任以及地区学监都前来纽黑文取经。具体情况我就不多说了。单说一点吧。它每年能从纽黑文地区吸引五十至六十五名教师，通过分组和一对一的讨论，给他们鼓舞和动力，并引导每一位进修人员，就自己所担负的课程，制定出大约一学期时长的教学"单元"来。老师们自由选择组别，并在顾问团的帮助下，挑选他们希望与之共事的教授。而我们这边参与其事的人，已经不止一个告诉过我，这种学习的过程很快就变成双向的了。我们这边参与者的一个很大收获是，必须细加思量，如何在避免庸俗化的同时，清晰而有力地讲解复杂的问题。而从我与人交谈所了解到的情况看，中学老师们的收获同样也不小。他们有一种焕然一新的感觉，其原因一半在于，他们同其他成年人一起努力解决专业问题，于是精神倍感振奋；一半则在于他们知道了自己及自己所从事的工作其实关系重大，还有人关心他们要做的事——他们心定了。对于拥有可以进入斯特林图书馆书库的通行证，他们很是自豪的，就像年轻的律师听人正式宣告他是律师事务所的创办人一样。

问题三。我的第三个问题虽然简短，却至关重要。如果我们很有自知之明又大大方方地给予了回答，就像我们有时在别处表现的那样，那么，其他问题也都不成其为问题了。试问：我们的妄自尊大能少点不？装模作样能少点不？牛皮哄哄能少点不？趾高气扬能少点不？每个学者或教师的高傲殿堂里都蛰伏着三个极其危险的巨大怪物，也就是如下三大诱惑：一、易视晚辈同行的才华为威胁；二、爱听伴随崇拜而来的奉承；三、好出卖一己之独立，向权贵低头，无论是学界权贵、政府权贵，还是大公司的权贵或者——现在我要用今生头一次也是最后一次使用的一个词——阐释的权贵。这个事实难道我们不能承认吗？而尤为重要的是：在我们讲课的课堂上，一双眼睛明白无误闪现了悟悦之光——那一刻，我们百分千秒的辛劳，都仿佛老水手的信天翁，一下消失了——然而这一幕的发生，其实与我们只有些许丁点的关系。这一点难道不是我们要牢牢记住的吗？我们顶多也就是催化剂。有时候，举止得体了，可以帮忙驱散遮蔽视野的云雾。但那视野却不是我们给的。它的源头在别处——在文本，在学生的 DNA 里也未可知，没准还在我们依然一无所知的奥秘里。威廉·布莱克的一个朋友证实说，布莱克去世的那个早晨，"他作了几首歌，献给造物主。他的凯瑟琳（这是他妻子的名字）觉得好听极了，就立在那里听他唱。这时布莱克无限深情地望着妻子说：'亲爱的！不是我写的。不是的！不是我写的。'"

柯尔学院那位教授门上令人莞尔的揶揄之词，我们每每念念不忘，也不无道理。不过，当我们想起那些话的时候，是不是也该谨记布莱克的这两句呢？

（袁伟　译）

1985
劳伦斯·斯通
（普林斯顿大学历史学道奇讲座教授）

劳伦斯·斯通（Lawrence Stone, 1919—1999）生于英国，曾经在查特豪斯（Charterhouse）公学、牛津大学、法国索邦大学受教育。1947年至1963年任教于牛津大学。1963年至1990年任教于普林斯顿大学。主要著作如下：

《英国中古雕塑》（*Sculpture in Britain*, 1955）

《帕拉文其诺爵士传》（*An Elizabethan: Sir Horatio Palavincino*, 1956）

《贵族的危机》（*The Crisis of the Aristocracy: 1558-1641*, 1965）

《英国革命的成因》（*The Causes of the English Revolution: 1529-1642*, 1972）

《十六、十七世纪英国贵族财政研究》（*Family and Fortune: Studies in Aristocratic Finance in the Sixteenth and Seventeenth Centuries*, 1973）

《英国家庭、婚姻、性事历史：1500—1800》(*The Family, Sex and Marriage in England, 1500-1800*, 1977)

《开放型的精英阶层？1540—1800 年英国贵族研究》(*An Open Elite? England: 1540-1880*, 1987)

《英国离婚制度的演变：1530—1800》(*Road to Divorce: England, 1530-1800*, 1990)

《不稳定的结合：1660—1753 年英国婚姻案例》(*Uncertain Unions: Marriage in England, 1660-1753*, 1992)

《1660—1857 年英国分居、离婚案例》(*Broken Lives: Separation and Divorce in England, 1660-1857*, 1993)

承蒙美国学术团体协会的邀请，担任哈斯金斯讲座第三年度的演讲，我的感受，诸位不难想象，是备受抬举。我发现，年度演讲人迄今共有三位，而其中依然在职，尚未名冠"荣休"的学者和教师，我是头一个。我因而有身获殊荣的感觉，或者说，我自以为如此。比较而言，我的资历名望还"嫩"一点儿，委员会何以要找这样一个人来做演讲？我不知道。然而，这个问题一经推想，我年齿未高而获邀请的得意之情就减退了不少。因为沃德主席告诉我，今晚的话题是"回顾和思考以学问为业的一生"。言外之意，想必是说我的学术生涯已经到头了。也许，我这辆车真的已经把油跑干了。

为了准备这次演讲，我要求看看此前的两位都说了什么。委员会给我寄来了第一年度梅纳德·迈克教授的讲词，我越读越觉得心里没底。要想像他讲的那样，有智慧，有才情，有学问，有风趣，我不行，根本就做不到。再往后，我写完了初稿，又想起迈克教授在讲词里说，他曾经把初稿拿给夫人过目，得到的评价十分尖刻。迈克夫人说："最傻不过老来傻，你想怎么写就怎么写吧。不过你记着，照现在的样子，你的演讲比规定的时间至少超出了一个小时十分钟。"这话尤其让我不安。我赶紧数了数自己的稿子，一共五十一页！迈克夫人的棒喝使我备受打击。我当时真想撂了这桩差事，写信跟沃德主席说我干不了，也不想干了。不过，我后来还是咬了咬牙，坐下去再写。结果就是我以下要讲的话。

我要讲述的，是五十几年来我的知识航程。它所通过的海洋，到处都是风暴、漩涡、暗礁。我想，一岁到八岁的这段时间，我们大可以略去不谈。只有坚信弗洛伊德学说的人才会对这段时间感兴趣。他们认为人格在这段时间里形成，而且一成不变，就像混凝土浇筑的一样——性的混凝土。我在这几年里的事情，唯一值得一提的，是开始疯狂地收藏。搜集保存的东西什么都有：邮票、蝴蝶、化石、烟画儿。这种幼年的收藏本能，尽管没有专注的目的，却显然跟我成年之后的追求有关系。作为学者，我在图书馆和档案故藏里广搜事实，不厌其多。我用这些事实支持我提出的假设，或者用它们来解释我的观点，使之自圆其说，收服人之效——说得狂妄一点儿，就是证实我的观点。

我在八岁那年离开家，进入一所英国的私立学校，开始接受古典语言的训练，为期八年，其严酷繁重，好比在盐矿服劳役。这种体制当时叫作"自由教育"，莫名其妙。实际上，它是一种非常狭隘偏颇、不合情理的体制，由四百多年前伊拉斯谟和比维斯设计的课程嬗变演化而来。到了 20 世纪 30 年代，它的内容就是死记硬背两种久已死亡的语言的文法和词汇。其中拉丁文的发音，按当时英国的教法，无论是在古罗马还是在 20 世纪的任何一个国家，没人能听得懂。我的岳父是法国人，二战期间住过集中营。在集中营里，他发现自己可以用拉丁文跟匈牙利的贵族还有波兰的知识分子交谈。而我学的拉丁文，因为遵从的是所谓"旧式发音"，就不会有这种实际的用处。

能有一点儿用处的是拉丁文的语法规则，那可是吃了苦才学到的，犯了错误要挨打。往后，这些规则可能对改进我的英语文风起了一些作用。不过，就连这一点我都怀疑。因为受过我们那种训练的人，很容易迷上西塞罗式的庄严恢宏的文体，长句绵延，对仗工稳。我很佩服吉本和切斯特菲尔德伯爵的文章，但是他们那样的风格却不适合我。我的本性是喜欢自由随意。不妨就此打个比方：十二岁的时候，我一度被认为是很有前途的板球运动员——很好的击球手。于是学校雇来了一位退休的职业板球队员，年岁很大了，很和善，但是毫无想象力，让他教我把球板拿正了。这位先生倒真是尽职，此后我的球板一直拿得很正，可是我再也没有打赢过一场比赛。我的那种自然天成，虽然绝不正规，但却非常有效的击球方式，被他成功地扼杀了。广而言之，关于如何施教，这件小小的不幸或许能提供一点儿借鉴，对我来说，这是悲剧，因为进入英国国家队曾经是我的梦想。

我学会的本事，是把一篇《泰晤士报》的社论，先从英文译成拉丁文的散文，再把它从拉丁文的散文译成拉丁文的诗，接着再把它从拉丁文的诗译成古希腊文的散文，最后再把它从古希腊文的散文译回成英文的散文。我得特别说明，从八岁到十六岁，学校教给我的，也就是这些。各位不难猜想，我学得不好。一是没天分，二是没有意愿。这种训练有什么意义，我当时不明白，现在也没看出来。再者，让我们念的那些拉丁文的书也都没什么意思。也许我缺乏高雅的趣味，维吉尔和李维，提不起我的兴趣。塔西佗讲述暴君统治下的宫廷政治，奥维德讲述男女间性爱的艺术，这样的书我们会读得很起劲，而且也能从中了解成年人的生活。可是，没人向我们介绍它们。

我想，我跟许多人一样，最后喜欢上学问，是由于很少几位有才华的老师的引导。我今天不细说我在英国的"公学"里的经历——我就读的学校是查特豪斯，这个题目已经被各种小说和自传写得没有新意了。假设我当时有一点儿社会人类学的知识，或者懂一点儿关于极权主义的政治理论，那么对自己遇见的事情，我就会多一些理解。举例来说，我们在学校经历的，其实只是男性在进入青春期时所行的一种"礼"。类似的"礼"，世界上很多其他类型的，更加原始一些的社会也都有。不过在英国的"公学"里，它为期更长，内容涵盖更广：跟异性完全隔绝；不断地挨打，还得乐于接受，不能出声；各种有辱尊严的仪式；复杂的等级制度，以衣着的细微差别标志尊卑；伙食很坏；来自岁数大一点儿的男人的性启蒙；还得学会说黑话——我们学校的黑话是拉丁文的。我当时如果有这样的理解，日子会好过一些。

新校长罗伯特·伯利爵士（Sir Robert Birley）的干预使我脱离了古典语文的奴役，他以一人之力改变了我的命运。他把我转为由他亲自指导的学生，以一年半的强化教学使我通过公开考试赢得了牛津大学的历史奖学金。他教历史之所以成效卓著，是因为不论什么题目，他只要想讲，都可以讲得兴致勃勃。

伯利的卓著成效，还不只在于教了十八个月就让我取得了牛津的历史奖学金。考试一过，他再度改变了我的知识发展历程：立刻送我去巴黎住了六个月，让我领略另外一种欧洲文化风习。我第一次接触了（虽然不是在肉体上）人称巴黎高层知识界的这个独特的群体，还有"年鉴"学派的历史学家，当时的代表人物是布洛赫（Marc Bloch）和费弗尔。对法国知识界的风习，我始终心存敬佩，但又有所批评，这种态度深刻地影响了我的学术生涯，它起始于我的首次巴黎之行。

关于伯利爵士，我再多说几句。他是一个奇特的人：一方面是英国统治阶级的忠实成员，英国国教会的笃诚信徒；另一面又是为改革呼吁奔走的一个叛逆，一个眼光开阔辽远的理想主义者。1926 年，他还是伊顿公学的一个青年教师，就对当时的工人总罢工公开表示同情。他的这个立场，使得有些人一辈子也不宽恕他。他后来先后在查特豪斯和伊顿两所公学任校长，中间还在战后德国的英占区担任过教育顾问。再往后，他在约翰内斯堡的威特沃特斯兰德（Witwatersrand）大学担任教育学教授。他既保守，又激进，有些伊顿毕业的保守乡绅叫他"赤党罗伯特"。他教书，教人，都教得很好。二战以前他就反对纳粹，曾经花了好几个钟头跟我讲道理，让我明白自己当时萌生的绥靖主义倾向是不对的。战后他努力争取让新一代的德国自由主义者回到欧洲自由主义的阵营里来。再往后，在1960年代，他为南非黑人的教育而斗争，亲自在索韦托教课。晚年，他尽了最大的努力，把人道和文明带进英国的野蛮的教育机构——伊顿和查特豪斯公学。

如果说，伯利爵士启发了我在学术上的兴趣，并且深刻地影响了我在道德和政治上的态度，那么第二个给我巨大影响的，是牛津的一位中古史的导师，名叫约翰·普雷斯特维奇（John Prestwich）。他当时属于——应该说现在也是，在牛津极为常见的一类人物，在国内声望极高，在国外却没有人知道，因为很少发表什么东西。我在他的指导下，做第三次十字军的专题研究。一开始，我在每周会面的时候把例行的研究报告读给他听，他听完就从头到尾，逐条地驳斥，过后我的报告就像是一摞废纸。我最后认定，唯一有望的自卫手段是靠资料来战胜他。他给我规定的读物，作者全都是基督徒，十字军的成员。我于是就去找穆斯林阿拉伯人的记录，还真找到不少法文的译本。从这些其名不扬、身份可疑的材料里，我找出一些鲜为人知的史实，把它们巧妙地加入我每周的报告里，貌似不经意。结果，

32

我至少让普雷斯特维奇感到了暂时的震撼。我一直也没能胜过他，每一回，我的观点最终还是要被他驳倒，但是即便这种小小的胜利也能增强我的自信。这次经历告诉我，在学术生涯里进行你死我活的格斗，多知多晓——或者说是博学吧，十分重要。我发现知识就是力量。跟普雷斯特维奇治学的这段经历让我立志当一个历史学者，而且立志取证于档案材料。

作为历史学者，我在成长中所受到的第三次重大的影响来自托尼（R. H. Tawney）。大家都听说过托尼。他是基督教社会主义的信徒，是 20 世纪前半期英国劳工运动的精神领袖和幕后决策人，雄辩地呼吁人人平等，严厉地斥责不受节制的资本主义引起的弊端。他以自己的著作，把韦伯关于新教和资本主义之间的关系的观点向英语世界详加阐说。他还是一位了不起的历史学家，1540 年到 1640 年间的英国史，因为他的研究成果而得名"托尼的世纪"。他为人圣洁，虽然有时不切实际。在我所见过的人里，真心地鄙视钱的，他是独一无二。对于钱，他是简单明了地厌恶，而且尽其人力所及，把钱排除在生活之外。他有一部关于 16 世纪英国圈地狂潮的专著，讲述资本主义地主的贪婪不仁和农民因之所受的摧残，激情洋溢；他还以同样的激情著书著文，揭露早期现代商人、企业家、放贷人的丑恶和枉法违规。他的这些著述影响了我，激励我去研究 16 世纪，写了自己的头两本书。

我在二战期间认识了托尼。之后每次休假，离开服役的军舰去伦敦，我都积极热切地追随他。我不过是牛津的一个本科生，一个水兵，学识浅薄，他却总是热情地欢迎我。当时他为了躲避轰炸，已经离开了自己的房子，搬进了布卢姆斯伯里地区的一个防空掩体。那地方脏得没法说，还漏雨，他周围杂乱堆放着书籍、文稿，还有几只猫和盛着剩饭的盘子。文稿里有工党关于在战后使英国变得更加平等的远景计划的草案，有关于 17 世纪早期英国社会史的笔记，还有他早先写下的一些关于中国农民的文字片段，残破不全，纸都发黄了，都堆在一起。我和托尼有过多次长谈。他谈论当时世界的状况以及匡正的方法，谈论 17 世纪的英国，身上裹着好几件外套，身边的气味景物令人丧失食欲。我小心翼翼地听。"小心翼翼"并不容易，因为随时都得留神，免得托尼把自己烧了。他用烟斗抽野草，塞得不紧实，点着了的长草梗子经常掉出来，落在外套或者裤子上，随时都可能着火。他的外套和裤子总是带着许多烧出来的黑洞。

我追随托尼，心有所得。首先是认识到，关于早期近代史，现存的文件很多，足以让我们了解当事人的思想感情。仅此一点，就使我放弃了中古史，转而研究早期近代史。其次，我还认识到，西方历史中的一切重大转变，在早期的近代英国几乎都有发生：封建经济转变为资本主义经济；天主教的独尊一统转变为基督教不同教派的并存，之后又产生了现世主义；清教徒的兴起和衰落；走向强大的民族国家的和平演变半途而废；西方历史上的首次暴力革命；首次建立大规模的、相对自由的政体，政治上分权，宗教上宽容，而且有权利法案；形成了由大地产家族统治的社会，同欧洲其他国家相比，这个统治阶层的特点是注重经商谋利，注重家长式的经营管理，对政治权力几近垄断。最后一点认识，跟得之于伯利的一样，那就是历史研究不仅关乎学术，也关乎是非。这种研究不应该，也不可能脱离我们对今天的世界的看法和主张。

对我的思想有重要影响的第四位老师汉考克爵士（Sir Keith Hancock）也是一个奇人。我是在战争刚刚结束时才认识他的。他的治学业绩和谈吐首次使我相信，用跨学科、跨文化的方法研究历史，其实是很有意思、很有道理的。有些知识，看起来迥然不相类，比如意大利托斯卡纳地区的土地制度，史末资将军在南非的所作所为，澳大利亚经济的发展，还有近代战争史。汉考克的著述和他本人都证明，集这些知识于一身，不仅可能，而且有效。

在青年时代结识这样四位了不起的人物，实在是我的幸运。作为当今最后一个辉格派的史学家，我在许多方面仍然是启蒙运动的产物，就像是依然存活的恐龙。我之所以如此，都是由于他们。他们的教诲，让我始终不渝地相信理性，相信人类在物质和道德两方面都可以取得一定的进步，相信统治者对于人民，其责任有如父兄之于子侄昆弟，相信法治，不相信人治。这种信念在今天形同估衣，色彩暗淡，襟袖褴褛，它是老派自由主义世界的残存。这个世界属于维多利亚时期的中产阶级专业人士，伯利和托尼都是那个阶级的后代。汉考克是澳大利亚人，然而久驻牛津万灵院，也深受那个阶级的风气熏染。

二战期间，我在英国海军服役，历时五年。每一个身历其境的人都知道，战争99.9％是无聊和艰苦，0.1％才是纯粹的恐怖。具体到我个人，艰苦的程度要轻多了，因为我住的不是统舱，是单间——当然是跟别人合住，食品供应（尤其是烈性酒）既充足又准时。如果历史上真的有过正义合理的战争，那我以为非此莫属，这五年间，我脱离了学术生涯，但是并无遗憾。

　　说"脱离"也不尽然，因为在南大西洋上，我写出了第一篇史学论文，当时我是驱逐舰领航员。领航员的工作，我做得大概不是很好。坦白地说吧，我有两次把我们的船领得搁了浅。然而，我至少在船上开始了我的学术生涯。论文探讨的，是1588年击败西班牙无敌舰队的海战之后，英国政府给予参战水兵的可耻待遇。题目跟我当时的自身经历有关，这一点显而易见，而更有意思的是我何从获取资料。供给我资料的，是颇有维多利亚盛世遗风的伦敦图书馆。整个战争期间，他们爽快地出借贵重而罕见的研究用书，毫无拖延地把它们投邮，寄往地球的各个遥远的角落。递送到达，常常是在读者索书之后的三到六个月。这家私立图书馆对英国人的学术生活贡献莫大，在战争年代尤其如此。

　　战争结束，适逢我在日本近海，归美国第七舰队代管。英国的官僚机构不知出于什么原因，规定以下三种人优先复原：煤矿工人，教会牧师，还有学生。于是我在刚刚停战的时候就从太平洋飞回了英国。飞机的驾驶员曾经五十次出勤德国上空，精神和体力极度疲惫，手不断地发抖。这次飞行是我战争期间最危险的经历之一，但是它让我在1945年11月初就回到了牛津，赶上了下一学年的注册，因而可以参加大考，在次年6月以学士毕业。我加付了五英镑，又同时获得了硕士学位。这样一来，我的学士只当了十分钟，也就是把袍子和帽子换成硕士的那一点时间。此事我以为或许堪入纪录。什么都没干，就用现金从一所著名大学买到了一个学位的人，如今在世的可能已经没有几个了，我就是其中之一。

之后，我并没有再接再厉，写一篇博士论文。当年从牛津、剑桥毕业的学生很看不上博士学位，认为它不过是学术界里的俗套子，一种只有外国人才干的事情，比如德国人、法国人，还有美国人。我申请了一笔研究经费，就开始写书，一个人单干，一点儿也没意识到自己有多傻。这当然是严重的失误，因为我当时非常需要有人从旁严格监督，详加指导，而这些只有正式的导师才能提供。结果，我只能以自己的错误为师，我犯的错误还真不少。

我写的是一本传记，传主是16世纪后期的人。他既做生意，又向各国的政府放债；既做间谍，又充当外交官招募雇佣军。棉麻呢料染色必需的原料明矾，被他垄断了在全世界的买卖。他是一个事事插手（通常不是好事）的商界大亨。这个怪物起先是意大利热那亚的一个商业大家族的成员，后来落户在英国的剑桥郡做了乡绅，娶了一个富有的荷兰女人，还被伊丽莎白女王封了爵士。就是这么一个世情练达、优雅有礼、见利忘义、全无是非的流氓，写到最后，我发现自己居然挺喜欢他。当然，在传记里我还是一本初衷，说明早期国际金融资本主义的阴暗面。传记名为《霍雷肖·帕拉维奇诺爵士》（*An Elizabethan: Sir Horatio Palavicino*）。

我的下一项研究，是受了托尼的启发。他写过几篇文章，论述英国内战之前的一百年间乡绅势力的蓬勃发展，颇有创见。他的观点，如果去掉其中的马克思主义关于资产阶级崛起的概念，还有一些靠不住的统计数据，现在看来大体不错。而我在这个问题上的最初尝试却是一场灾难。我发表了一篇文章，宣称伊丽莎白时代后期的贵族，财政状况大都不妙，岌岌可危。不幸的是，我对数据资料的处理很不得当。最先指点这些资料，要我留心的，是我在牛津的导师休·特雷弗－罗珀（Hugh Trevor-Roper）。但是他没有说明，历来对这些资料的解释含有根本性的错误。我的过失给了他可乘之机，他写了一篇批判挖苦我的文章。搜集学术恐怖主义掌故的人，至今奉之为典范。吃此一堑，我获得了一个痛苦的教训：凡是公之于众的记录，从中取证之前，一定要弄清楚，这宗记录当初为何设置保存，又如何设置保存，还要弄清楚，这宗记录对于负责簿记的文书意义何在。

在讲述我如何应对这次失败之前，必须停下来说说一件别致的调剂头脑的工作：1946年我还着手写一本关于中世纪英国雕塑的大型课本，课本属于尼古劳斯·佩夫斯纳（Nikolaus Pevsner）爵士主编的古典艺术史系列。像我这样闯入艺术史的专业领域，实属不赀，其前后过程可以说是英国风范的典型：刚才说过，我热衷于收藏，无所不收。十七八岁的时候，这种狂热驱使我积攒英国的罗马式雕塑的照片。当时我有一辆汽车，花三英镑买的，还有一架柯达简易相机，花五先令买的，不过镜头极好，近乎奇迹。凭着这些装备，我在1936年到1939年之间的假期里漫游乡间，为英国教堂的罗马式雕塑拍照。1938年，我跟大英博物馆的托马斯·肯德里克（Thomas Kendrick）爵士取得联系。他当时正在作盎格鲁－撒克逊雕塑的全国普查。我不过是一个高中生，后来是大学一年级。他却以他惯有的慷慨让我加入他的摄影队，参与了1938年和1939年两个暑期的野外工作。

时至战后，1946年初，肯德里克受到尼古劳斯·佩夫斯纳的邀请，撰写"鹈鹕丛书"艺术史系列中的《英国中世纪雕塑》分册。他没有答应，原因可能是他已经有望成为大英博物馆的馆长——不久他果然就任。肯德里克远不是一个小心慎重的人，佩夫斯纳问他谁可以替代他写书，他就说是我。当时的我是牛津的本科生，学的是历史，艺术史的课程从未修过一门，艺术史的文字从未写过一行，而且在海军服役五年，甫尔归来。佩夫斯纳的师承，是艺术史专业的德国传统。肯德里克的建议当然让他大为惊骇。但是他又感到，他只能跟我签约。见面的时候他告诉我原因："肯德里克不干，而且看起来全国也没有其他的人对这个题目有一丁点儿兴趣。肯德里克说我应该跟你签约。我本人根本信不过你，因为你没有任何这方面的背景。但是我又别无选择。你尽快写出一章来给我看看。"语带威压，就此结束了面谈，然而几天之后，我很愉快地签了约。以我这样一个刚从海军退役的本科生，既无知，又不曾好好上学，单凭业余爱好是否能够做成这件事，我心里也没有把握，和佩夫斯纳一样。只有在像英国这样的社会里，这段离奇的插曲才可能发生，因为在当时，一度鼎盛于18世纪的那种爱好广泛，却又无所专精的绅士文化依然根深蒂固。这段插曲之所以可能发生，还在于当时的社会依然像18世纪那样，办事依靠恩惠关系的网络。在这个关系网络中，一群人数不多，但地位稳固的精英把差事、好处分配给他们的依附者和门生故旧。

二战结束已经是很久以前的事情，在继续讲述我自己的故事之前，还应该说说那个时候牛津大学里的学术氛围。以教学方式和为毕业考试而规定的必修课程而言，当时的牛津近代史（相对于古代史）学科，和19世纪末年成立的时候相比，没有什么改变。课程的设置沉闷窒息，既反映了英国人的岛国心态，也反映了维多利亚时代后期公认的正宗史学的狭隘范畴。名列甲等的毕业生，不仅完全可能，而且多数确实没有学过欧洲之外任何大陆的历史，除了英国，对其他国家（包括苏格兰，甚或爱尔兰）的历史都只有极少的知识。对社会史、经济史、人口史、文化史、艺术史、思想史、教育史毫无所知或所知甚少，从来没有接触过量化方法，没有接触过劳工阶级的历史，在学生中不是什么新鲜事。历史学科的人不知道各门社会科学，知道的也是在礼貌客气中隐含轻视。但是，另一方面，在富有才华、勤谨敬业的导师的监督之下，牛津的本科教育有几点无人可比：一是养成快捷清晰的文笔；二是鼓励对证据详加分析；三是让学生思路开放，接受对单一或复杂事件的不同的解释。我能有这样一番不同寻常的经历，幸运之至。

二战结束后，英国曾有过一段无限乐观、无限自信的时光。如今帝国即成以往，幻想破灭，万事萧条，英国在纯学术以外的几乎所有领域都只能算是一个三流国家，当年的乐观和自信几乎被人遗忘，更难被人理解。我们这些 1945 年从战场归来的年轻人，自以为拥有整个世界，以为一切学术上的问题都可以解决，那些为害人类的问题更不在话下。我们如此地相信未来，或许是由于战争期间和美国盟军关系紧密，多少受了他们的感染。无论是否如此，当时的核物理学家，牛津的哲学家、社会史学者，凯恩斯派的经济学家，以至于政治家，都是这样的乐观。我清楚地记得和彼得·斯特劳森的一次餐叙，他现在是牛津最杰出的哲学家之一，那次他说到自己的恐慌，怕身值壮年的时候无事可做，因为照当时的学术形势看，到那个时候就没有什么重大的哲学问题需要解答了。在史学领域，我和其他一些人对一种崭新的方法也抱有同样狂妄的信念。我们诚心归向巴黎的"年鉴"派史学，确信凭借社会史和经济史的量化研究，不久就能攻克史学里最顽固的种种难题。前辈史学家缕数政治事件那种叙述，我们戏称之为"历史故事"，不屑一顾。我们以为，用我们新的工具和新的方法，早晚可以解决诸如英国革命和法国革命的由来、资本主义的根源、资产阶级的兴起等迄未解决的问题。作为一个激进的史学家，活在 1945 年是天赐之福。《年鉴》和《经济史评论》的每一期，我们都翘首以待，好像每一期里都会有一篇文章为探索和解释历史展示新的前景。我之所以着重回顾当年的那种自信与狂热的气氛，是出于今昔的强烈对比。在当下的 1985 年，人文学科所有分支的通病，是对于真理和真实的根本存在以及认知它们的途径缺乏自信，不敢肯定，小心翼翼，充满狐疑。

20 世纪 40 年代后期大家对于新的社会史的种种可能乐观其成，这使我感到振奋；另一方面，特雷弗－罗珀诋毁我的学术信誉，我也因之备受刺激，我于是决定开始一项大规模的研究。研究的对象是英国的贵族，涉及的方面包括他们的种种经济来源及其经营管理，他们的社会地位和政治、军事实力，他们品藻各色事物人等的价值标准，他们的生活习惯、教育、家庭结构，时段是英国革命爆发前的一百年。我初始的设想，是把那个时期的英国贵族当作整个统治阶级的缩影。这个统治阶级力不胜任、不识大体、颓废没落，眼看要被新兴的资产阶级代替。十五年的小心研究让我认识到，这个过于简化的模式不符合事实。我以之为起点的马克思主义对英国贵族在革命中的作用所作的解释，在实证的碰撞之下破碎了。

进退两难之际，马克斯·韦伯为我指明了出路，他的理论我知之恨晚。韦伯的著作，虽然它们的英文版姗姗来迟，译文不过勉强达意，但给予我的影响可能超过任何一个别的学者的著作。从 20 世纪 50 年代中期直至今天，他对阶级和社会地位的巧妙区分，对观念和意识形态与社会、政治现实之间的关联的密切关注，一直指导、激励着我的思考和研究。

但是，无论是马克思还是韦伯的影响，都不能解释我为什么选择把学术生命大半用来研究占统治地位的上层社会的行为、习性、思想，而非大众的行为、习性、思想。我之所以集中研究这样一个少数群体，理由之一，在于唯独他们的生活、思想、感情有翔实的记录，可以开展全面、深入的社会方面和心理方面的调查。他们之间的书信往来不断，相互议论的文字不断，而且保存自己写下的文字，以此而言，当时真正"能文"的，仅此一小撮人。谁要是想探索发现怪异或者真实的性格、爱恶欲的私密细节、钱财上的投机不轨、争夺权力和地位的阴谋诡计，他就无可避免地要集中关注上层社会，因为在过低的社会阶层里，关于个人生活的证据太少了。虽然我的研究十分倚重量化证据——我的书里大都含有数据图表，我首要的关注一直是人，有如马克·布洛赫的名言："人是我的猎物。"在以人为目标的追寻和探索中，我无可避免地被引向了上层社会。

专注研究上层社会的另一个理由，是曾经有好几百年，英国的政治统治者，高雅文化的赞助人和主要消费者，都出自这一群人。一个英国人，不用去读帕累托的著作，就比任何西方国家的居民更加清楚上层社会的举足轻重的地位。他从很小的时候起，就明确地意识到他身处的社会是分为阶层的。繁复的阶层之分，其表面特征即便在今天仍然时时可见：口音、词汇、衣着、饮食做派，甚至身高和体型。在数百年的历史里，英国的大地产家族在很大程度上垄断了所谓"韦伯三大要素"：财富、地位、权力。出于上述两个原因，我以一生大部分的时间追寻他们在档案里留下的踪迹。

事有凑巧，英国贵族的私家档案，由于主人的财政拮据，在20世纪40年代后期首次对外开放，我深入调查，算是选对了时候。或在档案室，或在酒窖，或在阁楼，翻检阅读此前无人查看过的大批文件，令人兴奋得头晕目眩，我在十五年间得享此乐。每一处的私家档案，首经触目之时最像是看戏，它们各有各的品相，可以是整齐之至，也可以是杂乱之至。在一家大宅邸里，已故的公爵曾尽其一生的精力，为他所搜集的浩繁的家族文档分类编目。据说，他临终的时候叫人把他抬到档案室里，安置于写字台上，这样他可以死在心爱的文档中间。他的儿子是一个花花公子，忙于追逐姑娘，无心回复学者们再三再四的来信。纯属偶然，他的上了年纪的老保姆接听了我的电话。她文雅礼貌地同意了我的要求，让我接触档案。这处档案放满了好几个房间，内容令人称奇，目次井然也令人称奇。我相信，公爵的尸身被移走之后，我是头一个在那张桌子边上坐下来的人。

在另一家大宅邸里，我曾在隆冬时节蜷缩在一间冰冷的长厅的尽头，大衣之外又裹了几层被单，抄写不停。长厅的另一头闪烁着一小炉煤火，两个上了年纪的仆人坐在火边，悠闲地擦拭着一副17世纪的铠甲，以备夏天的游客观赏，同时没完没了、居心不良地闲话他们的男女主人。我每逢手指冻僵，握不住笔的时候，就过去跟他们一起在火边待一会儿。这种情景恍若是在 17 世纪。

还有一家宅邸，在我造访的三十年前曾经失火，烧空了房屋。档案室里的收藏获救，之后被统统塞进了当时马厩上层的一间屋子。马厩后来改作了车库。主人领着我，侧身蹭过他那辆罗尔斯 – 罗伊斯的宽大车身，爬上吱吱作响的楼梯，在生了锈的门锁里拧动钥匙，然后推门，门不动，用力再推，开了一点儿，展现出一片文件的海洋，纸和羊皮纸的写件堆满了地板，高处可达三英尺，低处也有一英尺。要想进入，只能从纸堆上踩过去。我尽量放轻了步伐往前走，从 13 世纪到 19 世纪各个年代的火漆印封噼噼啪啪地在我的脚下破碎。我为此感到一生少有的愧窘。后来，由我从中作成，这宗重要的档案转交地方档案馆保存，并且分类编目，我的内疚这才稍获减轻。

有的时候，档案的主人会邀我共进午餐。其间的经历几乎是千篇一律：餐厅的装潢赏心悦目，壁悬名画价值百万；酒是极品好酒，饭菜却做得极差，差到难以下咽；管家衣着邋遢，服务极不靠谱，有的管家还是醉醺醺的。我在写作《贵族的危机》期间，学问生涯的甘苦即如上述。

在 20 世纪 50 年代后期，我的兴趣范围增广。这先是由于知道了韦伯的学说，之后又受到其他两件事的影响。一件是我在 1958 年加入了《过去与现在》（*Past and Present*）的编委会。以我的偏见，全世界的史学期刊有两家最好，这就是其中之一（另一家是《经济、社会与文明年鉴》[*Annales: Economies, sociétés, civilisations*])。当时的编委一半是马克思主义者（很多是长年的共产党员，新近因为苏联入侵匈牙利退党），一半是像我这样的自由主义者，两边人数相当。然而，尽管编委会活动频仍，争论不断，在我的记忆里，马克思主义和自由主义之间思想意识的对立却没有一次没有成为分歧的界限。这件英国思想史上的小小故实，我虽然无从解释，但以为堪入载籍。

对我的学术生涯产生了重大影响的另一件事，是1963年离开牛津到普林斯顿就职。除却婚姻，这是我此生所做的最明智的事情。促成的动力有推有挽。就推斥力而言，牛津的历史学科以英国的政治、宪政为中心，自筑樊篱，不可逾越，让我感到厌倦。同时让我厌倦的，是作为导师，要花费很多时间跟学生见面，单调乏味，重不堪负。就吸引力而言，此前两年，我曾经访问普林斯顿的高等研究院，其间看到那里思想开放，接纳来自世界各地的新观念、新学科、新领域。在普林斯顿，我有两个新的发现：一是新的史学，再就是美国（之前我对美国的历史一无所知）、近东、东亚。这个全新的世界观催生的最早成果之一，是我和我的同事、朋友马利乌斯·詹森（Marius Jansen）合作的论文，比较英国和日本的教育和近代化过程。

在20世纪60年代，另一个新的学术领域曾经有好几年极大地影响了我对历史进程的解释——美国政治理论家就与"近代化"和革命相关的问题所作的研究。如今回首反顾，我觉得，自己当年热心于他们构建模型的方法，恐怕是过分了一点儿。但是他们至少提供了两个极有价值的工具，我以之攻坚克难，完成并于 1972 年出版了《英国革命的缘由》。一个工具是略偏主观，但是用处极大的成因分类：把诸如英国革命这样的爆发于一旦的事件归因于长期、中期、短期的缘由。另一个工具是"相对剥夺感"的概念。这个概念让我不再错误地认为，已经观察到的群体行为和这个群体的实际生活条件有必然的联系。但是，在描述英国革命的缘由的时候，我滥用诸如"先决条件""催化因素""导火索""多重功能障碍""J 型曲线"等词语，陷入了一个专业术语的小泥潭。这些术语和相对剥夺感的理论让我在英国的批评者感到恼火。我对来自大西洋彼岸的社会科学的新潮观念、术语的热情，被他们当作讽刺的题材，以之取乐。如果我今天写这本书，使用术语的时候会多加小心。

当时正在美国开展的、以电脑为工具的量化历史研究，其处理数据规模之大、涵盖范围之广，是我在普林斯顿的另一重大发现。心怀这个美妙的新世界所激发的热情，我构想了一个计划，继而获得了资助，付诸实行。这是一次大规模的统计，针对英国社会的上层，取样时段从 16 世纪到 19 世纪，旨在调查这个阶层成员的社会流动性。指导研究人员、为史料编码、跟电脑程序员沟通、把一摞又一摞浅绿色打印纸上的数据汇编成表格，这些事情幸亏有我的妻子照料，她为这个计划工作了十五年。我则是中道而辍，原因下面再说，这个项工作的结果是去年才出版的《开放的上层？ 1540—1880 年英国社会研究》。

我来到普林斯顿，所看到新鲜事儿还不只是政治学理论和电脑量化研究。当时影响了我的思想变化的还有社会学家默顿

（R. K. Merton）的著作，我由之学到的东西之一，是中等范围的概括。我以为，用亚里士多德的中庸之道来界定所要解决的问题，一方面可以避免包罗万象、笼统不实的空头理论；另一方面也可以避免像眼下许多青年学者那样，把实证研究局限在极窄的领域里，务求确凿，所得的结果除了一两个同行的专家，跟任何人都没有关系。

我和伊文斯 – 普里查德（Evans-Pritchard）虽然在牛津是同事，然而我第一次发现这位优秀的人类学家所做的研究却是在来到普林斯顿以后。再后来，我受到新派的符号人类学诸位学者的影响，其中最为突出、研究做得最为漂亮的是我的朋友克利福德·格尔茨（Clifford Geertz）。人类学家对史学家尤为重要的贡献，一是在于提醒我们"细节描述"的作用之大，也就是说，一些动作、事件、符号、姿态、语言或者行为的模式，貌似琐碎而不足道，但是，内行人细心观察，却可以用它们揭示出完整的思想体系；二是在于让我们留心血缘关系、家族谱系、群落的结构。这些事情，如果没有人类学家的指引，史学家往往不知其意义何在。

对家庭和性关系的历史的兴趣无可避免地把我引向了心理学。我觉得弗洛伊德学说的用处不大。这一方面是由于他的价值标准局限于 19 世纪末期的中欧，不能用来说明再早的事情；另一方面是由于他认为，人格在生命的头几个月或者头几年就差不多固定了，这种思想模式从根本上说是不顾历史环境的。一个专业史学家，如果关注人的天性和后天养育之间、内在的驱动力和与之抗衡的文化影响之间的持续互动，那么用处大得多的是由埃里克·埃里克森（Erik Erikson）或者杰罗姆·卡甘（Jerome Kagan）等比较晚近的自我心理学家逐渐发展出来的个人发育成长模型。当然，弗洛伊德在《文明及其不满》（*Civilization and Its Discontents*）里承认文化对人格的塑成作用，但是他的看法是否定和悲观的。

在总结我的学问生涯之前，我得说明自己为什么中断了对英国上层的社会流动性的研究，而以五年时间写了一本大书《1500—1800年英格兰的家庭、性与婚姻》（*Family, Sex and Marriage in England, 1500—1800*）。这本书几乎完全取证于不含量化数据的印刷文献，作者大都属于社会上层。它既重视人们情感的发展演化，也重视家庭和两性关系结构的发展演化。写作的过程是这样的：1973年我因为轻度心绞痛住院六个星期，摒绝来宾、电话，以及一切跟外界的接触，之前我一直在修改一篇关于家庭史的讲稿。在医院里，我感觉良好，每天八小时睡眠，此外就是大块的时间可以用来阅读，无人干扰。每天十六小时，整整四十二天。如果我没算错——有人认为我的算术不好，我有六百七十二小时的阅读时间。于是我向妻子交代：大学图书馆库藏的所有英国家信、自传、家训、日记等等，凡属16、17、18世纪的，一应搬来，放置床头，外带足够的纸张。如此装备齐全，我阅读，阅读，再阅读。六个星期之后出院，写书用的材料差不多已经攒足了。这就是中场休息的开始，五年以后，也就是1977年，我才又回头从事量化数据的社会流

49

动性研究。

　　我对巴黎"年鉴"派史学家的敬佩（一直都是有节制的）从未动摇过，无论是在牛津还是在普林斯顿。然而时代和人的心态是推移变化的，今天我仍然保持着对"年鉴"群体的敬佩，认为他们是世界上最具才华、最能创造开新、最有影响力的史学家。但是，对于他们的基本原则和方法，我已经渐生异同。这些看法见于我的恶名昭彰的论文《叙述的复兴》，发表于 1979 年。我以为，他们常用的方法论上的界划——把静态的"结构"（structure）区别于动态的"组合"（conjuncture），未必总是最佳的手段。我更加不能接受他们关于历史成因的三层模型——经济和人口是基础，社会结构是中间层，然后是由前二者生成的上层建筑，诸如意识形态、宗教、政治信仰、心态。这个像婚礼蛋糕一样的分析模型，其前提是物质因素的作用大于文化因素。这一点我不赞成。这个模型还认为，三层成因之间上下有序、主从分明，否认它们的关系可能是一种持续而有力的互动状态，而韦伯已经很清楚地指明了这种可能性。

　　我和"年鉴"学派的最后一点分歧，在于他们热切地搜集关于物质世界的量化资料，其背后是强烈的唯物主义实证论。这种理念，即便是在二战刚刚结束的那几年，我也不能全盘接受。举例来说，学派最著名的创新著作，布罗代尔的《菲利普二世时期的地中海世界》，几乎没有提到宗教，不论是基督教还是伊斯兰教。

　　我在 1979 年发表的那篇关于重新重视叙述的文章，意图坦白无隐，就是要如实申说我所看到的史学专业在当时的趋向，绝对不是要为将来指路。文章的主旨是把当时史学里的一股复归的潜流公之于众。复归的去向，我在文章里宽泛地定义为"叙述"，如今想来，这么说是起了误导的作用。很多方面的人以为这篇文章是要发起一场反对量化的社会科学和分析史学的运动。激于义愤的卫道之士，为了保护他们的专业地盘和项目经费，在几乎所有史学期刊上发表文章，指责我背叛了一度效忠的伟大事业。老友罗伯特·福格尔（Robert Fogel）作为社会科学历史学会的主席，悲痛大于怨恨，在大会发言中庄严地宣告，我不再是组织的人了。在有些地方，我因为这篇文章立刻变成了贱民。然而没用几年工夫，我相信，我的预言已经完全应验了。现在，除了在经济史领域里仍然占统治地位，计量史学已经处于弱势。更加具有人文色彩的、更加重视叙述的治史方法越显繁荣，专治单一人物或单一事件的微观历史日见风行，政治史正在复苏——新型的、牢固地和社会研究、思想文化研究交织在一起的政治史。就连思想史也发生了惊人的再生变化，不再是枯燥的"观念承传史"，像捉兔子游戏一样，归宿不是柏拉图就是亚里士多德。

　　我一切的工作都建立在两个关于历史进程的基本假设之上。一，重大事件必有重大原因，绝不仅是区区细节所致。二，凡是重大事件，其原因必有多重。这个因果观有欠纯粹，曾经招致批评。我尊重很多学者的判断，他们用"购物清单"来形容为解释任何已知现象而汇总到一起的多种原因。也就是说，这

51

种方法不加斟酌地列举一大长串类别和重要性都相差很远的变量。此话不假。但是我可以用韦伯曾经用过的理由来为这种方法辩护：被汇总到一起的诸多原因，只要它们相互之间构成一种有选择的亲密关系，只要它们不是偶然碰到一起，而是有一种逻辑关系使它们具有同一的指向，并且使它们相互支持，那么它们就具有说服力。尽管有人不以为然，我还是坚持采用多种原因相互促进的反馈模型，而不采用把原因按照轻重大小线性排列的等级模型。不过，我承认，有的时候我没有说明，所谓的"有选择的亲密关系"在实例中是如何起作用的。

回顾我的知识历程，明显特出的一点是我从来不在任何地方久留。历史学家大都是挑选一个比较窄的领域作为自己的专业，在同一块园地里耕种培植，终其一生，勤谨关爱有加无已。这样做的好处，是成为那一小块地界里的世界级专家，用与年俱增的知识、专长、经验构筑起一套学术系统。我则是刻意选择了另外一条道路，在历史的原野上漫游，罕见的随意，尽管就文化而言，我的研究大多局限于英国，就阶级而言，局限于大地产家族。我的学术漫游首先是时间上的远涉，从中世纪直到 19 世纪。第二是研究专题的变换，从传记到社会史，再到教育史，再到家庭史。第三，我从很年轻的时候起就意识到，得自历史的智慧受时间的局限，因而一直不停地寻求比以往更加适用的理论、概念、手段、模型，在方法论方面也是一直不停地寻求借鉴，从马克思到韦伯，再到一些现代的美国社会科学家：先是社会学家，继而是政治学理论家，再后来是人类学家。

　　像这样从一个世纪漂到另一个世纪，从一个专题跳到另一个专题，并且借用不同的方法，自有其无可避免的危险和缺陷。第一，这样做意味着工作的速度很快，快就会导致错误，通常是小错，但有时也会是严重的错误。第二，我对任何一个专题、任何一个世纪、英国的任何一个地区的学识，其透彻的程度都比不上在相应的领域里终生耕作的学者。第三，我想对繁复多端的问题加以规范，使之呈现条理，比如英国革命的诸多原因，或者家庭的演变，这样做就难免过分地依赖图形、表格，难免概括失当，需要再加调整。然而话说回来，在历史和其他任何的学科里，没有不需要再加调整的概括。第四，我的专门知识主要集中在处于社会金字塔顶端的贵族，因而对于下层各阶级的行为所下的论断有时过于轻率，有欠调查。学术界的许多更为严谨的评论家，因为我有上述的缺陷，每收到一本我的新著就会本能地拿起笔来，写道："这是斯通惯常的故技。"但是，从另一角度看，我也不曾受到下述学说的危害：帕森斯的功能主义社会学，法国的结构主义，还有语言学的解构主义——但愿"免受其害"的说法不为过分，原因在于我一方面全然弄不懂这些学说的意思，另一方面又直觉地以为它们过分地简化问题，必定不对。

　　我一直关注公共事务，这对我的学术生活产生了两种影响。首先，我尽力接近更多更广的受众，避免关在学术的象牙塔里。具体的做法是在全国性的期刊上就各种各样的书籍发表意见，经常是批评性的。这样做当然有很高的风险，通常是要付出代价的，因为吃了我的批评的人早晚要抨击我的著作，以求报复。此外的另一个做法，是把业已精装出版的大型学术著作加以删节缩编，用廉价的纸皮版再行面市，让普通的读者能够看到我的书。

关注学问天地之外的世界，所产生的另一种影响更加深刻久远。对这种影响，我在它作用的当时惘然不觉，但是过后思量，却清楚地意识到：我对以往的人和事的史学兴趣，其变化往往是对当前生活中的事件和价值标准的反应。我的第一篇论文的内容是伊丽莎白时代海军水手的生活，1942 年在驱逐舰上写成，地点是南大西洋。我的第二项史学研究是一个奸诈的国际金融家的传记，大部分写成于英国战后第一届工党政府的早期，当时人们的社会主义热情高涨。第三项，关于 16 世纪后期和 17 世纪早期贵族的研究，调查期间正值英国贵族面临全面的财政危机，大量的乡间宅邸被弃置不管，任其衰朽。我的关于大学教师和学生的研究开始于 20 世纪 60 年代。高等教育在英国曾经几度蓬勃发展，被人们极度看好，20 世纪 60 年代就是这样的一个时期。当时让我着迷的，是何以英国在 1560 年至 1680 年之间出现过类似的教育繁荣。经过了 1968 年至 1970 年之间的学生骚乱，在激动人心的兴盛和富裕突然终结之后，我对教育史的兴趣延续不断，但是心情要比以前悲观。我转而集中关注，在 1680 年至 1770 年之间，文法学校、大学、法学院的学生人数急剧下降，原因何在。我的研究家庭、性、婚姻的著作，构思、写作是在 20 世纪 70 年代。在那个时期，离婚率陡升，婚内怀孕率陡降，性关系较之以往大为混乱。由于妇女解放运动和已婚妇女在劳动力中所占比例的急剧升高，男人和女人各自在生活中的职能和地位也发生了变化。这些原因使得家庭、性、婚姻成为当时人们迫切关心的问题。

我写《开放的上层》的时候，英国大地产家族的消失，以及这些家族在英国的强盛和衰败中所起的作用正引起公众的兴趣，兴趣之高可见于两件作品的空前火爆，一件是根据伊夫林·沃的小说拍摄的电视剧《旧地重游》，另一件是马克·吉鲁亚德（Mark Girouard）的著作《英国乡间富豪宅邸》（*The English Country House*）。这项研究开始的时候，公众认为住在这些豪宅里的贵族正在经受垂死的煎熬，批评家则认为，英国在当时的衰落，病因在于维多利亚时代的企业家的第二代仿效大地产贵族世家的闲在生活，仿效他们凡事玩票、不求专精的价值标准。

尽管我茫然不觉，但是发生在眼前的事情好像总是在激励我回望过去，探问历史上曾否有过类似的潮流或者问题，当年的人们又是如何对待。如此写成的历史好还是不好，我不知道。但是，如此胸怀当今，放眼过去，有一个严重的危险，那就是用来看待过去的，不是当时的标准，而是后来的立场和眼光。如果写史的人念念不忘的事情，是证明我们如何由彼过渡到此，那就很可能犯辉格派史学的目的论错误，曲解曲用史料。然而，话说回来，解释当今，是对历史感兴趣的主要理由。预防目的论式的曲解曲用，首要的原则，是牢记过去的人跟我们不同，而研究和解释这个不同，永属必要。进一步的预防原则，是时刻不忘历史中的偶然因素，也就是说，要意识到在任何时候都有另外的可能，它们是可能成真的事情，仅仅是没有成真而已。简而言之，就是记住"克列奥帕特拉的鼻子"的理论。

我在学术海洋中的奥德赛航程，有成有败，到此暂时告停。我在航程中曾经受到女妖、恶龙、海蛇的攻击，曾经误辨方向，至少一次险遭灭顶。我虽然脱险并且继续前行，却还没有看到伊萨卡。但是，我希望，我的航程尚未终结。

（吕大年　译）

1986
弥尔顿·阿纳斯托斯
（加州大学洛杉矶分校拜占庭希腊文与历史荣休教授）

    我的学术生涯可谓出师不利：我刚上一年级的时候，就被勒令放学后留校。我犯的错误是，每次我被点名朗读课文的时候，都接不上前面同学念完的地方。更糟的是，被罚留校的时候，我又犯了同样的错误。这种羞辱遭了多少次，我现在想不起来了。我也无法理解：为什么我当时没有这个心眼为自己申辩？我满可以指出，上一年级之前，阅读对于我来说早就不是问题了。我碰到的难题是杰克和吉尔、范妮和苹果、杰克盖房子等等，都是非常令人着迷的冒险故事。这些高贵的人物是如何冒着天大的风险对抗整个宇宙的啊？我得亲自弄个明白。于是，在全班刚刚开始朗读的时候，我就迫不及待地加速读下去，一直读到结尾。结果，当轮到我朗读的时候，我完全茫然，根本不知道交给我朗读的是故事的哪个部分。

    这真是我人生历史的悲剧一章。我已经记不得是如何把这一奇耻大辱告诉我母亲的。她是一位大方、和蔼的女士，但如果她的孩子在学业上一无是处，她对此的容忍度是零。如果她知道了我所遭受的不公正惩罚，她肯定会暴风一般扑向学校，将整个校舍夷为平地——把每一块砖头都扒下来。

我一年级的苦难也就讲到这儿吧。但是我至少上幼儿园的时候没被留级。我不得不坦率地指出，遭受这种耻辱的命运的不是别人，正是我亲爱的太太萝丝玛丽·帕克（Rosemary Park）。她可是无人能及的学院院长，加州大学洛杉矶分校的副校长。虽然她在幼儿园活动中出类拔萃，比如织毛活——上一针，下一针，上两针，下两针，等等——但是这可怜的小女孩在幼儿园待了两年。当然了，她有一个完美的理由，谁没有呢？她的父母决定让她再上一遍幼儿园，这样她就可以照看她的弟弟妹妹。他们还太小，没有人带着过马路实在不放心。

直到现在，我还没有说出任何听上去给自己增光的话。非常不幸，在我读高一的时候，愧窘继续伴随着我。首先，我的朋友们警告我，拉丁文这门课太难，还是不要选的好。于是，在外语一项，我只选了法语。这样一来，我就在抗旨不遵了，因为家里严令我一定要学四年拉丁文。我甫一违命，父母的烈怒就临到我。我恳求地说：现在改选课程为时已晚，还是忍痛割爱，放弃拉丁文吧。然后我母亲威胁道，她要亲自到学校去解决这事。我自然拼命反对这一用心险恶的提议，但是我最终还是输了，不得不屈服，接受这令人煎熬的痛苦，亲眼看着我母亲去找班主任谈话，而班主任立马同意让我遭拉丁文的罪。

虽然这场考验很折磨人，但我还是活下来了。那时，我的父母竟然自甘沦落到拿各种礼物换我学习的地步。尽管如此，我还是不为如此壮举所动，没在学习上真正花心思。结果，我高一结束的时候，平均成绩只拿到了惨淡的八十几分。我的表现如此平庸，当然自己心里也不好过，但是也没太当回事，直到我发现班里一位同学拿了全校第一，而他的智商是我根本看不上眼的。对于我来说，这不啻一场毁灭性的打击。接下去的整个夏天，我都在算计，我需要修多少门课、拿多少分数才能赶上去，自己当第一。

这一点后来我还真的做到了。我必须承认，当我看到同学比我分数高，我的恼怒就化为了对着干的劲头，而这种有点变态的劲头却成了塑造我学术生涯的一个主要因素，并且还使我自己相信：我其实很喜欢学习，也愿意逼自己学习。

1926年，我进了哈佛。这时我已经克服了对拉丁文的反感。带我的新生辅导员劝我主攻古典学，而我很容易就被说服了。在这一点上，我的经验和劳伦斯·斯通教授可不一样。才华横溢的斯通教授是上一年度哈斯金斯讲座的演讲人。也许诸位还记得，他花了不少时间和精力去掌握所谓的"死语言"，这让他痛苦万分。对于我来说，我在六十年来所有的研究中都要持续学习和使用拉丁文。我一直不断地意识到我需要为此付出最艰辛的努力，而这种努力是最能让我长久感到满足的源泉。

尽管我很大程度上献身于古典学，但我一直没有断了学法律的念头，后来还和1935届一起上了哈佛法学院。普通法倒是很合我的胃口，但我很快就厌倦了身边很多同学的冷漠无情。

他们常常发出这样的高论：作为未来的律师，公正并不是我们应当关注的问题，只有法律才是。我不确定他们是真的相信这是良好的行为规范，还是仅仅出于逆反心理才说出这样的话。

不管怎样，他们这种态度还是使我反感，于是我转系到了神学院。我没有任神职的意愿，只是想在神学尤其是教会史中寻求指引。就在这个人生的十字路口，我有幸遇到并熟识了几位卓越的学者，他们深深地影响了我的未来。神学院和古典学系一样，班里的学生都很少，一般不会超过二十人。所以我们有幸能够获得老师亲自一对一的指导。

这些最为杰出的学者给了我极大的提携与厚爱。在我读研究生的早年时期，我主要的恩友和保护人是哈里·奥斯特林·伍尔夫森（Harry Austryn Wolfson）。他是拿单·利陶尔（Nathan Littauer）讲席希伯来文献和哲学教授，天分极高，工作勤奋，学识渊博，写了很多出色的著作。我称他为"哈里叔叔"。每天七点钟，他会和打扫卫生的一起来到怀德纳图书馆（Widener Library），一待一整天，中间只花片刻时间吃个便餐，偶尔也会冲进波士顿城里去看个电影，最好是一个片的价钱看俩片的那种。无论别人向他请教什么问题——幻想的、私人的、学术的，他永远不会以"太忙"为借口置之不理。此外，还有罗伯特·费弗（Robert H. Pfeiffer），他是汉考克（Hancock）讲席希伯来文献教授。他为人最为和蔼、友善，他为学生和同事举办的圣诞派对也早已成了传奇。很多人回想起来，心中仍然充满了暖意。高校中的不公待遇是很残酷的，而他就是其中的受害者。他虽然早就够资格，职称却很多年评不上去。不过，最终他还是如愿以偿了，而我们这些豁出去饭碗和身家为他打抱不平的人也喜出望外。

虽然我们对自己的老师们心怀仰慕和感激之情，但是其中也蕴含着极大的危险。直至今日，我提起这些事来，仍然不寒而栗。年轻的学生怀着一腔热忱，却常常被年长者所利用。我自己也经历过两次非常大的挫折，在这里不吐不快。当事的两名教授已然不在人世，本史暂隐其名。"向死者唯出恶言而已"（De mortuis nil nisi malum）。我曾经为其中一位写了整整一本书，包括原文（有些是我自己编撰的，有些是我修订并重新编辑的）以及译文。所有这些材料被集结成卷帙浩繁、分量颇重的一整部著作，而前言只是简短地提到了我，完全没有承认我所做出的极大贡献。所谓的"作者"私占了我的全部工作，给我的翻译"抛个光，上个色"（这是他亲口对我说的），没有提及原本，加了几个短注，就堂而皇之地把整卷著作据为己有。

至于另外一个剽窃者，我为他工作了整整四年，汇编并检核希腊文手稿，以确定最终的精校本。但前言里提到我的只有短短一句。除此之外，全然不提我的功劳。也许这只言片语本身也算给面子，但这却是我漫长而无私的奉献所得到的最微薄的奖赏。何况我很多的同事都清楚我的贡献占多大分量，并且对这样的学术剥削感到愤怒。我既然说了这番话，之前的"鞭尸"之举也就可以被宽恕了吧。

这些就是我最早的出版物，而我在自己的作品列表中只能将其称为"与其他学者合著"。

在完成这些任务的过程中，我无疑学了很多东西，但代价也是巨大的。很多年轻学者也遭遇到了这种问题。在一些欧洲研究中心里，挂在资深教授名下的业绩实际上全都是出自助理之手。这些助理取得了真正里程碑意义的成就，却只能获得最微不足道的回报。在美国有一位教授，其任教的学校盛名卓著（不是哈佛，也不是加州大学洛杉矶分校），他自己也恶名昭彰。他出版了一系列的著作，全署自己的名字，而真正的作者都是他带的博士生。其中有一位现在是我在加州大学洛杉矶分校的同事。他得知自己的博士论文竟被挪作此用，不禁大声抗议，直到自己的名字被加在了书的封面上。我希望眼下这一代学生能够保护自己，不要再让学术败类将他人的成果如此明目张胆地窃为己有。

在神学院的时候，我作出了这样的决定：我要将自己的一生投入教父研究和拜占庭思想史中。这种委身有两层意义。首先，在我看来，与其他同样具有吸引力的领域相比，拜占庭研究的密集程度并不算高。因此，仍然有很多机会可以作出原创性研究。当然，这是将近五十年前的事了。现今的情况较当时已有很大不同。但是，还有很多工作仍待完成，尤其是文献的编辑和阐释，因为还有很多文献从未出版面世。在教父学领域，我认为对很多主题的处理并不合理。

例如，我相信，几次大公会议对神学家聂斯脱利（Nestorius）的谴责是不公正的。聂斯脱利是君士坦丁堡主教（428—431）。

亚历山大城主教西里尔（Cyril，412—444 年在任）指控他将耶稣基督分成了两个位格：人性的耶稣和神性的"道"，而只有神性的"道"才是上帝的儿子。但是，聂斯脱利一直坚称自己从未陷入如此邪恶之谬误，该谬误无异于将第四个位格加入神圣三一之中。

聂斯脱利有著作存世，名为《赫拉克雷德集市》（*Bazaar of Heracleides*）。他在书中一次又一次为自己辩护。我读了这本书之后，得出了如下结论：聂斯脱利是当时门派对立和个人恩怨的牺牲品。西里尔定意要把聂斯脱利打为异端，这样亚历山大城的地位就可以逾越于君士坦丁堡之上，而且他不遗余力地抓住一切机会这样做。事实上，西里尔和聂斯脱利在使用技术性语词的时候都语焉不详。我们不得不承认，聂斯脱利行文常常过于繁复，而且言语晦涩。但是，在我看来，现有的证据表明，这两位神学家都愿意持守我们所称的"正统信仰"，都会承认耶稣基督有神人二性，联结于一位格，不可分割。而这正是"正统信仰"的立场。

我写了很长的一篇文章，自信足以证明聂斯脱利和西里尔一样坚守这一原则。不仅如此，他所描述的二性连于一位格是最为典范的正统表达，因为他说人性的耶稣"所得之位格 [*prosopon*]，并非受造仅仅为人，而是上帝道成肉身 [*enanthropesis*]，因此，同时既为人又为上帝"（《赫拉克雷德集市》，1，1，64，p. 60；cf. 92.1f.，237）。这是对耶稣基督之一位性极为微妙的描述，表明聂斯脱利认为人—上帝就是神圣之

"道"加上人性的耶稣；如果"道"没有从受胎的那一刻起与耶稣联合，那么人性的耶稣就只能成为单独的个体。因此，聂斯脱利坚称，童女所生之子从不曾是一个单独的人，而是"同时既为人又为上帝"。

至少，很多批评家都认为我对聂斯脱利的分析很有说服力。但是，有一天雅典大主教与我讨论这个问题，他以最为礼貌的方式对我说："教授，您的论述非常有理有据，无疑是合情合理的。但是，既然如此，圣灵为什么会判定聂斯脱利是异端并且绝罚他呢？"我对此的回答是："原因很简单。圣灵没读过聂斯脱利的书！"

在神学院拿到神学硕士（S. T. B）之后，我继续攻读历史方向的博士学位。我的论文是一次真正令人愉悦的练手，拿历史材料耍花活。我试图去证明——不可不谓成功——哥伦布 1492 年发现美洲，一部分是靠着地理学家斯特拉波（Strabo）的文本。这些文本是格弥斯托士·卜列东（George Gemistus Pletho）在 1438—1439 年间佛罗伦萨公会议（Council of Florence）上节选并呈交的。卜列东是博闻多识的拜占庭绅士，西欧普遍认为他是那个时代最伟大的学者。

1940 年，我拿到了博士学位。那一年，拜占庭史在学术市场上惨淡得很，毫无希望。这时，我在晚期的希腊文哲学文本中读到的"宇宙救主"忽然现身：邓巴顿·欧克斯（Dumbarton Oaks）研究所！它是新成立的研究中心，专治拜占庭文明，而资助中心的正是前大使罗伯特·伍兹·布里斯（Robert Woods

Bliss）和他的太太。我的运气真是太好了，这个研究所是作为哈佛大学的一个院系成立的，而我在这个学术天堂里先是担任研究员，然后担任教授。这无疑是我职业生涯的一个重大转折点。很多人都曾经是这分外优渥的待遇的受益者，但我想，没有谁比我受益更大。建立这个研究所就是为了把我留下，而我深深地感受到自己有义务做好，才不负研究所给我的这个机会，让我二十年来不受干扰、不被打断地研究和写作。刚开始的时候，我们图书馆有不到一万本书，大多是文艺类的。因此，很长时间以来，我每年都会花一半的时间全世界搜寻我想要的书，并且说服行政领导买下来。我的索书无止也产生了深远的影响。首先，我对书的热情已经到了痴迷的境界。然后我很快就意识到，在我买得起的范围内，我应当尽可能多地自己购买与研究相关的书籍，这才是审慎的做法。我当时和现在的想法是一致的：拜占庭文明上溯至荷马，其领域涵盖知识的每一个分支——艺术、科学、经济、历史、文学、神学、政治学、哲学、法律、魔法等等。在这一理论原则的指导下，我个人的图书馆现在也积聚了近五万本书。很多人认为，就同类收藏而言，它是世界上最了不起的图书馆之一。

　　其次，我一直致力于建立拜占庭研究的完整书目。眼下，我大概有二十到三十万张书目信息条，按照主题整齐归类。在此之前，恩典就已经借着上帝、加州大学的半工半读项目、支持我们研究的副校长——我不得不补一句，这位副校长可不是我太太，我太太对此全无兴趣——临到我们，让我得以与我最出色的学生通力合作。开始的时候，学生有五六位，后来越来越多。但是，现在经济和政治情况不同了，能给我搭把手的人少得不能再少了。我们极其迫切需要资金来完成书目的编写，并将其录入电脑，以飨全世界的学者和研究机构。

不仅如此，我对拜占庭的理解使我能够大规模编写拜占庭帝国的思想史，将所有方面都囊括进来。我将其称为《拜占庭的心智》（*Mind of Byzantium*，简称 *MOB*）。几年前，加州大学出版社的代理根据打字稿估算了一下，认为印刷后的成品应该在四到五卷。删节本已经刊登在《希腊国家史》上，占据了全书三大部分的篇幅。这本书是用希腊文写的。我决定在年终完成英文稿的第一卷，论拜占庭皇帝的法律地位，以及皇帝与教会的关系。

我已经花了如此长的时间介绍拜占庭，现在不得不提一下战争的事。珍珠港事件当天，我就去报名参加海军，却被一个自耕农出身的家伙无情拒绝，因为我的视力达不到海军标准。饱经了各种沧桑之后，我终于加入了战略情报局（OSS），盼望这一军事部门能够忽略不计我的身体缺陷。一拖再拖之后，我终于可以接受体检，通过之后就可以在伞兵师当情报官。然后，我就经历了人生中最丢人的一刻。负责体检的医生对我说："孩子，如果我们给你带了降落伞空投出去，你直接就被撕成两半了。你还是在华盛顿报效国家吧。"

后来，我被特殊情报部（SI）录取了。几个月后，我被转派到研究和分析部（R&A）。这个部门的领导人是威廉·兰杰（William Langer），他熟谙各种不同领域的学问，在整个战略行动中都起着极大的作用。我被指派负责"希腊桌"。我发现主管这一分部的都是大学的同行，其中很大一部分人是历史学家、经济学家、考古学家和语文学家。他们所受的专业训练覆盖了很多不同的领域。战争手段的制定和执行急需各种数据和分析，而这些只有他们才能提供。

美国第三集团军计划渡过莱茵河的时候，我接到了一项任务：尽可能多地收集 395 年拜占庭皇帝——当时他还是副皇帝（Caesar）——尤里安二世渡过莱茵河的全部信息。做到这一点并不难，而我也经常在想：这些数据是否真的提交给了乔治·巴顿将军？那是 1945 年 3 月 23 日的前夜，他从奥本海默（Oppenheim）附近迅速渡过了莱茵河，正如他的副手在同盟远征军总指挥部（SHAEF）宣称的那样："既不需空军投弹，又不需美英海军援助，且不需释放现代战争史上最大的烟幕弹。"

加上几天前（3 月 7 日）在考特尼·霍奇斯（Courtney Hodges）的指挥下，第一集团军第九装甲师在雷马根（Remagen）攻占鲁登道夫（Ludendorff）铁路桥，这可谓最终击溃纳粹的转折点之一。这样，美国第一集团军和第三集团军抢在英军之前顺利渡河，而英军直到 3 月 24 日才完成渡河；虽然丘吉尔在事先录制的演讲中夸口，说首先逾越这一障碍的乃是英军。[1]

---

[1] Omar N. Bradley and Clay Blair, *A General's Life: An Autobiography by General Omar N. Bradley* (New York: Simon and Schuster, 1983), 404, 411, 413; Ralph *Ingersoll, Top Secret* (New York: Harcourt, Brace and Co., 1946), 312 f.; Charles B. MacDonald, *The Last Offensive: The U.S. Army in World War II, The European Theater of Operations*, 9(Washington, D.C., 1973), 213 ff., 267 ff., 303 ff.

很多人在战争期间服役，从见识和精神上都受益匪浅。而我却不觉得自己收获颇丰，除了别无选择地将地中海区域视为整体看待，并且更深入地探究希腊历史、政治和语文学。此外，我倒是得了机会亲自观察，在这庞大的官僚体系中，教授们如何做到既献身缪斯女神，又献身人类文明。我一直在编写无数报告，努力把天差地别的大量数据整合成有逻辑的体系，这也使我练就了流畅书写的本事。

还有另外一个方面。那时，备忘录和批评意见你来我往，没完没了，我从而意识到辨认出个人写作风格的差异并非不可能。很多人对这种文本批评心存疑虑，可这长久以来都是文学和历史分析最常见的方法。我不止一次亲眼见证了这种方法的有效性。

在战略情报局，我经历了很多有趣的事。在"美国不会入侵巴尔干"这一局势已经很明朗时，我获准回到邓巴顿·欧克斯研究所，回到拜占庭研究之中，尽管我还是继续以顾问的身份服务了几个月。

这时，我有幸结识了几位非常了不起的学者，其中最出众的是阿尔伯特·马提亚·福里安德二世（Albert Mathias Friend, Jr.）。他在哈佛大学的邓巴顿·欧克斯研究所担任科研主任，同时也在普林斯顿大学担任马匡德（Marquand）讲席艺术史教授。福里安德是极有天分的拜占庭专家，邓巴顿·欧克斯和普林斯顿的很多项目都是在他的天才启发下设立的。他自己虽然只发表了五篇文章，却为一系列项目提供了灵感，尤其在拜占庭艺术和考古领域。尽管他计划中的伟大著作一直未能完成，但他却是大家的动力源泉，而大家正是按照他勾勒出来的蓝图完成了这些工作。福里安德对各种相关的重要事物的了解堪比百科全书，无人能及，但他真正的能力在于提出想法和尖锐的批评意见。他不惜花很多时间来激励别人，宁可耽误自己的项目。在任何一个学术研究所，尤其是邓巴顿·欧克斯这种相对规模较小而且高度专业化的地方，总会有人内心敏感、自命不凡，也总会有人自尊受挫。福里安德会定期巡视，为学者和工作人员打气。有一次他格外施行拯救，安慰受伤的灵魂。之后，他对我说："只有心满意足的奶牛才产奶嘛。"他最伟大的贡献是说服哈佛校董会将邓巴顿·欧克斯组建为完备的院系，按照学校的惯例设立各级教职。

我由衷地感激福里安德、卡尔·克莱令（Carl Kraeling）、恩斯特·基顷哲（Ernst Kitzinger）、约翰·撒彻尔（John S. Thacher）。他们都在邓巴顿·欧克斯的指导工作上起到了至关重要的作用。前三位担任过科研主任，第四位是行政主任。

从战略情报局回到邓巴顿·欧克斯之后，我加倍努力使《拜占庭的心智》的编写能够有实质性进展。美国学术团体协会、古根海姆基金会、富布莱特研究员项目都资助过我，其中古根海姆基金会提供过两次资助，谨此致谢。

到了 1964 年，我在哈佛这个大家庭已经度过了三十八年充实而满足的岁月。然后，加州大学洛杉矶分校竟然说服我加盟，这使我自己和朋友们都深感意外。加大提供了令人艳羡的科研条件，使我和我的同事斯佩罗斯·弗莱恩尼斯（Speros Vryonis）教授能够兴起一座拜占庭研究的重镇来。迄今为止，我们已经有八位博士生完成了论文，另外还有几位也从我们这里获得了不小的帮助。尽管我们喜欢上了加州的一切，但我们仍然全心全意爱着哈佛，并且充满感情地称之为"东海岸的加州大学洛杉矶分校"。

余下的这些时间，我会简要地勾勒出我所定义的"拜占庭文明"的一些主要特点。我工作的一项内容就是驳斥那些"辨疑派"（paradoxographers）。这些学者乐于寻找文本中前后矛盾之处，虽然这种矛盾仅仅是出于细微的差异。他们的方法论非常简单。比如，在研究上古史和中古史的时候，针对一个给定的问题或历史事件，他们会收集并分析一切资料来源，剔除显而易见的错误和前后不一致的地方，然后基于这些数据总结出一系列看起来无懈可击的推论。历史学家似乎大可以放心地信任这些成果。但是，"辨疑派"要么希望得出更有原创性的解决方案，要么纯粹为了挑刺——我们之中有谁不曾吃过他们的苦头呢——而否定那些看起来很合逻辑的结论，还用新奇而且往往极端的理论颠覆这些结论。

有一个极为引人注目的例子，可以说明"辨疑派"是如何工作的。"君士坦丁大帝归信基督教"一事，见于同一时代的两位历史学家的著述，一位是优西比乌（用希腊文写作），一位是拉克坦提乌斯（用拉丁文写作）。这两人都与君士坦丁有私交。优西比乌写了一部颂赞性质的帝王传，通常被称为《君士坦丁传》(Vita)。皇帝本人也为作传者提供了很多重要的细节，尤其是他那著名的异象和异梦。拉克坦提乌斯则是皇长子克里斯布（Crispus）的太傅。

在《君士坦丁传》(1，28) 中，优西比乌是这样记载的：君士坦丁信誓旦旦地说，当时是正午时分，他和他率领的军队忽然看到天上有光柱显现为十字架的形状，状如战胜碑上所刻图像，其上有字曰"凭此 [记] 征服"(tuto nika)。那天晚上，君士坦丁梦中（1，29）见到基督向他显现，示之白日所见标识，并令他依样复制，与敌手交战之时，以此为记。君士坦丁遵旨而行，制成了十字架军旗（labarum），上立"基督"一词的首字母，大抵是☧的样式，所谓"基督之符"。优西比乌说，君士坦丁将此符记戴在头盔上，并且标在所有战旗上（1，30f）。拉克坦提乌斯补充说，君士坦丁军队使用的盾牌上也刻有这一符记（《论迫害者之死》[On the Deaths of the Persecutors]，44，5）。基督教色彩的钱币和其他的重要物件上也时有见之。

这些记述被认为是高度可信的，尤其是优西比乌的见证。因此，大家普遍认为君士坦丁确实在 312 年 10 月 28 日那个决定未来命运的夜晚归信了基督教。但是，"辨疑派"论及这个事件的时候，却否认事实就是优西比乌所描述的样子，而且发明出了一套复杂理论，说"君士坦丁归信"乃是五世纪早期宗教情结重的史家羼入优西比乌著作中的。

他们并没有文本证据来支持这一假说，也没有解释这后代史家如何、为何会用如出一辙的方式同时篡改优西比乌和拉克坦提乌斯。不仅如此，我们有充足的考古证据，可以坐实优氏和拉氏文本的可靠性，而这就是我质疑"辨疑派"的主要论据：350—353 年间所铸之一系列钱币。

在这些钱币中，有一类是篡位者马格嫩提乌斯（Magnentius, 350—353 年在位）及其子德肯提乌斯（Decentius）发行的。其中有很多都刻了十字架军旗，上有"基督之符"，以此来表达与正牌皇帝君士坦提乌斯二世（Constantius II）和解的意愿。君士坦提乌斯二世是君士坦丁大帝之子，而父子二人都发行过刻有"基督之符"的钱币。马格嫩提乌斯甚至将君士坦提乌斯的名字也刻在了自己发行的钱币上，以昭示天下：只愿共治，不愿为敌。

但是，在随后的 353 年，马格嫩提乌斯就发行了一款新币。旧款背面的"基督之符"本是照搬自君士坦提乌斯发行的钱币，但新款将其印得更醒目，表明正统基督教的捍卫者乃是本人马格嫩提乌斯，不是君士坦提乌斯：325 年的尼西亚大公会议已经定下了正统基督教的要义，而君士坦提乌斯竟然伙同阿利乌派神学家一道反对 325 年信经；因此，正统的马格嫩提乌斯要对抗异端君士坦提乌斯。

但是，最为重要的是，钱币上刻"基督之符"本身就证明，早在 350 年，讲拉丁语的帝国西部就熟知优西比乌所描述的"君士坦丁归信"一事。那时距优西比乌去世才十年，因此不会是宗教情结重的史家在五世纪编造的。

篡位者沃特拉尼奥（Vetranio）于 350 年 3 月 1 日到 12 月

25 日称帝，他发行的钱币进一步证实了我们的结论。有趣的是，君士坦丁大帝的女儿君士坦提娅（Constantia）怕马格嫩提乌斯篡位会危及弟弟君士坦提乌斯的治权，于是劝沃特拉尼奥着紫袍，即帝位。与此同时，君士坦提乌斯皇帝正在东部边疆与波斯人交战，无法抽身，于是只能接受君士坦提娅的请求，允许沃特拉尼奥加冕称帝。

这些钱币同样具有决定性意义。有些铸于 350 年，是沃特拉尼奥和君士坦提乌斯共同发行的。有些铸于 351 年，是加卢（Gallus，君士坦丁的侄子，娶君士坦提娅为妻）发行的。背面所印字样是"凭此记征服"（HOC SIGNO VICTOR ERIS），即希腊原文"凭此 [记] 征服"（tuto，nika）之转译。最值得注意的是，沃特拉尼奥出身行伍，不能识文断字，却将优西比乌所述"君士坦丁归信"章节的精义简纪于铸币上。沃特拉尼奥显然不曾读过优西比乌的希腊文原本；即使当时有拉丁文译本，他也不曾读过。我们只能这样解释：他是从君士坦丁的女儿那里听到了这个故事，而君士坦丁的女儿无疑听过父亲亲口讲述自己见的异象、做的异梦。

简言之，"君士坦丁归信"远非五世纪神学家的杜撰，而是君士坦丁的家人熟知的故事。因此，这些钱币提供了新的维度，使我们更好地理解上古史中这一极为重要的事件。当然，这并不意味着君士坦丁的确曾见过如此异象、做过如此异梦。但是，他不仅声称这是事实，不断与家人朋友谈及此事，还遵从了这"超自然"指令。另一方面，他在准备与劲敌决一死战的时候，必然深感恐惧与焦虑。因此，也许优西比乌描述的正是他亲身经历的，也未可知。

要取得学术成果，常常不免于这种细致的研究。但有一批学者，不知是故意对着干，还是真心相信自己有充足的理由拒斥前人"传统且不经批判"的著述，于是着手推导出极具原创性的结论，并且以挑衅的态度端上桌面，要激起持不同意见者的反对。而反对者也以同样强烈的情绪试图逆转稍早于自己的这些前辈的结论，将学术共识恢复到最初的状态。

对"君士坦丁归信"真实性的争论，就是一个很好的"对着干"的例子。还有一个例子与此相似，是关于君士坦丁和里基纽斯（Licinius）313年共同颁布的那份著名的"宗教宽容敕令"。许多代的历史学家都很自然地以字面意义来理解这一文件。但是，在1891年，奥托·齐克（Otto Seeck）发表了一篇文章，名曰《所谓米兰敕令》（"Das sogenannte Edikt von Mailand"），登于《教会史学刊》（Zeitschrift für Kirchengeschichte，12 [1891] 381—386）。在这篇文章中，他声称该文献既非敕令，又非颁于米兰，也非出自君士坦丁之手。声势浩大的"辨疑派"立即附和，一起对传统观点进行了全方位的攻击。他们甚至动了心要去证明，尽管君士坦丁对基督教会心存善意，却并未于313年颁布米兰敕令；而被优西比乌指责为"迫害基督徒的人"的里基纽斯（《教会史》Ecclesiastical History，10，8，8—19）才是真正的颁布者。这是一个极具刺激性的说法，他们还进一步作出了更加吊诡的声称，说君士坦丁与敕令完全无涉！

为了解决这个问题，我花了三十页的篇幅，今晚只能挑主要的几点来讲。我的中心论述基于"敕令"的两个文献来源。"敕令"对当时社会的影响堪比《独立宣言》和《美国宪法》的影响，因为，在"敕令"中，君士坦丁（306—337年在位）和里基纽斯（308—324年在位）——作者被点明就是这两位皇帝——为基督徒和其他一切人赋予"自由奉行任何宗教"的权利。用两位皇帝的原话说，就是：这样一来，"无论天上有何神明，皆会赐福并善待我们及我们的一切臣民"。

　　优西比乌（《教会史》10，5，4）和拉克坦提乌斯（《论迫害者之死》28，2—12）作出了近乎完全相同的叙述。虽然他们记载的关键史实都是一致的，但是，优西比乌的希腊文版本和拉克坦提乌斯的拉丁文版本还是有着细微的差别，足以使我们认定：优西比乌的文献来源绝不是拉克坦提乌斯所记载的敕令，反之亦然。因此，我们就有了两份独立的证据。虽然其中没有一份是另一份的复制或誊录，但在所有的要点上，它们都可以相互佐证。

　　我已经简述了节选自优西比乌和拉克坦提乌斯的史料，它们可以确凿地证明：（一）敕令确实出自君士坦丁和里基纽斯。（二）两位皇帝分别在自己的辖区独立颁布敕令，其措辞必然完全相同或基本相同。如若不然，优西比乌就不会将敕令收录在他特设的"君士坦丁和里基纽斯共颁之法"的类别里面了。如若不然，两位皇帝就不会用如此冗长的语词（"朕，君士坦丁皇帝；朕，里基纽斯皇帝"）来声明这一行动就是他们发起的。因此，优西比乌和拉克坦提乌斯的记述使我们无法否认，君士坦丁确实是法令的起草者之一，并且在自己管辖的帝国疆土之内将其作为法律而颁行。

以我所引述的敕令的开头为证，我们就可以得出这一必然的结论。按照君士坦丁自己的说法，他在米兰讨论了宗教自由问题。然后，按照优西比乌和拉克坦提乌斯的记载，他又起草或批准了以上述措辞拟定的法律。很难想象，他怎会没有以自己的名义在自己所辖的帝国疆域将其颁行。

更有可能的情况是，君士坦丁在米兰安排了与里基纽斯的会谈，并且还安排自己的同父异母姐姐君士坦提娅（与君士坦丁的女儿同名）和他结婚，至少有一部分原因是想说服与他共治帝国的里基纽斯采取他的宗教宽容政策。君士坦丁乃是第一位，也是最重要的一位支持基督教会的皇帝。在最初的几个世纪中，除了创教者本人之外，只有他对教会的影响最大；而"敕令"将皇帝本人所倡导的原则明确而系统地制定成了法律。那么，无论宗教宽容是不是他的真实目的，我们都难以想象：他竟会无法在自己的辖区颁布这一"基督徒自由之大宪章"？

我要说的最后一点是：君士坦丁在自己治下的领土颁布了"宗教宽容敕令"，这是不争的事实。但我止步于此，不去深入更加技术化的细节，比如：（一）君士坦丁的这种立法形式被算作敕令是否合法。我认为是的。（二）君士坦丁究竟是在米兰还是别的地方颁布了这一敕令。但是，也许我们所说的一切已经足以证明，视野宽广的历史研究能为"找茬"提供机会。而这种"找茬"，如果做到极致，其结果也是建设性的，并且能够开出一条路来，通向积极的成果，尽管双方都会因为对方的"变态"和"脑残"而感到困惑和懊恼。

《希腊国家史》（*National History of Greece*）已经登载了《拜占庭的心智》的一大部分。除此之外，我的工作最重要的部分是长篇的论文和专著，专门解决在我看来是拜占庭思想史中的关键问题。其中最有意义的一篇文章，是论神学家巴希尔所著的《驳优诺米》。正如大家所知，巴希尔（约330—379）是率正统而驳阿利乌派异端邪见的主将之一。阿利乌派被大公会议谴责，因为该派别相信上帝的儿子耶稣基督并非与圣父永恒共在，而是晚于圣父。巴希尔一直被视为"圣父圣子永恒共在"这一正统信条的主要捍卫者。诚然，在《驳优诺米》中，他特别提出了一点"圣子永恒，并无起始"（2，12）。我在分析的时候指出，巴希尔反复驳斥阿利乌派，强烈坚持正统信条。但是，我在校稿的时候，发现了一桩让我惊异又大为懊恼的事情：在同一部论著中，巴希尔竟然也声称，圣子之存在的起始来自圣父，圣子居于圣父的次位。这些文本和他之前的论述显然是矛盾的，在这一问题上，这些文本和阿利乌派的立场并无不同。换言之，巴希尔的这种前后不一致极为不寻常。我是在为一次座谈会做发言准备的时候，偶然发现这一点的。这促使我重新评估巴希尔"拜占庭正统神学的首要维护者"的名声。

我们的第一要务自然是考察那些博学巨著的源头和成书史，但同时也不应忽视学术工作最本质的事情：我们必须牢记自己的主要任务是将研究成果传播出去，不仅靠原创的学术著作，也靠对学生的教导。我们所讲的课应当真正启发学生，传递给他们的不应仅仅是史实和数据而已。我们必须记住杰弗逊的公共教育理念，在施教的时候，应当以各种方式、途径乃至话语、原则来提醒学生关注自由社会的视野和理念，而我们正是自由社会的主要守护者。

请允许我用自己讲授罗马法的例子来阐释这一教学进程。在评述"君主不受法律约束"（Princeps legibus solutus est，见于《法学汇编》1.3.1 及其他地方）这一法律原则的时候，我指出，罗马和拜占庭皇帝诚然不受法律约束，但是美国总统却并非如此。这门课我教了好多年，每次都这样评述文本含义，而且在水门事件期间，我提出的批评尤其尖锐。

与此相似，我不断提醒学生，尽管拜占庭皇帝独裁专横，恣意侵犯臣民的权利和财产，但明确指出"住宅神圣"的却是533 年查士丁尼的《法学汇编》（*Digest*），虽然很多人以为这一重要原则始于英国。《法学汇编》（2.4.18）引盖尤斯（Gaius）的话说，"大多数人都认为，将一个人从家里传唤［至法庭］是不合法的，因为'住宅是一个人最安全的庇护所和逃难地'（domus tutissimum cuique refugium atque receptaculum)"，因此，若是有人强迫他从住宅出来，便是在使用暴力。

"人身保护令"（habeas corpus）也被视为同样珍贵的、保障自由的条款。它被描述为"英美法中最为重要的个人自由保护条款"。它是基于罗马法中的"出示禁令"（《法学汇编》

43.29.1 pr.1），"自由人出示令"（de homine libero exhibendo）。

按照这一法令，"quem liberum dolo malo retines exhibeas"，即"你不公正拘押的自由人应被带上前来"。在罗马法中，这一措施可以用来解救被无权拘押的家长或主人所无理拘押的儿子或奴隶。在普通法中，有多条律令进一步定义了"人身保护令"，而联邦政府（1.9.2）和一些州政府的法规也保证了"人身保护令"。这一条款可以确保：被警察拘押于狱中的人能够提出要求立即被带上法庭，不得拖延，并且被告知拘押他的理由。涉及儿童监护以及监护权的时候，也可以应用这一条款。

这些都是从罗马法中选取的条款。虽然它们很有意思，但正如我所指出的，这并不意味着拜占庭帝国在实际的执行中会遵守美国宪法第四修正案称之为"人民的人身、住宅、文件和财产不受无理搜查和扣押的权利"，因为我所引用的罗马法判例针对的是个体公民之间的诉讼，与刑法无关。事实上，我们称之为"公民自由"或"公民权利"的，《民法大全》（*Corpus Iuris*）并不关心。我们的公民自由和公民权利既受普通法保障，也受美国宪法第一到第十、第十三到第十五、第十九和第二十修正案的保障，还受很多美国法庭一系列决议的保障。所有这些都居于我们文明之荣耀的顶峰。

在拜占庭，皇帝可以漠视，也经常漠视臣民的权利，并不需尊重我们所讲的"必要的法律程序"。"必要的法律程序"是美国宪法第五、第六和第十四修正案所确认的。根据普通法，它保护着我们所有人的生命、自由和财产，并且适用于一切形式的财产和一切形式的个人权利、公民权利与政治权利。

最后，我要概括一下我理想中的学术。它应当最终超越一切的对立。我想说，真正的学问，无论是以何种方式得来的，所照亮的不仅仅是心智。它的目的在于道德、政治，甚至——我还要加一句——是民主。或者，用 1936 年哈佛大学三百周年校庆上那位诗人的话说，就是：

光之为光，岂独启智；
光之为光，光耀全人。

（柳博赟　译）

1987
卡尔·E.休斯克
（普林斯顿大学历史学荣休教授）

卡尔·E.休斯克（1915—2015），美国文化历史学家，擅长从历史、宗教、心理学、哲学与科学等多重角度，对西方现当代社会的文化历史肌理进行跨学科综合研究。他认为，传统史学过于强调思想观念发展，却忽略了人类主体的诸多本能与情感。休斯克在 1955 年出版首部著作《1905—1917 年德国社民党派：大分裂的形成》(*German Social Democracy 1905-1917: the Development of the Great Schism*)。他对现代欧洲城市进行研究后发现，一战前的维也纳汇集了众多极具代表性的思想人物，堪称是"现代性的实验室"。他在 1980 年完成代表作《世纪末的维也纳：政治与文化》(*Fin-de-siècle Vienna: Politics and Culture*)，并因此获得 1981 年普利策非虚构类作品奖。

如果我家里人的复述还算得上真实可信，那么我与学知世界的第一次相逢，应该是在纽约州斯卡斯代尔区刚进幼儿园的时候。[1] 为了让我们这些彼此陌生的小不点儿尽快熟络起来，我的老师豪尔小姐请同学们自己选唱一首歌曲给大家听。我愉快地演唱了德国歌曲《黎明》（"Morgenrot"）。这是一首比较忧伤的歌，是我在家里学会的。它讲述了一名士兵如何满怀宿命感地想象着自己在黎明时分作战身亡的场景。当时是 1919 年，美国人对德国佬仍然满怀仇恨。我这番表演让豪尔小姐感到怒不可遏。她拽着这位被她称为"小敌人"的手，把他径直押送到校长办公室。作为一名睿智的行政主管，校长倒是挺替我着想。她出面解决了这个政治和学业夹缠不清的难题，并把我立刻升到贝耶夫人任教的一年级。贝耶夫人是位好老师，她希望我多用功学习，但是别再唱歌了。

这段插曲就是我以后在学知殿堂里生平经历的预兆吗？几乎算不上。但它却在无意间成为我的一堂入门课，让我日后确立了自己的治学兴趣范围，即文化与政治的互动。

一

20 世纪 60 年代早期，我在加州大学伯克利分校教授欧洲思想史时，会利用一部分课时讲解同类文化材料如何在不同的

[1] 斯卡斯代尔（Scarsdale）位于美国纽约州的威彻斯特（Westchester County），是毗邻纽约市北部的郊区地带。

民族社会产生差异用途。有一天，我课上讨论的是威廉·莫里斯[1]和理查德·瓦格纳。这是两位截然不同的艺术家兼思想家。他们的思想智识历程，以及各自沿途停靠的文化驿站，却存在诸多重合。莫里斯起初用亚瑟王传奇来倡导美的信仰，后来成为北欧神话与民间艺术的挚爱者，最终则成了一名社会主义者。瓦格纳的行程路径与莫里斯相同，却循沿着相反的方向。他刚开始是一名社会激进分子，后来对北欧的萨迦史诗进行再次加工，最终则借助亚瑟王传奇里的英雄帕采法尔而建立了一种艺术的伪宗教形式。

在讲课途中，我眼前突然浮现出幼年时见过的一幅画作。画名为《加拉哈德爵士》（*Sir Galahad*），我原先以为它出自莫里斯的手笔。（这幅画后来被证实是乔治·弗里德里克·瓦兹[2]的作品，他当年与拉斐尔前派人士过从甚密。）我家里的是件彩色复制品，它就悬挂在楼梯中段位置的墙上。画中的俊美骑士体现出拉斐尔前派的最佳风格：他身穿锃亮的盔甲，一张敏感而兼具雌雄气质的脸庞，被神秘包裹在薄雾般的淡蓝色氛围里。

讲课结束后，我回想起母亲当年对这幅画的钟爱，还有她如何喜欢莫里斯的《守卫格温妮薇尔》（*Defense of Guenevere*），以及维多利亚时期继司各特之后出现的中世纪文学复兴作品。

---

[1] William Morris（1834—1896），英国诗人、小说家、工艺设计师和社会主义者，维多利亚时期"美术工艺运动"（Arts & Crafts Movement）的倡导者。

[2] George Frederick Watts（1817—1904），维多利亚时代的英国画家与雕塑家。创作思想上倾向于象征主义，自称："我绘制的是观念，而不是事物。"（"I paint ideas, not things."）

我父亲却满不以为然。他对这位阴柔气质的加拉哈德爵士大肆鄙夷。瓦格纳的《罗恩格林》（*Lohengrin*）或《尼伯龙根之歌》（*Nibelungenlied*），才是他倾心爱慕的中世纪精神。父亲不仅喜爱瓦格纳的音乐，还推崇齐格弗里德这样的人物。按照萧伯纳在《完美的瓦格纳信徒》里的诠释，齐格弗里德是一位坚忍不拔的神话型社会主义者。[1] 父亲也欣赏那位脾气暴戾的激进作家H.L.门肯，并且认同他从反女权角度对瓦格纳进行解读。对于母亲来说，瓦格纳歌剧里那种条顿民族特有的冗长枯燥，勉强还能够容忍。但她无法接受门肯那种粗暴生硬的雄性气概，或是我父亲欣赏的萧伯纳。

回想起父母当年围绕这些事情展开的激烈争论，我突然间意识到：我讲课时将莫里斯与瓦格纳进行反衬对比，基本上是没有摆脱早年家庭的影响。弗洛伊德可能会说，我在从事历史学家这一职业时，是通过某种升华的形式，来解决原生家庭环境里的某个问题。无论如何，这段往事让我充分意识到早期家庭的影响。它塑造了我的文化兴趣和象征性素养，并让我以此界定自己的人生。

就我所知，父母从未刻意要把我推上学术道路。他们两人都是自学成材，都非常尊重学识。但他们并未侧重培养我的专业学术能力，而是培养我的某种自然智性。听音乐会、看戏剧表演、逛博物馆，既是他们的休闲娱乐，也成为他们教育孩子

---

[1] Siegfried，瓦格纳同名歌剧里的主角。《齐格弗里德》是瓦格纳"尼伯龙根指环"系列的第三部，1876年首次上演。

的方法。他们不仅通过私人授课形式来培养我们的音乐爱好，还带我们去参观他们的合唱社团。在父亲为期两周的年假时间里，我们会乘坐火车或轮船到全国进行深度游览，包括康科德这样的新英格兰历史遗址，或缅因州的旧港口，我祖父隶属的纽约德裔军团在美国内战时的参战遗址，以及从费城到圣保罗沿途的东部和中西部大城市。

　　在完善所有这些精英式文化素养的同时，我父母还通过自身言行和规范，让我们对政治领域有所了解。我父亲是德国裔雪茄制造商之子，他继承了这份社会属性模糊不清的产业所伴生的基础禀赋。作为一名年轻的纽约客，父亲曾经参加亨利·乔治和塞斯·洛的市长助选，还追随过激进派自由思想家罗伯特·英格斯。尽管父亲原来的职业是银行家，然而第一次世界大战却让他成为终生不渝的社会主义者。作为反帝国主义者，再加上德裔后代的身份，让他对美国参战持有根深蒂固的敌意。我在他四十五岁时注意到，尽管他在政治思想实质上仍倾向于进步主义，但却因为这层敌意而带有一种愤懑和疏离的性质。我从他那里继承了德裔美国人的边缘感。母亲和父亲的差别在于，她是一名犹太人。我读高中的时候，她就遭遇过令人不悦的社会偏见，我因此获得了第二种边缘身份。也许这种边缘感加深了我对历史的痴迷，并且形成了我对待历史的态度：既要谨小慎微，又要置身其中。那段时间对于我来说，就像我父母感受到的一样，政治具有某种特殊的重要性。它既是生活中的关键决定力量，也是一种族裔责任。

二

　　1932 年，我就读于哥伦比亚大学。学校的塞斯·洛图书馆[1] 门前有一尊名为《母校》的雕像。它面对着的那片区域，是哥大校史上历次紧张事态的主要汇集地。这个区域的前端是第 116 号大街，它作为纽约市区的等分线而贯穿经过校园正中心；街道南侧耸立着巨大的花岗岩球形日晷[2]，那里算是哥大的海德公园角。诺曼·托马斯曾经在此举办过数次集会。他在 1932 年的学生会主席投票选举中大获全胜。我到这里参加过牛津宣誓，并承诺永不支持我国政府参与一切战争。我还在这里满心疑惑地看到，当希特勒占领莱茵兰、墨索里尼入侵埃塞俄比亚之后，反战情绪如何缓慢发展为自身的对立面，也就是通过战争来反对法西斯主义。那时政治激进主义与校园叛逆并无任何关联，它只是让大学的智识生活更具活力。

　　在哥大强力倡导的校园文化氛围里，历史女神克莱奥[3] 仍然主导着多数课程的设置安排。由于当今各个学科已经互不相涉、区隔明显，所以我们很难回想起来：一种历史学的视角，曾经遍布于所有的大学课程。克莱奥女神在 19 世纪初废黜哲学

---

[1] Seth Low Library，又称 the Low Memorial Library，哥伦比亚大学第 11 任校长塞斯·洛（1890—1901 年在任）于 1895 年为纪念其父 Abiel Abbot Low 而捐资 100 万美元兴建，1897 年完工。

[2] 哥伦比亚大学 1885 级学生在 1914 年捐赠，重达 16 吨，底座铭文为 "*Horam Expecta Veniet*"（等候那第一时刻，它将会到来）。由于球体从 1944 年开始出现多处裂痕，为安全起见，日晷在 1946 年被人移走，目前被安置在密歇根的安·亚珀。

[3] Clio，又写作 Kleio，希腊神话众缪斯里主管历史的女神。

而成为学知世界的女王，尽管当时她已经风采稍逊，却仍然拥有广泛影响。她掌控着哥大本科生唯一的一门必修课，即两年期的入门课"西方当代文明"。这门课的设计思路，循沿了20世纪初的"新历史"精神。"新历史"属于实用主义哲学、民主思想和社会激进思想的混合物，是詹姆士·哈维·罗宾逊、查尔斯·比尔德以及约翰·杜威灌注于哥大校园文化的内容。我们在第一年需要学完这门课指定的三册欧洲现代史教材：一册经济史，一册社会与政治史，另一册是思想史。我们的任务，是根据这些材料对欧洲的过去形成概要了解，以便过渡到二年级的当代美国分析课。

哥大本科生的主要课程架构，同样反映出历史学作为一种理解模式而享受的优先待遇。这迥异于目前绝大多数人文学科课程的主导方向，即侧重于学科内部分析与理论关注。哥大当年的文学与哲学专业，甚至是经济学的课程里，都渗透着探寻人类事务的历史视角。

我没有申报历史专业，觉得那样会束缚住自己。我转而申请了哥大两年期的人文学术讨论会。这种学习模式有助于一个人建构自己的研究计划。它主要集中于经典巨著的小组讨论。在研读方法上更侧重于古典主义精神，而不是哥伦比亚大学通行的实用主义文化。每次研讨会都采取小组学习形式，主持者是一批卓尔不凡的青年教职员，例如摩西·哈达斯与西奥多里克·威斯特布鲁克，或列昂纳尔·特里宁与雅克·巴赞。我目睹他们围绕文本而展开的心智之旅，这在我内心深处第一次唤醒了对于抽象理念的纯粹智性愉悦。

不过，我准备从事学术职业的想法却来得较迟。其实，我当时渴盼能靠演唱为生。我从中学阶段就一直在学唱歌。到了大学三年级，我逐渐明白到令人伤心的事实：凭我的嗓音质地，根本无法像自己梦想的那样靠演唱《歌曲集》（*Leider*）或某一类莫扎特作品谋生。在同一年里，我选修了雅克·巴赞的19世纪思想史。他当时还很年轻，讲课的题材覆盖面极广；研究成果也极精彩。学生们寥寥无几，却对他心悦诚服。巴赞当时正撰写埃克托·柏辽兹的传记，他把许多音乐方面的素材也贯注到教学当中。我跟同学们分享着这门课程逐渐带来的兴奋体验，同时也形成了比较个人化的看法：在思想史这片领域，我的两大非学术类爱好——音乐和政治，都可以拿来研究。我不必像寻常情况下那样对它们加以区隔，而是应该遵照时间发展的律令，来研究它们的相互关系。我准备继续探寻下去。

但有件事又让我望而却步。我觉得自己是智识之士，并且对各种观念思想感兴趣，但我真能够成为一名学者吗？奇怪的是，我在哥大的经验不足以提供任何答案。作为本科生，我只有一次被要求写研究论文。当时的书面作业都采取短文形式，一般是对某个议题或文本进行赏析和诠释，但无须特别留意当前学术研究状态，或是汇总实证材料来支持某项观点。我发现学术著作往往很无趣；而当它们真正打动或俘获我的时候，我又感到心惊胆寒，认为它们远远超出了我的仿效能力范围。

暗自下定的决心，就这样因为一缕苍白的疑惑色彩而变得暗淡。于是我转向其他人征求意见。有人安排我去见查尔斯·比尔德，他正在纽约市参加 1935 年美国历史协会的年会。比尔德端坐在宾夕法尼亚酒店房间的床上，屋子里的暖气热得要命。他对某一史学流派的畏首畏尾和繁缛琐碎大加嘲讽，认为它已经彻底丧失了在公民领域内履行批评职能的意义。他透露给我一个妙方，说这样就能够在学术界获得锦绣前程："选取一种产自某个非洲殖民地的商品，例如锡。你的第一篇研讨会论文就写这个。你的学位论文也写这个。再把研究范围扩展到另外一个或两个国家，写一本跟它有关的书。只要对它朝思暮想，那么你的个人生计，还有你在学知殿堂里的尊崇地位，就能够得到保证。"

我拜访的第二位顾问是莱昂纳尔·特里林。特里林在反犹情绪仍然普遍存在的哥伦比亚大学当了六年讲师，其时已是第四个年头。他对我几乎是大发雷霆：作为半个犹太人，竟然想在萧条时期从事学术职业，这何其愚蠢！于是乎，我这两位悲观的顾问都根据个人经验发表了看法，而情况表明：在学术的崇高召唤和某些学院的恶心现状之间，还存在着一道鸿沟。不过，他俩谁也没提到让我倍感疑虑的核心问题，那就是我是否适合做学术研究。似乎没有什么解决办法，只能自己尝试一番。我在 1936 年秋进入哈佛研究生院时，算是处于某种被动接受的精神状态，几乎没有任何强烈的职业使命感。

三

从哥伦比亚大学转到哈佛，无论是在社会、政治还是思想层面上，都相当于进入了另一个世界。我在本科阶段对这两所学校形成的类型化看法，无疑也让我夸大了它们的差异。但这些类型化看法自有其现实根源。哈佛的外观结构本身，似乎就表明了一种看待大学与社会关系的理念，而这个理念与哥大迥然有别。

哈佛坐落在城区却并不隶属于它。哥大的塞斯·洛图书馆面对着城市街道，哈佛的怀德纳图书馆[1]则面对着哈佛园。哈佛园是一片绿地，它与周边城区尚有一墙之隔。哈佛的房屋建筑，不仅容纳了许多宽敞舒适的套间，还配备有带女佣的食堂、各自独立的图书馆和宿舍导师。它们表明了一种财富与学识的结合，而这两者之间相映生辉。无论哈佛体现出怎样的社会精英主义，它似乎都是不受政治压力影响的学术重镇。这和哥伦比亚大学有所不同。哈佛校园里没有球形日晷那样的标志场所，也没有哪一处是学生集会的核心地带。哈佛的学生肯定也觉得不需要。如果说这里仍然存在着某种政治，新来的人也不易察觉。我对自己将来能否从事学术仍心存疑虑，不过既然这所大学的宁静气氛有助于潜心治学，我倒是很想好好利用这个机会。

哈佛与哥大在教学指导形式上的差别，甚至比它们的建筑

---

[1] The Widener Library，全称是 the Harry Elkins Widener Memorial Library，1915 年落成并投入使用，是哈佛校园内的标志性建筑。

形式差别更明显。在哥伦比亚大学，我们认为老师是授课人，是引导我们进行文本探索并形成智性反馈的人。哈佛的老师更像是教授，是博学多才的权威，并且在课堂上把整饬有序的知识传递给我们。那种盛行于19世纪的历史观，以它坚实的学术培养框架和叙事性建构，让这种强调学术权威的授课模式得以巩固。

感谢后来成为我论文指导者和精神导师的威廉·L. 朗格。因为他的缘故，我在专业发展策略上无缘听从查尔斯·比尔德的轻蔑建议，从而避免了那条狭窄道路。朗格勉励我说：不能仅凭一门学术研讨课，而是要通过多次学术研讨活动，才能获得经济、外交、学术与社会各方面的历史研究技巧经验。这些研讨课上的经验，尤其是与朗格共同参与的科目，逐渐驱散了我对自己能否终身从事研究的担忧，并让我获得了追求这一目标所亟需的智识训练。我在学术观念和价值体系方面受到的最大影响，并非来自现代史专业的研讨课，而是我在威廉·斯各特·弗格森指导下对希腊历史进行的细致探究。尽管我是一位无法使用希腊语的现代历史研究者，弗格森却对我进行深入辅导。我每周都要去一次他家里，然后再花上两个小时来讨论他先前布置阅读的书籍。这些著作既包括部落政治化之前的人类学研究，也包括亚里士多德的《雅典政制》，或罗马人在希腊地区的统治结构分析。为了参加科目统考，我在弗格森指导下准备了一篇有关阿里斯托芬的特别论题——作为一场练习，它让我首次能够在社会权力研究领域里落实全部的文献查询工作。

就像许多人对古典学领域的感受那样，弗格森的批评辅导确实让我大开眼界。这让我认识到文化分析整合的各种可能。这一则慷慨教诲的典范，至今仍然深植于我的内心。

1936年我刚到哈佛时看到的校园政治局面相对平静，但情况很快发生了改变。1938年以后，随着美国开始认真应对危机四伏的国际形势，大学内部对于政治事态的关注变得更为广泛和迫切——我也同样如此。美国是否应当进行国际干预？人们在这件事上的分歧日益加深。无论长幼，我们许多人都觉得必须公开讨论这件事。当政治热情高涨之际，一个人作为学术国民的义务，以及他作为政治国民的义务，两者关系可能会被混为一谈。这种情况有些危险。我在哈佛的两次个人经历，就让我充分意识到这个问题。

第一件事发生在1940年本科新生的历史（I）课堂上。我是这门课的研究生助教。任课教授罗杰·B.麦瑞曼属于那种老派性格。他话题丰富、诙谐逗笑，对贵族风范的不列颠国怀有极大热忱。他和其他几位同事一样，确信教师应当担负起公共责任，并且积极行动起来，把有关战争的一切情况告诉学校的这些小绅士，让他们意识到美国介入国际事务的重要性。当时我们有几位同学，尽管平常因为政见不合而屡生怨念，这一次却跨越了政治差异的壁垒。大家联合起来进行抵制，反对将课堂变成政治灌输的工具。我在这次行动中的两位同伴是巴纳比·C.基尼和罗伯特·李·沃尔夫。基尼后来是美国国家人文基金会的第一任主席[1]，而沃尔夫则成了哈佛大学拜占庭历史专业的教授。除了这次抵制所涉及的基本原则外，我在历史（I）课上还学到了更重要的经验：共同的学术价值观如何能够维持友谊，而政治分歧则可能让友谊毁灭。

我的第二次经历，在本质上算是某种智识体验。它在我作为历史学家的意识里留下了恒久印记。当时的研究生历史俱乐部组织了一系列所谓"基层小组"（cells）活动。这个名称，其实是以诙谐方式向风靡一时的共产主义语汇致意。小组成员的学生需要准备论文，对常规研讨会上不曾触及的内容进行讨论。我所在的基层小组需要讨论当代历史学出现的问题。我们考察了不同国家的历史研究工作在近百年历史影响下发生的演变。我负责查询的，是德国史学家在魏玛共和国以及第三帝国时期的状况。我不仅要了解他们承受的政治压力，还要了解史学的具体文化传统在与崭新现实形成交锋时，会怎样形成全新的视角来审视过去。我极其惊讶地发现，某些民族主义意识最为强烈的史学家，会使用一种浅显直白的哲学相对论，以便让自己僵化教条的民族主义合理化。在知识社会学领域进行这种演练，不仅有利于理解其他国家史学家的工作，它还让我和史学专业的新手同伴们对下述事实保持敏感：我们同样生活在历史的洪流之中。这种生存状况既能促进，也能阻碍我们对过去的理解。

---

[1] National Endowment of Humanities，1965 年由美国国会立案成立的联邦政府独立机构。主要任务是关注并资助人文科学的研究与发展。基尼（Barnaby Conrad Keeney，1914—1980）在 1966—1970 年期间担任其主席。

最重要的是，它让我们意识到，自身所处的社会角色位置足以导致认识扭曲。相比之下，我们的长辈总是对事物的客观性怀有一种实证式的信念，他们对认识发生扭曲的可能性毫无察觉。

四

珍珠港事件发生前几个月，我加入了美国战略情报局[1] 的研究分析处。我一直觉得这里真正是我的第二研究生院。诸位同人在智识上对我多有惠泽，这种影响至今仍然难以估量——尤其是从德国移民过来的同事，还有一批璨若群星的经济学家，其中有些属于凯恩斯学派，有些则是马克思主义者。不过，我从整个过程中也领悟到：尽管我由衷地喜爱当代政治研究，但禀性上却并非政策趋向型的学者。

1946 年我退役时已经三十多岁，是两个孩子的父亲，而且还没拿到博士学位。后来我在卫斯理大学找到教职，事实证明这是一份理想工作。我在这里一待就是十四年。在我成年以后所有的教育经历中，卫斯理大学可能对我的智识生活，乃至我立志成为历史学家这件事情上，都产生了最为明显和实质的影响。我能够在这两方面获得发展，其基础前提是 20 世纪四五十年代末美国政治与学术文化的巨大转变。我在任何一所大学都

---

[1]　Office of Strategic Services，简称为 OSS，是二战期间美国成立的情报组织，美国中情局（CIA）的前身。该机构在二战结束后解散。

会遇到这种情况。但唯有一所小型院校才能保证话语开放，并且有可能跨越各学科日益自主独立后形成的分界，继而迎接文化上的突变。卫斯理的情况尤其如此：多亏维克多·巴特菲尔德校长在战争末期遴选了许多富有创意的教职人员，所以这里盛行的气氛，是对关键事务进行批判性的探讨。我从同事那里获得了多门学科专业的教育，这对我即将倾力求索的文化历史研究来说是件好事。

在卫斯理的前两年，我完全体会不到即将出现的种种智性困境，也无法察觉即将随之拓宽的新鲜视野。就像多数归国老兵一样，无论是当学生还是做教授，重新开始自己五年前告别的学院生活，我的感觉里只有欣喜。学校让我教授一年级新生的"西方文明"。这是刚从哥伦比亚大学调入的助理教授们引进的新课程。对于我来说，这无异于重返十四年前的新生阶段。我在教授四个单元的过程中，有充足机会来琢磨这门课程的价值所在。通过这门课，我将再次涉及它充分乐观的论述前提：心智的进步将与国家和社会的进步携手并肩，即使它们的紧张互动关系有时让人极为痛苦。

我在搭建欧洲 19 世纪史的高级课程框架时，也重新审视了战前的研究模式，并借此探寻美国境内的民族历史研究与国际学术发展间的关联。尽管我采用国别比较方法来研究观念的社会历史，所以相对比较新颖，但即便如此，我教的欧洲思想史却仍然带有美国新启蒙运动的印记。这是美国国内和哥伦比亚大学的环境使然。它的中心主题是理性主义的历史，以及理性主义与政治社会变化的关系。这个主题在建构 19 世纪中期以前的思想发展轮廓时，仍然颇具竞争力。然而当 20 世纪到来之际，它的作用则愈显微弱。因为无论是理性主义，还是它休戚与共的历史主义视角，在这一时期都已失去了约束欧洲文化想象的能力。

面对着现代主义思想与艺术的碎片化，我开始密切关注尼采。我认为尼采是现代主义情境的首席智性先驱。他矗立于时代的门槛交界处，门槛一侧是我生于斯、长于斯的文化宇宙，另一侧则是美国方兴未艾的后启蒙精神世界。这个后启蒙时代的精神世界，不仅以其概念多重性而让人殊为费解，甚至令人生畏，但同时也由于它的开放性而充满魅惑。在尼采身后，晕眩迷失的感觉一统天下，而我本人则觉得无从把握方向。我在课堂上谈到的概念危机，确定了自己今后将要探讨的一个广义问题：文化现代主义的兴起，以及它与历史意识的决裂。

尽管我在教课时尝试了解过现代主义文化这片水域的隐幽深处，但我的研究活动如何具体展开，却仍然受制于自己在罗斯福新政和二战时期的政治经验与价值观。我在战略情报局接触了五年的纳粹民族社会主义思想之后，再也无法续写原先那篇探讨其思想渊源的学位论文。尽管我战前已经对这个题目有过实质投入。我转而将德国社会民主党派作为论文课题，并扩展到范围更广的现代德国问题研究领域。在这两个题目背后，都隐含着我对世界政治发展趋向的深切忧虑。当时两个超级大国正通过各自的占领政策，并按照自身形象来塑造两个德国：一边是社会主义和反民主的德国，另一边是民主和反社会主义的德国。与之相应，东西方分歧对德国政治造成犬牙交错般的割裂，也体现在共产党和社会民主党这两大劳工阶级政党之间。在一战之前，这两个组织归属于同一个致力于社会主义与民主事业的政党，都是它的组成部分。这种联合为何难以为继？在德国境内，导致民主思潮与社会主义互不兼容的历史动力，究竟又是什么？眼前的这些问题，无疑激发了我对历史研究的兴趣，尽管它们最终并未导致我做出任何倾向性的结论——希望如此。现在我意识到，那时我不仅是在分析历史，更是在书写一首挽歌。我在悼念一个曾经充满创造活力，而历史已将其摧毁的潮流运动。

在研究德国社会民主党派历史的同时，我还直接协助美国外交关系协会调查当代德国问题[1]，以及美国对德政策的情况。我因此获得了学知生涯当中的一种经验，它完全有别于政府部门或学术机构里的情形。外交协会德国研究组的负责人是艾兰·杜勒斯，小组成员都是美国政商界的精英，不仅睿智而且富有影响力。他们大多数人认为，对德政策不应等同于美国在奥地利或芬兰这些地区的政策。关于后者，美国应尽量与苏联达成某种和解。而德国则是两个超级大国之

---

[1] 美国外交关系协会（The Council on Foreign Relations）成立于 1921 年，是专门研究美国外交政策与国际事务的非营利组织、出版机构和智库。其出版刊物有双月刊《外交事务》（*Foreign Affairs*）。

间根本冲突的筹码。当时我依然坚信，一个统一而永久中立的德国，才是最终目标。我曾经与之协作的战略情报局小组向来拥护这一政策。在我的眼里，这项政策仍是设法弥补雅尔塔共识造成的危害、阻止欧洲永久分裂的唯一补救方法。外交协会虽然慷慨资助我出版了德国问题的分析成果，却对我的政策建议置之不理。这是我最后一次尝试从建制内部对美国政策施加影响。

东西方的战时联盟，迅速转变为冷战时期系统化、结构性的对抗。这一转变对美国文化造成了深远影响。它对学界文化的影响也毫不逊色。不仅是各大院校变成了外部势力虎视眈眈的猎物，并被他们看作是共产主义颠覆势力的大本营，就连罗斯福新政时期形成的、广泛而相对流动的自由—激进派连续体，也分化成中间派和左派两个敌对阵营，并对整个思想界造成了深刻影响。这一轮分化形成的政治高潮，是亨利·华莱士参加的 1948 年总统竞选。我本人也曾积极参与了这次活动。它从一开始就给人带来的愤懑感，只不过掩盖了更为普遍的政治气氛变化，而多数智识分子将受其影响。具体而言，那就是 1947 年过后十年里各种期待落空而导致的剧变。冷战到来，以及接踵而至的麦卡锡主义，迫使原本乐观的社会哲学图景发生转变。在昔日的那幅图景里，自由派和激进派曾经各自拥有确定的政治位置。

卫斯理大学是一只奇妙的棱镜，它折射出所有这些变化。社科专业的教师里有几位自由派的活跃分子，包括几位无宗教信仰者，他们现在转向了莱因霍尔德·尼布尔的新正教[1]，并借助一种悲剧眼光来重建其政治观。从事美国研究的年轻学者们放弃帕灵顿和他的"开放前沿"民主文化理论，转而信奉佩里·米勒那套清教徒式严酷的道德现实主义。对于本科生来说，一套全新的文化权威体系正在崛起。相比约翰·斯图亚特·穆勒的伦理理性主义，或是马克思的斗争观，雅各布·布克哈特在研究权力问题时与世无争的贵族式智慧，以及克尔凯郭尔的那种充满悖论的悲观主义，能够引起人们更大的兴趣。存在主义，一种斯多葛形式的自由主义，从此而大行其道。部分学生被加缪所吸引，另一部分则被萨特吸引，情况取决于这两位作家各自的政治立场。

在这个文化价值观逐渐开始"变值"的阶段，我印象最深的，是人们突然之间爆发出对西格蒙德·弗洛伊德的强烈兴趣。在我的熟人里面，那些信念差异最明显的学者也纷纷顺应这一趋势。我有两位老师都转向了弗洛伊德：立场保守的威廉·朗格用弗洛伊德来深化他的利益政治研究。与马克思主义者激战正酣的自由派人士莱昂纳尔·特里林结合弗洛伊德理论，并且承认本能的力量，来调和自己的人本主义理性论。我同样无法

---

[1] 新正教（Neoorthodoxy）是指一战以后兴起、在欧洲和美国影响甚广的新教神学运动。它对 19 世纪的自由主义神学进行反思，并对宗教改革确立的神学思想进行重新评估。代表人物有卡尔·巴特（Karl Barth，1886—1968）等。其中有些人物思想在欧洲也被称为"危机神学"（crisis theology）或辩证神学（dialectical theology），但相关界定标准颇存争议。新正教的影响在 20 世纪 70 年代随着解放神学的兴起而逐步减弱。

忘记，在 1952 年的那一天，我的两位激进派友人，卫斯理大学的古典学家诺曼·欧·布朗和哲学家赫伯特·马尔库斯，他们在从马克思到弗洛伊德、从政治激进到文化激进的发展道路上，突然之间迎面相逢。确实，那些理解人类与社会的前提，似乎正从社会历史的层面转移到心理情境。

所有这些变化趋势，都指引着美国智识分子趋于同一个方向。那就是马克思主义者以外的欧洲人在半个世纪前就已经走过的道路，即不再坚信历史必然意味着进步。历史的可信度已经降低。作为意义的来源，它已经失去了自身魅力。但对于学知世界来说，这一点其实尤为重要。形式主义与抽象化、精致的内在分析，以及理论假设至上的新形势，迅速从一个专业扩展到另一专业。所有学科都放弃使用历史主义模式来理解自身研究的主题。对于思想史专业来说，这种趋势造成了两个后果，一个关系到思想史的教育职能，另一个则关系到它的学术方法。

目前学生们来学思想史的时候，都希望关注一下那些在本专业已经无人问津的思想家。例如在哲学领域，风头正劲的英美分析学派在界定问题范围时采用的方法，导致许多先前声名显赫的哲学家都失去了研究意义和地位。历史学家成了哲学史临终病榻前的遗产受托人。他承揽的职责，是续存叔本华或费希特这些人的思想，以免他们被后人遗忘。在经济思想史领域里，类似职能也被转交到思想史研究者手里：经济学家为了追求新鲜刺激的数学游戏，已经放弃了自己对普遍社会原理的历史传承，甚至放弃了对社会政策的质疑。

你说，这算是思想史学家的机会吗？是，也不是。我们完全没有做好担当这些职责的准备。对于当前亟须解决的思想内部结构问题，我们最多也只是付出过零星关注。我们这些人拥有的手段方法，是从思想智识的牛奶表面撇去意识形态的奶油，并对复杂的艺术作品与思想作品进行扼要阐述，把它们解释为历史趋势或历史运动的呈现形式。更新型的文化产品分析方法，已经在好几门学科领域内形成。它们的存在表明，我们这种印象式研究步骤的不足，着实令人惋叹。历史学家为此面临着双重挑战：一，在相关领域学者仍然排斥历史学的情况下，证明历史学对于这些文化分支现象的理解仍然重要；二，当历史学家本人的分析方法在非历史性分析方法面前显得过时而浮浅，而他又希望捍卫自己的预见时，证明历史学在文化现象理解方面的重要性。

对于我来说，这个问题首先聚焦到了如何看待文学的问题上。我批评卫斯理大学那些信奉"新批评"理论的朋友们，认为他们让文学作品剥离出了历史语境，而这个语境正是决定它们本质存在的前提。他们则指责我滥用关联性，以至破坏了文本的内在实质。有位怒气冲冲的同事向我劈面扔过来一句卡明斯的指令[1]："少管诗歌的闲事。"不过他倒是教会了我怎样对文学作品形成新解。他还让我明白：形式分析如何能够向历史学家彰显各种意义。假如历史学家仅停留在理念层面，或者只关注论述的内容，那么他将无法知晓这一切。其他几位从事建

---

[1]　这里指的是美国著名诗人 e. e. cummings（即 Edward Estlin Cummings，1894—1962）。

筑、绘画或神学等领域研究的同事，也教给我类似的形式分析基础知识，好让我运用他们的专业技能，并通过更严格的概念界定，来致力于我的历史学分析。

到了 20 世纪 50 年代，我先前描述过的这些问题汇聚到一起，从而界定了我的学术发展规划。这些问题包括：我的课程内容在尼采之后出现的停顿，美国境内外冷战局势带来的政治变化，学界文化的去历史化，思想史研究对于精确性的更高要求等。我决心探索现代文化意识的生成历史，以及它对历史学的刻意排斥现象。所以在我看来，只有在审慎的历史语境下，我们才能评估一段共同的社会经历，以及它对文化创造力的影响。因此，城市似乎是最具研究前景的考察单元。我就像贸然闯入三只小熊家里乱翻一气的金发姑娘[1]，在卫斯理的研讨课上折腾尝试过好几个城市：巴黎、柏林、伦敦、维也纳。最后我选择维也纳作为"恰巧合适"的研究对象。它是 20 世纪文化里诸多重要分支的起源中心，这一点无可非议。它产生过一批往来密切、特质明显的智识精英人物。这批人始终对更大的欧洲思想潮流保持开放心态。感谢我在卫理斯的同事，我从他们那里获得了足够的智识基础，才能够着手从事这项多学科研究。

---

[1] 源自英国童话故事《金发姑娘与三只小熊》（*Goldilocks and Three Bears*）里的情节。

五

1959 年，我出差去了斯坦福行为科学高级研究中心。加州大学伯克利分校的一位同人请我替他上两周的思想史课。虽然上课的学生总数有三百多人，却表现出一种集体参与、积极反馈的精神。这是我以前从未遇见的情况。我满心里想的都是，伯克利的智识氛围如此令人振奋，这才是我应该来的地方。很讽刺的是，四年前，我连伯克利的校园都没有参观过，就拒绝了这里的邀聘。现在我把羞耻心和繁文缛节都抛到了脑后。我给历史系的一位朋友打电话问，那份教职是否还需要人手。幸运的是，还有空缺。

我在 20 世纪 60 年代从卫斯理转到伯克利，显然是从学术社区（*Gemeinschaft*）转移到了学术社会（*Gesellschaft*）。卫斯理大学曾以它亲密而开放的跨学科话语体系，帮助我重新界定了自己的治学目标。伯克利对我从事的历史研究方向影响甚微，但它迫使我反复思考自哈佛毕业以来尚未考虑的问题：大学与当代社会的关系，以及它和我所任教职的关系。20 世纪 60 年代的危机，更加深刻而紧迫地反映出这些问题。

当然，作为一所公立大学，伯克利格外容易感受到来自国家和社会两方面的压力。60 年代我刚到那里的时候，50 年代的效忠宣誓危机和麦卡锡时期的记忆，仍然是教师们心头的沉重负担。此外，伯克利在一百年前制定的校规仍然有效：禁止任何政治与宗教演讲，不允许在校园内成立政治组织。设立这些规章，原本是要保护大学免于政府与教会的外部压力，但在当前情况下已经给学术自由带来了诸多麻烦和限制。然而，到了1964年的时候，率先要求推进言论自由的并不是学生，而是教职员工。例如，我所在的系所一致同意邀请赫伯特·阿普特克到毕业生研讨会上讲话，并以此来探测校方规定的尺度。自称为共产主义史学家的阿普特克是一位拥有博士学位、著述甚丰的学者。行政部门当然只能照章办事地拒绝这位演讲者来校，并且不给系里提供任何讲课费。我们把这场研讨会转移到校园外的一所教堂讲坛，以便达到戏剧化的张扬效果：在加州大学，理应由教育界担负的某项职责，只能通过未经授权、在校园外举办活动的方式才能得以履行。

采取另一次行动，是因为当时有一个资金充足的右翼组织在加州全境造势推广"针对共产主义的教育"，而历史系则向公众提供了"共产主义比较研究"系列讲座，意在抗衡那些以学者身份出现的宣传能手。我们这些历史学家在政治信念上的差异很大，在不同的研究领域里也各有专擅。可是大家以身作则，并向广大公众表明：一所大学怎样才能通过分析和理性讨论，对当前最为棘手的公共问题予以智性回应，从而效力于社会。

随着民权运动和越南战争的发展，美国政治出现新的转向，并对高校造成了深远影响。大学承受的压力来源，不仅有类似于20世纪50年代的那批右翼与权势集团，还包括左翼和充满社会积怨的人群。这在伯克利导致了整个学校注意力的转移：

以前的问题焦点，是教师们最为关注的学术自由与自治，现在则转向了学生最为关注的政治权利，以及高校成员在校园内追求实现公民使命的自由。在一个自由社会里，学术自由与公民自由相互依存，却并不是同一事物。前者关系到普泛的学识共和国，后者则关系到有限的政体。两者必须互相承认，如此才能形成一种微妙的平衡。一旦竞争双方陷入政治缠斗，并且开始把大学视为武器或障碍，就会轻易地打破平衡。伯克利的情况就是这样。很久以来，在学术中立的名义下，政治权利事宜向来都无人问津。但现在却有人开始以政治权利为名，将高校自治置于岌岌可危的境地。

在后续的危机过程中，我作为一名小角色而深深地卷入其中。我首先去学术评议会的紧急执行委员会工作，随后又担任了校长办公室教育拓展部的官员。我只能说，许多人在危急动荡的社会时期里经常遭遇到的命运，我都逐一经历过。那是相同节奏的痛苦、幻灭、希望和省悟过程。回想起往事，我现在才意识到，我的世界观和所作所为，都鲜明体现出某种基础、原型式的思维倾向。这种倾向，就是要合并或汇聚多股力量，哪怕这些力量态势各异，又拒绝被整合到一起。我的智性劳动，似乎始终突显出某种反讽特征：我在论述社会民主党派的著作里，曾经尝试从统一视角来理解社会主义和民主；在维也纳思想史著述里，又试图从内容实质上对政治与文化进行整合，并从研究方法上整合历史分析与形式分析。此时此刻，当大学和社会处于危机之际，我试图在高校自治与激进反战思想之间进行调和；在教育政策上，还想对教师权威和教育革新进行折中。

经历过校园危机的人都知道，那种分崩离析的感觉，会让人怎样地心急如焚。尽管对于未来的一丝期许，偶尔会让人略感宽慰。我当然希望危机过后能够形成一个更强大的校园社群。我从一批相互协作的优秀同事那里汲取力量。他们和我一样坚信言论自由和教育改革的必要性。不过，在冲突纷乱的气氛下，还有另外两个殊少共性的独立群体，他们让我觉得整个形势尚可忍受。那就是我所在的历史系和各授课班级。

历史系在加州大学的各项政策事务上分歧严重。更有甚者，它给学术评议会输送了一大批能言善辩的发言人，他们几乎分别代表着所有各派意见。然而，当系内开会讨论学术事务的时候，所有涉及人事或教程的意见分歧模式，却有别于学术评议会上讨论校级事务时的情况。我可能会发现，某位同事在评议会上跟我唱反调，但在院系事务上却是我的坚实盟友。职业伦理与同事情谊仍然不受侵扰。这跟其他院系形成了极大反差，例如在政治学与社会学系，方法论上的分歧不仅很可能跟政治派别的划分相一致，而且还会加剧这种分裂。我教课的几个班级在整个多事之秋都保持着活力，并且能积极投入思考，他们同样也是稳定感汇聚的不绝源泉。不过，这场危机带来的种种压力，却导致我重新思考自己的教学内容。

有一年的思想史课程结束后，我亲身经历的事情，为我提供了思考的质料。因为是本学年最后一堂课，所以学生们照例鼓掌。这一年所有的艰难困苦都过去了，我感觉自己像腾云驾雾似的迈步走出讲堂。然后，就在我沿着走廊往前走的时候，听到背后有位女孩充满不屑地对同伴说："他们就管这个叫对话！"这句评价立刻把我拽回地面。它隐含着两个问题：第一，学生们渴盼与教师形成更为密切的关系。这种渴盼在某种程度上一直存在，但由于局势的动荡而变得紧张，导致学生普遍拒绝这种"冷漠"的讲课机制。第二，学生的反叛已经从政治领域转入文化领域。两代人之间形成的道德与思想文化鸿沟确实存在。实际上，它比政治领域的代沟还要巨大。如何跨越这道鸿沟，如何让某个年龄段的教授能够应对另一代人产生的新问题——这位偏激的批评者恰好向我提出了这个问题。它让我更加明晰地意识到自己对新型教育模式的兴趣，而这些模式应当适用于平民汇集的高等院校。

为了让自己对智识传统的理解与学生提出的问题构成新型呼应关系，我依照不同的中心脉络，对课程框架重新进行一番打造。我继续在课堂上陈述对思想史的个人诠释，另一方面也改变教学模式。我不再以讲课为中心，而是举办一系列的分支小组研讨会。在组织这些研讨会时，讨论什么样的话题，并不取决于我，而是由研究生助教确定。我请他们先了解我讲课时要介绍的思想家，但让每个人对这些思想家的文本材料进行自由选择。这样更适合他们选择讨论的主题。结果他们提出了一些我当时根本无法预想到的主题。例如

"自由的代价"，或"欧洲思想里的女性观"。这样一来，研究生助教就变成了居中协调者。他们一方面要负责协调我的学科专业与要求准则，他们最后的工资报酬也取决于此；另一方面还要协调新一代人的各项关注，而他们又是其中一员。所有这些，都是通过扩大助教的权威而获得。这种分支小组讨论会有利于满足对话需求。实际上每个分组系统都可以提供这种机会。不仅如此，我讲课时采用的诠释方案，以及学生通过每次专题讨论而折射出的观点与生存忧虑，都可以通过这种模式而形成良性对立。

当我跟踪观察这些研讨会的思想成果时，也意识到尼采所察觉的深刻真理：当前的一种新颖需求，将会启迪另一种理解过去的新机能。在那段时间里，我第一次接触到许多已经颇为流行的观念，例如福柯的思想。这种分支小组研讨会的机制，后来被伯克利和普林斯顿其他一些人采用，并在当时行之有效。不过，到了20世纪70年代中期，当人们对思想智识的经典论述表示遵从，而社会沉寂再度来临之际，这种机制就对研究生助教们失去了吸引力。它非常适合于最初产生的年代，而这个年代很快消失了。教育界和学界的情况都一样，人们必须学会在临时状态下存活，并且随时准备承认自己已经不合时宜，然后从文化与社会两方面对教学形式进行调整，以便适应改变。

六

我入职普林斯顿的目的，是考虑如果还有可能的话，就应该继续致力于学术研究。这不是加州大学的过错。我深爱着加州大学，我为这里的院校生活和教学活动已经付出不少心血。但是，倘若一位学者可能为了兼顾其他事务而忽略学术，那么普林斯顿大学的任职诱惑，加上高等研究院的三年兼职奖金，对我来说实在无法抗拒。[1]

20 世纪 50 年代我在卫斯理大学时，战后政治的右倾态势，以及学界文化的去历史化，造成了一定的影响。针对这种情况，我重新界定了自己的使命与方法，立志要成为一名跨学科的思想史学家。60 年代我在伯克利的时候，学校正处于美国保守权势集团和新生青年左翼这两股力量的双重压力之下。我千方百计想要通过思考和行动，来寻找大学与社会之间的恰当关系。在伯克利历史系这个极其多元化的地方，跻身于一批实力雄厚的思想史学家中间，我尝试将研究主题转向新一代学生的智识与存在需求，并且认为自己是在履行这个行业的本职。

70 年代我在普林斯顿的时候，工作重心在某种程度上是从

---

[1] 休斯克在 1969 年入职普林斯顿大学。他在文中没有明言的具体历史背景，是罗纳德·里根在 1966 年当选加州州长后，对高校内部自制与民权运动采取了压制政策。普林斯顿高等研究院（the Institute for Advanced Study）成立于 1930 年，是集中各领域专家进行学科前沿研究的机构。它并不隶属于普林斯顿大学。

历史系内部转移到整个人文学科。同样是在这个地方,学界文化的某种变化,引领我重新界定自己的职能。这一次调整的根本原因,是社会科学与人文学科的两极分化。这个进程实际上在 50 年代就已经展开,此时更显得紧锣密鼓。它一方面是对总体性、非个人化社会行为的关注,另一方面的关注,则是独立于任何社会语境的语言学与结构主义式文本分析。这两种倾向,都不仅削弱了历史学与这两类研究活动的关联性。它们彼此排斥的概念体系,也分别渗透到历史学科自身。社会历史学家寻求过去文化的"他性",或是被以往历史学所忽视的社会阶层。他们更愿意以人类学家的方式来进行静态的文化截面研究,而不愿意关注持续演变的动因。在学术多元化光谱的另一端,在众多思想史学家当中,海登·怀特是将历史学作为一种文学建构来进行分析,从而将思想史从它的复杂社会背景里离析出来。学术光谱的一端,是对过去进行静态切片以后形成的共时还原研究,另一端则是人文主义的形式理论:20 世纪 50 年代,新型学术文化在历史学外部崛起的标志,是对历史进程与变化丧失兴趣;到了 70 年代,这种兴趣丧失的过程,则在历史学内部重演。在我任职的普林斯顿历史系,主导倾向则是朝着社会科学的领域发展。

我不是理论家,也不是方法论专家。我对人文科学(*sciences humaines*)和历史学出现两极分化问题的处理办法,是通过教学活动来解决的。但我这次并不是单枪匹马,也并不局限于历史学领域。普林斯顿不同院系的教师建立了一个小组，他们和我一起设计本科生的跨学科课程方案，并命名为"欧洲文化研究"。这门课程的主导观念，是集中关注同一批研究对象，但分别采纳社会科学家、历史学家自身和人文主义者的不同眼光——在其他场合，这些不同的学术群体已经渐行渐远。这套课程里的每一门课都由两位教师联合执教——最好一位是社会科学家，另一位是人文主义者。除了社会历史学家以外，很少有社科学者能被吸引来参加这个项目。但这些研讨会确实建立起了一套话语场域。它在我们的学术文化各自为政的情况下，仍然将社会属性与概念属性这两个世界联系到一起。从更私人的角度来说，数年来与哲学、建筑、俄语、德语和法语文学专家的共同授课经历，为我最后十年的教学生涯带来了全新的学知体验。这些研讨会里，有一次是涉及 19 世纪的巴塞尔，我与授课搭档为此而拟定出一个新研究计划。这项研究和我当年在伯克利的关注遥相呼应，那就是大学文化与社会权力的关联。

在学术生涯的大部分时间里，我竭力把艺术作为历史进程的关键成分而纳入研究。在过去几年里，我把这个研究方向逆转过来了。通过与博物馆、建筑学校的合作，并且给更多的公众撰写批评文章，我试图将历史理解贯注于艺术世界的研究。学术路径可以调整变化。随着一个人逐渐变老，伴随着世界的变化，他的介入形式也会发生改变。不过，当我准备这篇文章的时候，也极其清楚地意识到，自己并未远离早年起步阶段留意过的事情。那些关于智识文化的价值判断，还有社会力量的结构，曾经以一种复杂互动的形式首次呈现在我眼前。这种复杂互动对于我的吸引力，至今都未曾消逝。

（李晖　译）

1988
约翰·霍普·富兰克林[1]
（杜克大学詹姆斯·B.杜克历史荣休讲座教授）

约翰·霍普·富兰克林（John Hope Franklin，1915—2009），美国历史学家，以研究美国南方历史、奴隶制等闻名，是斐·贝塔·卡帕协会（Phi Beta Kappa）、美国历史学会和美国南方历史学会的前主席。富兰克林最为人知的作品是1947年出版并在之后持续修订的著作《从奴役到自由》。到现在为止，该书已售出300多万册。1995年，他被授予总统自由勋章，这是美国最高的平民荣誉。

当我着手把我思想发展各阶段的叙述汇集在一起，我想起了尤比·布雷克（Eubie Blake）快到九十九岁时说的一句话："要是我早知道能活这么长，就该好好照顾自己才是。"这句话我稍作改动：要是我早知道能成为历史学家，而且还是1988年哈斯

---

[1] 有些补充材料出自富兰克林的自传 *Mirror to America*（Farrar，Strauss and Giroux，2005）。注释中简称为《自传》。

金斯讲座的主讲，就该把我一生的求索过程好好留下记录才是。因此，如果我告诉大家，不仅是我，而且我父母对我人生最早那几年都有些记忆模糊，就请大家多担待吧。比如，他们已弄不清楚我何时开始认字、写字。他们说，大概在我三四岁的时候吧。

我母亲是小学教师，在我三岁时，带我进入知识的世界。我们住的村子里没有托儿所，她没有办法，只好把我带到学校去，让我坐在后排，这样好看着我。我一声不吭，但注意力可能非常集中，因为我五岁时，我母亲注意到，她每天早晨给我的纸上，我不再画线，也不再胡涂乱抹一些谁也看不懂的东西。我在写字，当然和我的涂抹一样让人看不明白，还开始写句子。我母亲后来说，若当时有人说我早熟，她可一点都不吃惊。她唯一不满的（不是针对我，而是对她自己），我的书法简直糟糕透顶，这也是因为她不能像对她班上学生那样监督我学业的发展。从那时起，我就努力写作，通过书面文字把我的想法传达给别人。

我对表达自己的思想很有兴趣，这来自我父亲的激励。他白天当律师，晚上看书、写作，这还不包括他平时做的其他工作。我们那座小村子里，没有任何消遣，所以他每天晚上都要读点儿什么或写点儿什么。这是我对他最早的记忆，实际上也是我最后的记忆。即使我们搬到了图尔萨（Tulsa）[1]，一座像模

---

[1] 俄克拉荷马州东北部一城市。

像样的城市，即使我们进入了电影、广播和电视的世界，他读书写作的习惯仍未受影响。我从小到大，一直觉得，到了晚上，你要不就读书，要不就写字。读点儿有价值的书，总是很容易，如果你足够努力的话，你也能写出有价值的文字来。我一直是这样想的。

一

　　在我成长的岁月里，我的书本世界总摆脱不掉两个因素。一个是种族，另一个是穷困，二者对我每一个发展阶段都产生了深刻的影响。我生在兰提斯维尔（Rentiesville），那里全住着黑人。我们家搬到这座城，是因为我父亲被一名白人法官逐出法庭。这位法官说在他的法庭上，黑人绝不能作任何人的代理。我父亲于是决定，他要从白人统治的世界里辞职，为自己人工作。[1] 但是兰提斯维尔的居民不到二百人，我父亲即使身兼数职，同时担任律师、治安法官、邮政所所长、农民、"兰提斯维尔贸易公司"总裁（这公司连纽约证券交易所的会员都不是），仍然穷得叮当响。

　　兰提斯维尔的生活水平要多低有多低。没有电，没有自

---

[1]　兰提斯维尔位于俄克拉荷马州东北部。富兰克林的父亲决定搬到兰提斯维尔，因该城居民全为黑人，而且学校、司法、邮政等所有公共机构均由黑人掌握。见《自传》第 11 页。

来水，屋里没有抽水马桶。没有任何的娱乐和消遣，公园、运动场、图书馆、报纸，这些都没有。我们订了穆斯科基市（Musgokee）[1]的《凤凰日报》（*Daily Phoenix*）。每天早晨，穿过我们州、向南驶向密苏里、堪萨斯和得克萨斯的火车把报纸送过来。日子又孤独又单调，对于一个有无穷精力的男孩来说，除了读书，没什么可做的。我的哥哥和姐姐上了田纳西的私立学校，所以我连哥哥姐姐这些大孩子的陪伴都没有。偶尔我们会去六英里之外的切克塔（Checotah）购物。有时会碰上窝心的事，有一次我母亲、妹妹和我从火车上被撵下来，因为我母亲拒绝离开白人专用的车厢。火车开之前，我们能上的只有这个车厢了。所以我母亲争辩说，她不会离开，因为如果火车停下时，只有白人专用车厢可上，这可不是她自己的错儿。她的争辩无济于事，我们只好长途跋涉，穿过树林，走回兰提斯维尔。

为数不多的几次，我们去过尤法拉（Eufala），那可是县城，我在那里连续三年赢得拼字比赛。往北走就是穆斯科基，我五岁时去过，平生第一次配眼镜。别人告诉我，我得了近视眼，是因为总在昏暗的煤油灯下看书。由于种种个人原因和家庭原因，加在一起，我父母被逼无奈，觉得兰提斯维尔不是过日子的地方。他们决意要搬到图尔萨去。我爸爸打前站，先去找个工作，开业做律师。六个月之后，也就是1921年6月，我们再跟过去，正好我母亲的学校放暑假。

---

[1] 俄克拉荷马州东部一城市，当地贸易和工业中心。

116

但是，到了6月，我们得到消息，图尔萨爆发了一场种族骚乱。不管是不是骚乱，反正在种族隔离非常严重的黑人区，燃起了大火。当时我六岁，从母亲的反应来看，我感觉到父亲有危险。几天后，有人捎来口信，说他身上没有受伤，我们都如释重负。他已经签了购房合同，但是房子毁于这场大火中。有好几个月，他住帐篷，在帐篷里开业。这样，我们搬到图尔萨的计划就推迟了四年。

在我十一岁生日之前一个月，我们搬到图尔萨。这完全是个新世界。当时，这座城市的规模连中等城市都谈不上，可我未经世事，把它当成全国最大的城市。但城里好多地方我去不了，因为当地实行的几乎是彻底的种族隔离。我本以为我插班上七年级的布克·T.华盛顿中学（Booker T. Washington）是最大、最好的学校，可有一天当我看到白人孩子上的"中心中学"（Central High），就再也不这么想了。学校建筑雄伟壮丽，占了一个街区。我后来知道，里面的设备应有尽有，比如有一架管风琴，一座有剧场那么大的舞台，这些我们学校都没有。我还了解到，他们教的课里有外语、微积分，而我们学校只教汽车机械、家政、打字和速记。我们校长和老师不断向我们保证，不必因我们的训练而感到不安，他们工作非常努力，教会了我们很多课程之外的东西。

如今我们一家人终于团聚了，父母两个人都对我言传身教，鼓励我。我母亲不再教书，但她要求我和我妹妹抓紧完成所有的作业。此外，她经常带我们读一些好的作家，特别是黑人作家，比如保罗·劳伦斯·邓巴（Paul Laurence Dunbar）和詹姆斯·维尔登·约翰逊（James Weldon Johnson），我们在学校都不会接触到。她还告诉我们世界上伟大的音乐作品，比如亨德尔的清唱剧《以斯帖》（Esther），她自己上大学时曾表演过。在学校里接触的音乐活泼有趣，尤其我在乐队和管弦乐团里是第一小号手，但没有亨德尔、莫扎特，或者贝多芬。我们排演了一大堆维克托·赫伯特（Victor Herbert）和约翰·菲利普·苏萨（John Philip Sousa）的作品，以及小歌剧，我在不止一部剧中担任主唱。

放学后，我经常去我父亲的办公室。我上高中之后，由于经济大萧条，所以他没有多少主顾，却有大把的时间和我在一起。他带我了解了古希腊和罗马，他很乐意引用柏拉图、苏格拉底和伯利克里。我们经常一起走回家，晚饭后，他看他的书，我看我的。在这种情况下，没有比律师更好的职业了。我一心想着读法学院，有朝一日能成为父亲的搭档。

在中学里，我体验过父母不曾经历过的新事情。市里的会议大厅会举办系列音乐会和独奏会，这个大厅甚至要比"中心中学"的剧场还要大。种族隔离很严格，很少有地方能允许白人和黑人待在同一个屋檐下，可我非常想和一些老师一起去，他们总有演出的季票。我父母从不会心甘情愿地接受种族隔离，结果，他们所有的音乐会都不参加。即使在法庭上，我父亲也拒绝接受种族隔离。我只要有时间，就尽可能陪父亲出庭，不管什么时候，只要陪审席空着，他总会让我坐到那里去。如果案子需要陪审团，他就让我和他坐一起。我父母的态度是，如果我能忍受种族隔离的羞辱，我就可以去听音乐会。

就这样，我用我送报纸赚来的钱，就能给自己买票了。其实准确说，我还算不上送报纸的报童，只不过给一个白人打下手，他送报的路线要穿过黑人区。在其中一场音乐会上，我听到了保罗·怀特曼（Paul Whiteman）指挥的格什温的《蓝色狂想曲》。那是 1927 年，他正做全国的巡演。我听了芝加哥市立歌剧团的年度音乐会，那时名角如云，罗莎·莱萨（Rosa Raisa）、提托·习帕（Tito Schipa），还有理查德·波奈里（Richard Bonelli）都齐聚图尔萨。我去会议大厅，心中总有不安，时至今日，当我听交响乐或歌剧时，我有时还会自责，因为过去曾屈从于种族隔离的屈辱。我只能说，从长远看，我父母是对的，后来我花了不少工夫，努力找回自尊。

二

1931 年，我得到学费助学金，上了菲斯克大学（Fisk University）。其间的种种遭遇，让我头脑清醒了不少。首先，我遇上了至少二十位美国一些顶尖高中的毕业生，全是那种在毕业典礼上讲话的尖子生。我在图尔萨的高中成绩虽稳居第一，可到了纳什维尔，就一点也不算什么了。有个从戴顿（Dayton）来的聪明孩子，第一学期课程清一色的 A，而我只得了两个 B 和一个 C+。大家可以想见我当时的气恼。我分数不高，也情有可原，因为我要打三份工，才能支付我的生活费。而且我百分之百肯定，我之所以得了个 C+，完全是因为"当代文明"这门课的助教打分极为随意。我现在想起来还怒火中烧，如果有人还愿意听听我的情况，我会坚持找人复查考卷，然后给我重新打分！当时安慰我的是一位在高中毕业典礼上致辞的尖子生，她是我女朋友，后来成为我妻子。在此之后四十七年时间里，她总是同情地聆听我抨击这门课程的不公。她完全有理由表现得如此大度，因为她得了 B+。

另一件让我头脑清醒的事，是在纳什维尔碰到的第一场种族对抗。在市中心的电车售票窗口，我当时身上只有一张二十美元的钞票，就给了窗口里的人。我道了歉，还解释说，身上没有零钱，他找钱的话，怎样都行。他竟然破口大骂，用了下作的种族歧视的字眼，他还对我说，找钱这事，黑鬼甭想对他指手画脚。他又说了类似的话，就开始找钱。十九块七毛五，他给我的全都是十美分和二十五美分的硬币。从那天开始，直到我毕业，我都很少去纳什维尔。就算我去了，我也从不一个人去。这差不多是一个十六岁孩子能容忍的极限了。几年后，有一伙白人无赖把一名年轻的黑人从校园边上一幢房子里私自劫走，殴打致死，我就又回忆起我这段经历，依然是无助的感觉。我当时是学生会主席，我向市长、州长甚至富兰克林·罗斯福总统都表达了强烈的抗议，但我们心中的痛苦和悲愤，无从化解，考迪·契克（Cordie Cheek）也不能死而复生。而他所犯下的"滔天大罪"，不过是骑车时撞倒了一个白人孩子，孩子其实只受了点轻伤。

还有一件事不仅让我醒悟，也让我震动，那就是大学一年级期末时，我发现我父母失去了房子，搬进他们以前建造的四家合住的公寓楼里。我知道全国都在经历规模空前的经济大萧条，失业率激增，我父亲做律师这一行非常不景气。但大萧条会给我和全家带来如此困窘的局面，我实在没想到，坦白说，我一直都没有缓过劲儿来。我朝思暮想的就是如何还清欠债，因为这个念头，我到现在还坚持"见账单、必还清"的原则。但当时，我即使想这样，也做不到。

尽管如此，我的大学生活虽然忙乱，却还愉快；虽有些单调乏味，但终有收获；日子虽然过得苦，但还快乐。大部分课程都很严格，我所在的大学在"南方大学、中学联合会"的评估中，被评为优等，这让所有人都很自豪。教师整体而言，水平一流，他们对自己的教学、对毕业生都感到骄傲。学生全部是黑人，偶尔有白人交换生或特殊的学生，而教师当中，黑人、白人基本上各占一半。我们从未想过教师当中黑人和白人各占多大比例，这说明大家对这个问题没什么兴趣。

我已打定主意要读法学院，所以大学本科如同走过场，我对本科专业没有多大兴趣。我想选英文作专业，但教过我大一英文的系主任劝我不要选，因为他觉得我永远不会自如地使用英文。他是美国文学的权威，专治南方海岛（Sea Islands）[1] 说

---

[1] Sea Islands 指的是美国南卡罗来纳、佐治亚和佛罗里达海岸以及沿海岛屿。

格勒语（Gullah）的黑人文学传统。几年后，我的论文被《黑人史学刊》（*Journal of Negro History*）评为最佳论文，我获得"班克罗夫特奖"（Bancroft Prize），这位系主任恰好是评奖委员会主席。我算是报了一箭之仇。我选历史为专业完全是偶然。历史系主任西奥多·S.库里尔（Theodore S. Currier）是个白人，我上的那门倒霉的"当代文明"课就是他开的。他的讲课是我听过的最精彩的，所以我决定多上他的课，多听听他怎么讲。

我上大二那一年，选了库里尔教授两门课，他显然注意到我对历史问题、历史进程，以及他的讲课都有浓厚兴趣。很快我们就熟识起来，后来结成深厚的友谊。再后来，我作出了一个重大决定，放弃学习法律、当律师的计划，改为学历史、写历史、教历史。我想对这一领域了解更多，结果促使他开了新课，包括讨论班，这些课主要针对我。他已经对我满怀希望，想让我进哈佛，他就是在那里读的研究生。我也这样想，但在20世纪30年代，经济萧条席卷天下，抱有这样的希望实在不现实。我的平均绩点很不错（那个C+害得我毕业时未能获得特优生 [summa cum laude] 的荣誉），老师在推荐信里强烈推荐，所以我申请了哈佛文理研究生院。

哈佛要求我先考一个水平测试，那应该就是GRE的前身。考点设在范德比尔特大学（Vanderbilt University），就在纳什维尔城里的另外一头，我从没去过。我到了考试地点，坐定，监考的人（应该是个教授）竟然把考卷扔给我，这一举动不像是欢迎我，也不像是鼓励我。我考完试，想不到分数很高。我离开考场时，一名黑人看门人走到我面前，告诉我，他已经在此工作多年，我是他见过的唯一一位和白人坐在同一间屋子的黑人。当年菲斯克大学的评估结果也很重要。美国大学联合会将菲斯克列入他们认可的单子上。因为我的母校刚刚获得认可，哈佛无条件录取了我。一个从历史上只招收黑人的大学毕业的学生，未在哈佛读过本科，能被哈佛研究生院录取，这在哈佛是头一遭。但是，哈佛没有给我奖学金，他们还不敢冒这个风险。

被哈佛录取是一回事，能去上学则是另一回事。我父母除了祝福，只能给我一小笔钱。我想法回到纳什维尔，泰德·库里尔[1]告诉我，我不能仅仅因为没钱就不去上哈佛。他去了纳什维尔一家银行，借了五百美元，送我上路。

我于 1935 年 9 月到了坎布里奇市（Cambridge）[2]，不久我就在学术、经济、社会各方面稳定下来。在菲斯克大学，为了满足哈佛的要求，我甚至选了两门外语课，在库里尔的讨论课上我已经学会了怎样写研究论文。在菲斯克，我做了四年图书馆馆长秘书，已经掌握了如何充分使用工具书、目录和手稿。甚至见到我的导师老施莱辛格（A. M. Schlesinger, Sr.）时，我都一点也不感到畏惧，和他讨论我的计划和安排，我感到很放松。我找到一份洗盘子的工作，解决了晚饭问题[3]，又找到一

---

[1] "泰德"（Ted）是"西奥多"（Theodore）的昵称。泰德·库里尔就是上文提到的历史老师。

[2] 哈佛大学所在的城市。

[3] 作者在哈佛的一个学生联谊会（Pi Eta Society）找到的工作，负责刷碗，报酬是可在该处吃晚饭。见《自传》第 61 页。

份打字工作，负责把论文和讲稿打出来，这时我感到经济方面的问题已经解决。我和一家黑人住在一起，从查理·休斯顿（Charles Houston）和罗伯特·威佛（Robert Weaver）时代他们就把房子租给黑人学生，但和那些从不对我摆架子的白人学生，我都广泛接触。但我也知道轻重缓急，我意识到从我上初中开始，我在学业上就落后于别人。我必须向我自己和我的老师证明，"美国大学联合会"将菲斯克大学列入被认证的学校，是有道理的。我用了九个月就取得了硕士学位，获得奖学金，用这笔钱完成了博士学位的要求。

那时的哈佛没有几个黑人学生。我入学时，有一位黑人学生正写法国史的论文。就像在挪亚方舟里一样，法学院有两名黑人学生，动物学系有两位，哈佛学院有两位。英文系和比较文学系各有一位，医学院和商学院一个都没有。

我碰上的最令人痛心的事不是种族歧视，而是反犹情绪。美国史专业的研究生组成了一个"亨利·亚当斯俱乐部"，我是其中的活跃分子。有一次我被指派到一个委员会，负责提名下一年的干事。如果你足够敏感的话，这件事可以看作一个小小的伎俩，为的是确保我不会担任负责人。有一位最活跃、最聪明的研究生，我提名他担任俱乐部主席，但反对的意见是：虽然他身上没有犹太人那些让人讨厌的特征，但他毕竟还是个犹太人。我从未听到有人会这样说其他人，对于说这话的人、对于容忍这种观点的这个组织，我都不再有任何敬意。俱乐部绝大部分成员最终都没有拿到学位，而那位犹太裔成员却成了20

世纪前 50 年里获得哈佛美国史学位最杰出的毕业生之一。[1]

　　学习的进程让人满意，但也没有什么过人之处。老师很少和学生见面[2]，一切只能靠自己。我对这样的体制没有任何问题，只是我觉得我有些同学需要学校给予更多的指导。我在哈佛第二年刚开学时，系里一名非常杰出的教授当着我的面，辱骂一位从外校来的交换生，把他赶出办公室，因为这名学生第一次提的问题表述非常差劲。另一位教授对我承认，有一个论文答辩委员会毙掉一名博士生，理由是：他长得不像个哈佛博士！答辩委员会通知这名学生，他必须再上四年学，才可以申请论文重审，这名学生第二天早晨就跑到图书馆，开始服他的四年徒刑。到了这种地步，委员会主席只好被迫通知这名学生，他无论如何不能在这里继续研究生的学业了。

三

　　我是 1939 年春天离开哈佛的，在坎布里奇多待一天我都不乐意。我无意冒犯我的导师，或者博士论文答辩委员会中其

---

[1] 这名犹太裔同学是 Oscar Handlin。后来获得普利策奖，任查理·沃伦美国研究中心主任，哈佛大学 Carl M. Loeb University Professor。见《自传》第 65 页。

[2] 这一句的直译是："马克·霍普金斯（Mark Hopkins）很少出现在小木屋的这一边。"霍普金斯（1802—1887）是美国教育家，威廉学院的院长。有一句流传很广的名言，将理想的大学定义为"马克·霍普金斯在小木屋的这一头，学生在小木屋另一头"（Mark Hopkins on one end of a log and a student on the other），意在强调师生密切的交流。

他成员。他们建议我寻找其他经济资助，但我很客气地回绝了。我觉得我该教点儿书了，一边工作，一边完成论文。我在哈佛第一年之后，已在菲斯克大学教过一年书了。[1] 我备了五门课，涉及完全不同的领域，听课的学生有二百多人，从教学当中我学到的历史，要比我在菲斯克，甚至在哈佛上学时还要多。我很早就发现，教书自有一种特殊的回报。我多年的教学经历充分证明这一结论。五十二年以来，我教过书的学校有菲斯克、圣奥古斯丁学院、北卡罗来纳学院在达勒姆的校区（North Carolina College at Durham）、霍华德大学（Howard）、布鲁克林学院、芝加哥大学、杜克大学，我还在国内和国外其他学校做过短期访学。

自从我打定主意投身历史研究、教学和写作之后，我就对我的职业倾注了全部心力，对其他职业选择毫不关心。有一所只招黑人学生的文理学院，规模不大，但声望很高。我入行不满十年，正在写第二本书，这所学校的校长邀请我出任该校的院长。这样的事我心里早已想了很久，但从未有机会表达出来，在这一刻我是这样回复人家的：我感谢他的好意，但礼貌地回绝了他的邀请，理由是，我在历史领域的研究排除了我担任大学行政工作的可能性。那位校长接到我的信之后，给我发来电报，告诉我他第二天就赶过来，解释一下为何希望我担任这个工作。我们聊了三个小时，我有充足的机会向他反反复复说明，

---

[1]　富兰克林获得硕士学位之后，因想及早还清大学老师库里尔为他借的贷款，回菲斯克大学教书一年。后重返哈佛，继续读博士学位。

我决心一直当一位历史教师和历史学家。每次我这样做，都让我更加坚定，绝不改变我的职业生涯的规划。我觉得他最终确信，他让我出任院长，从一开始就是一个错误。从那天起，不管谁再提起这个话题，我都毫不犹豫地告诉他，我对当院长、校长、大使都没有兴趣。我决定一直做一名历史学者和教师，从没有后悔过。

世界上最激动人心，或者最让人满足的事，莫过于教那些聪明好学的本科生。让人困惑也让人沮丧的是，在霍华德大学，曾有学生抱怨，我布置的长篇作业并没有考虑到，他的人民摆脱奴隶制只有八十五年。在布鲁克林学院，有一位本科生问我能否推荐额外的阅读材料，因为我第一天上课时发给大家的教学大纲，上面的书他已经全看过了。这让我感到头脑清醒，也感到了挑战。在芝加哥大学教书时，有一件事让我很安心。有些学生在一个法定节日还来上课，只因为我在课程安排上忽略了，忘记写明这一天是节日。有时，和学生的接触让人精神振奋，甚至有趣，比如杜克大学的学生，我本来安排让他们来我家吃饭，顺便聊聊学习，他们则请求我换个日子，因为时间跟杜克大学和弗吉尼亚大学的篮球赛冲突。哈里·戈尔敦（Harry Golden）会说，只有在美国，才能找到这样"胆大妄为"的本科生。

在我教书生涯中，有一度我意识到，我对研究和写作如此痴迷，或许我永远无法把我所有感兴趣的东西统统写出来。如果我能带出一批研究生，他们能承担比如奴隶制、自由身份的黑人、内战后的重建时期及其倾覆这些研究课题，那我自己的成就感就能无限制地扩大。1964年，我从布鲁克林学院转至芝加哥大学，主要因为这个想法。在后来十八年当中，在芝大我指导了三十篇博士论文，这些学生后来出版了十好几本书。考虑到芝大在博士学位的年限上非常宽松，所以很有可能在我退休之后的八年里，我本还可以带出更多博士生，他们会出版更多书。与此同时，我在另一所机构——杜克大学法学院，继续沉醉在教书的快乐中。

四

即使我不愿意，我仍旧不可避免要成为社会活动家。我曾被俄克拉荷马大学拒之门外，无法进该校研究生院。当"全国有色人种促进会"（National Association for the Advancement of Colored People）请我为里曼·约翰逊（Lyman Johnson）做专家证人，我深感荣幸。他当时正申请进入肯塔基大学历史系读研究生。其实很容易证明约翰逊在较差的肯塔基州立黑人学院（Kentucky State College for Negroes）里得不到在肯塔基大学同样的训练。约翰逊后来被录取。对我来说，这是对俄克拉荷马以及肯塔基种族隔离的又一次打击。肯塔基大学把一位历史教授请出来作证，问他教黑人学生有何感受。他冷静地回答道，他教的不是黑人，他教的是历史，这是他乐于从事的工作。辩方的论点一下子就垮了。

后来，"全国有色人种促进会法律辩护基金会"（NAACP Legal Defense Fund）谋求消除公立学校中的种族隔离，瑟古德·马拉沙尔（Thurgood Marashall）请我加入法律专业之外的研究团队。1953 年夏末和秋天，我每周都从华盛顿跑到纽约，从周四下午一直工作到周日下午。我写历史文章，协调其他研究成员的工作，参与律师经常举办的讨论会，为他们处理的问题提供历史背景知识。我离家在外，以 Algonquin 旅馆为家，没有什么时间休息。但每次我走进这家旅馆，就仿佛能看到塔卢拉·班克海德（Tallulah Bankhead）、阿格尼斯·德米勒（Agnes DeMille）或者诺埃尔·考沃德（Noel Coward）[1]，这几位名人曾是这家旅馆的常客。

历史学家与所有人不同，不管多么重大的事件，不管他多么心动，都不应该夸大自己的角色。我可以轻而易举地宣布，我参加了 1963 年华盛顿大游行，成为二十五万人中的一员。但我并没有在场，却在做一件更有趣的事。因为那一年我在剑桥大学担任"皮特讲座教授"（Pitt Professor），对于 BBC 电视台来说，我差不多算是一个资源。我上了理查德·迪波比（Richard Dimbleby）的一档流行节目《全景》（*Panorama*），我努力向英国观众解释詹姆斯·梅瑞迪斯（James Meredith）想进密苏里大学时发生了什么事。我猜在我的语调中，也有那

---

[1]　这三位名人分别是美国著名女演员、舞蹈家和英国剧作家。

么一点点鼓吹的意味。1963年夏天，我给英国观众做了一回导游，BBC的节目叫"华盛顿大游行指南"。节目中穿插马尔康姆·X(Malcolm X)、詹姆斯·鲍德温（James Baldwin）、A. 菲利普·兰道夫（A. Philip Randolph）以及其他人的短片，我再次向观众解释为什么这次大游行是美国种族关系历史的一个进步。最终，1965年，我亲身参加了塞尔玛（Selma）游行。有些爱杜撰的作家说我和马丁一同游行[1]，其实没有。我怀疑马丁是否知道我也在场，因为我在队伍的后面。我没有参加达拉斯郡佩图斯桥（Pettus Bridge）的游行，但参加了蒙哥马利市郊圣裘德市（St. Jude）的游行。我感到自豪的是，曾和三十多位历史学家一同游行，他们来自全国各地，表达反对美国的种族偏见。我要声明，当我看到人行道上、窗户里、商店里的人们怒视我们的仇恨的眼神，我非常害怕，怕得要命。这比我预料的严重多了。

一旦我们付出努力来推动立法工作，或者改变公共政策的方向，或者影响政府部门的选择，我们就必须准备好应付任何可能发生的事。1987年，我深切体会到这一点。我与来自其他领域的人一道，反对参议院核准任命罗伯特·H. 博尔克（Robert H. Bork）为美国最高法院的大法官（Associate Justice）。[2] 我做了一个我自己认为相当冷静、充分的陈述，我告诉美国参议院法律委员会，"在这位被提名者的作品、教学和裁决中，看不到

[1] 指马丁·路德·金。
[2] 指美国最高法院首席大法官之外的其他八名大法官。

130

他有任何诚意来消除种族问题，甚至连缓解种族矛盾的诚意都没有"。因此，当听到美国总统宣布，反对核准任命博尔克法官的人乃是"实施私刑的暴民"，我深感震惊。针对所有公民都感兴趣的一个话题，我们这些人不过表达了自己的立场，完全没有想到会受到如此激烈的抨击。

五

作为一个黑人历史学家，除了针对一般事务会有自己的主张之外，必定还会有个人的奋斗目标，并会带来相应的行动。1939 年春天，我来到北卡罗来纳州的罗利市（Raleigh），去州立档案馆做研究。但是馆长告诉我，设计档案馆时，建筑师没有料到会有黑人来这里做研究。馆长是耶鲁的历史学博士，可能因为他看到我脸上露出惊愕的神情，所以他才提了一个建议。如果我能等一周，他会想点办法。我一言不发，深表怀疑，于是他把时间又缩短了一半。我从周一等到周四，然后再回到档案馆，有人陪我来到一间小屋，里面配备了一张桌子和一把椅子，后面四年中这就是我独自使用的办公室。（我需要赶紧加一句，我写论文的时间不到四年。我第二年就写完了，但我在圣奥古斯丁学院教书期间，一直还在那里做研究。）馆长还给了我手稿收藏部的钥匙，这样就免得请白人馆员把我需要的手稿交给我。这样的做法仅仅持续了两周，白人研究者抗议这样的区别对待，要求把特藏部的钥匙要回去。馆长没有理睬他们的要求，他把钥匙从我这里要回去，命令馆员为我服务。

要想展示种族隔离政策和措施的种种古怪之处，莫过于图书馆和档案馆。仅仅在罗利市一地，就有三种不同政策：州立图书馆在书库里特意放了两张桌子，供常来的黑人读者使用；州最高法院图书馆没有种族隔离；而我们刚刚看到，档案馆则是遇到问题，就设法解决。在阿拉巴马和田纳西州，州立档案馆对读者没有种族隔离，而路易斯安那则有严格的政策，黑人读者全部被排除在外。1945年夏天，路易斯安那州图书馆馆长允许我使用手稿特藏，因为当时图书馆已闭馆，为的是庆祝美国战胜德国和日本的专治政府和种族偏见。我在别处也说过，研究南方历史对我来说是个奇怪的工作。

二战中断了很多年轻学者的工作，我却没有体验到任何延迟。就在这时，对于我的祖国在海外抗击偏见和暴政是否真诚，我心里产生了深深的疑问。对这些疑问的解答，让我不再相信我们国家和领袖的诚实。我反感用枪和手榴弹打仗，我寻求适当的机会来发挥我的特长和技术。美国于1941年参战，我那时已经获得博士学位。我知道有几名白人学生没能获得博士学位，他们与美国陆军部签约，作为历史专家。我也向陆军部提出申请。陆军部想都没想，就一口回绝了我。我当时住在罗利，海军发出紧急通知，急需人手做办公室工作，并会授予入选者士官的军衔。我响应号召，但负责招募的人说，我所有条件都满足，但肤色是个问题。我由此得出结论，这根本不是什么紧急

132

状态，并把我的感受告诉了招募者。当征兵局命令我去医务处验血，医生不让我进他的办公室，而让我坐在大厅的凳子上等。我拒绝了，并坚持让征兵局的职员对我以礼相待，她反过来则坚持让医生立刻接待我。到了这时，我已确定，美国并不需要我，而美国也不值得我去爱。战争剩下的日子里，我瞒过征兵局，包括在北卡罗来纳黑人学院取得教职，而这所学校的校长就在"征兵上诉委员会"里供职。即使现在，每当我想起这些事，都为我的祖国感到羞耻，不仅仅因为它对我所做的，还因为它对那一百万在种族隔离和歧视的状态下在军中服役的黑人兄弟姐妹的所作所为。

我们必须记住，不管他的教育和社会地位如何，做一名黑人学者并不能让你免于一个社会和其中大批顽固分子强加到黑人身上的羞辱和轻贱。我痛苦地认识到这一点，是在 1956 年，我去布鲁克林学院担任历史系主任，系里有五十二名白人历史学家。我取得这一职位，当时新闻界大肆报道，《纽约时报》头版有报道，还附了照片。可当我想买房子时，布鲁克林学院附近的三十多位房地产经纪人，没有人愿意带我看房。结果，我不得不直接找卖房的房主，到他们家里看房。看了几家之后，我们相中了一所住房，但我的钱不够买房。我的保险公司曾自豪地宣传自己有五千万美元，如果投保的客户有购房需求，可以贷款。可我的经纪人告诉我，公司不会贷款给我，因为我想买的房子已经越过黑人通常居住的区域好几个街区远了。我退了保险，我的律师（他是个白人）帮我从银行贷款。纽约所有银行都拒绝了我，只有一家同意，因为我当律师的父亲有些熟人。经过一年多的折腾，我们最终搬进了新家，我估摸关于找房子花的时间，我都可以写一篇长文，甚至一本小书了。种族歧视产生的代价，不仅仅是造成了所谓激进左派的主张。这些代价与许多黑人忍受的冷遇、侮辱，或者歧视一样真实。

六

许多年前，我初出茅庐，决定要想保持学习进程不断推进，需要写不同种类的历史书，哪怕你固定在同一个领域。我认为应当写一部专著（monograph），一部概论，一部传记，一部断代研究，编辑一些史料以及其他作者的著作，这样才能提高对这个领域的理解。事实上，我并没有系统地逐一实现上述目标，但近来我出版了乔治·华盛顿·威廉姆斯（George Washington Williams）的传记，我相信我达到了目的。我刚刚开始把这个过程再来一遍，我正准备写一部讲述逃亡奴隶的专著。

我很早作出了另一项决定，就是只要有可能，就探索新的研究领域，为的是要保持历史教学和写作有生动、新颖的视角。正因如此，我才偶然进入美国黑人史这一领域。我从未上过这方面任何正式课程，但这一领域吸引了我那一代越来越多的学生，也吸引了下一代更多的学生。进入一个领域，甚至偶然闯入一个领域，竟能改变人的一生，这真是不可思议。最近，我对女性历史产生兴趣，刚刚过去的冬天，我做好准备，作了三次讲座，总的题目是"妇女、黑人和平等：1820—1988"。不用我多说，对于我这是非常有意义的学习体验。也请大家放心，尽管我学到很多，但我并不指望在女性史的领域写出划时代的论文和著作。

我从国内、国外的同行身上学到很多。各种历史协会和其他学术团体的年会让我受益良多，其中五个协会曾选我做会长，使我有机会教学、做领导工作。这些协会的刊物让我得以了解学者的最新发现，也刊登了我一些文章。很早我就知道，学术研究没有国别界限，所以我和世界上许多地区的史学家和学者建立了友谊和合作。1951 年我在"萨尔斯堡美国研究讨论班"（Salzburg Seminar in American Studies）讲课，从那时起，我一直像学生一样在学习，而且我还提倡：交流思想比互射子弹更加健康，更具建设性。我在富布莱特董事会做了七年董事、三年主席。在这些工作中，你会了解世界各地人们的共同点。当我们知道，善和真理、才能和学术，并没有被美国和西方世界所垄断，我们就能开始理解改造社会必不可少的要素。在学问生涯中，这也许是最重要的一课。

（高峰枫　译）

135

1989
尤迪斯·施克拉
（哈佛大学约翰·考尔斯讲座教授）

尤迪斯·施克拉（Judith Nisse Shklar，1928—1992），美国政治理论家，曾任哈佛大学约翰·考尔斯政治学讲座讲授。她写了多本有影响力的著作，如《乌托邦之后：政治信念的消亡》（*After Utopia: The Decline of Political Faith*，1957），《人与公民：卢梭的社会理论》（*Men and Citizens: A Study of Rousseau's Social Theory*，1969），《自由与独立：黑格尔〈精神现象学〉中的政治观念》（*Freedom and Independence: A Study of the Political Ideas of Hegel's Phenomenology of Mind*，1976）等。

我是一个书痴。打十一岁起，我就手不释卷，几乎分分秒秒都觉得乐在其中。可是我当初识字却非常慢，而且不愿意上学，能逃就逃，越久越好，只不过没有退学罢了。我换过好几个学校，都不愿意上，当然没有学会读和写。我的父母被逼无奈，只好请来一位家教给我启蒙。我最初接触的几部文学作品，并不全都让我开心，但是它们给我留下了很深的印象。我自己通读的第一本书，是德文版的《大卫·科波菲尔》。这部小说，我读了又读，至今仍然喜欢。第二本是儿童小说，讲述发生在三十年战争中两个男孩的故事。为了弄明白"三十年战争"，我查阅了父母藏书中的一套世界史，带插图的，可漂亮了，有好多卷。我这一生从此就跟小说和历史钩连上了。不过，读书带来的感觉并不老是愉快的。一天，我捡起施莱格尔与蒂克翻译的《莎士比亚全集》第一卷，头一出戏是《泰特斯·安德洛尼克斯》，我整个儿读了一遍。它在我心里引起的恐怖和不安，我今天还能感觉到。我被吓糊涂了，不敢向别人诉说自己的痛苦。最后，我总算跟我姐姐说出了自己的心事。心事一出口，我感觉到无比的轻松，而且姐姐还担保说，剧本里的那些事情不是真的。但是，我们俩都很清楚，周围发生的事情比剧本里的要可怕得多。截至 1939 年，我已经懂得一个道理：书，哪怕是令人害怕的书，将成为我最好的避难所，使我逃离比书本远为恐怖的世界。这就是我成为书痴的经过。我的童年也就这样画上了句号。

青年读者喜爱传记、小说和戏剧，我自然也不例外。不过，从很早开始，我就阅读时事要闻和政治史。这样早熟的趣味，有一个显而易见的原因——就像我后来的专业旨趣总有个由头一样——政治整个儿主宰了我们的生命。我的父母历尽艰辛，才逃离俄国。先是十月革命把他们困住了，然后是一战，他们最终设法回到自己的家乡——里加城，那会儿属拉脱维亚管辖。

开始还顺利，不久连这里也充满了敌意。骨子里是德裔犹太人的事实，意味着周围每个人，往好里说，希望我们离开，往坏里想，要置我们于死地。

我的父母受过良好教育，家道殷实，思想开明，不因循旧俗的同时，完全不招摇、不张扬。他们绝对相信自己的孩子在道德和心智方面的能力，并以此信任的态度对待我们，于是在这趣味高尚的家庭和无从逃避、邪恶堕落的外部世界之间，成一鲜明的反差。这使我们一家人即使不是彻底的犬儒主义者，也凡事存一分小心。我父亲多年来一直想离开欧洲，可是我们在里加的许多亲戚拴住了我们，而且作为儿科医生的母亲也不愿轻易放弃她在贫民窟经营的诊所。最终，赶在俄国军队到来之前，叔父把我们送上一架前往瑞典的飞机。我们在瑞典滞留了好长一段时间，德军入侵挪威很久以后，我们还待在那里。那时，逃离欧洲只剩下一个出口——西伯利亚大铁路。火车把我们缓缓带入日本。旅途很费周折，但我们奇迹般地逃生。在日本我们获得（实际是购得）通往加拿大的签证，而这个国家，大家现在知道，当时的移民政策谈不上包容宽大。珍珠港事件爆发前不久，我们乘船抵达西雅图，被关入扣留东方非法移民的拘留营，度过了荒诞离奇的几个星期。倘若有人问，所有这些奇遇在我的性格里烙下什么印记，那么我会回答，它们催生了我对黑色幽默持久不变的兴趣。

等父亲料理完生意上的事务，我们最终来到蒙特利尔。这个城市不大招人喜欢。不同种族和宗教之间的仇恨和不信任达成一种均衡的态势，才使它在政治上勉强凑成一个整体。回头来看，它后来迅速崩溃，有如摧枯拉朽，实在是不奇怪。这里的女子学校，我上了大约三年，糟糕透顶。整个阶段所学的拉丁文，顶不上大学一个学期的学习内容。还学了点地理。有一位英文老师教我们如何写摘要，这倒是很实用的技巧。其余老师只会站在我们跟前，大声念课本。我真正学到的，是懂得什么叫"无聊"。对"无聊"体会这么深，以至从今往后，我再没有感到无聊过。我告诉大家，这是一所被人们认为非常优秀的学校。对此我不妄加评论。我敢说，一定有比它更好的学校。但是，每当大家说起现在的高中教育如何不足，流露出深切的怀旧情绪时，我总有些将信将疑。

回想我在麦吉尔大学念书的生活，也谈不上由衷的喜欢。这也许跟当时流行的录取规则有点关系：犹太人的分数线是750，其他人只有600。大学里思想也不活跃，但至少有一个好处：我入学不满十七岁，有幸与许多退伍军人同在一个班上。因为他们的存在，整个学生群体显得特别成熟和严肃。跟中学相比，这里就是天堂了。况且，一切都不可思议地顺风顺水。我遇上未来的丈夫，并在三年级结束时同他结婚，这是我迄今为止最聪明的决定。而后我找到了毕生追求的事业。

起初，我打算主修哲学和经济学，后者的严密一下吸引了我。不过，当选修"货币与金融"的课程成为硬性要求时，事实变得再清楚不过，我不可能成为一名专业的经济学家。哲学呢，主要由一位性情悲观的先生教授，他之所以选择哲学，是因为他丧失了宗教的信仰。自打遇上这位可怜人后，我认识的糊涂虫不在少数，但没有一个像他这样完全不适合教授柏拉图和笛卡儿。幸运的是，我不得已选修的另一门课程是美国人弗雷德里克·沃特金斯[1]讲授的"政治理论史"。跟着这位天资卓越的老师听了两个星期的课，我就确定了这一生的追求。如果有一门学问可以解释我的经历和我那个特殊的世界，那就是它了。

沃特金斯的卓尔不群，他后来在耶鲁的许多弟子可以证明。这是一个罕见的多才多艺者，一个修养极好的人，一个天才的老师。他不仅让思想史在课堂上富有魅力，而且使人觉着，世间最紧要之事，非此莫属。我还在他那里得到了鼓励。他以各种方式，或直言相告，或旁敲侧击，使我明白，我自小喜爱的古典音乐、绘画、文学是真正有价值的东西，不是我个人的古怪癖好。而他那重于言教的身教，更给了我充足的自信。即使他没有励我去考取研究生，申请哈佛大学，之后没有像朋友那样，一直关注我的学业和事业，我也会由衷地感念他。一个人在十八九岁的年纪，就明确了一生的事业，这是命运的垂青。而且，不是人人都有机缘，在适当的时机遇上合适的老师，我却遇上了。多年前他对我的教导，我一直铭感在怀，永志不忘。

从进入哈佛大学的第一天起，我就爱上了这个地方，至今

---

[1] 弗雷德里克·沃特金斯（Frederick Watkins），美国卢梭研究专家，曾任耶鲁大学政治学教授，"美国政治和法律哲学协会"主席。著有《作为政治学概念的国家》《意识形态的时代：近代政治思想简史》《西方政治传统：近代自由主义之发展》。他翻译的《卢梭政治论文集》被公认为最好的英文译本。

仍然爱它。这样说，不是指它曾经完美无缺。远远谈不上完美。事实上，今天的哈佛比我入校时改进了很多。然而，不论它有何弊端，我寻着了一直梦寐以求的教育。那时政治系同现在一样，讲求兼收并蓄。这种问学精神正合我的脾胃，于是，我大量摄取——主要从初级教员那里——政治科学的知识。我的导师，是学术界赫赫有名的卡尔·乔基姆·弗雷德里希[1]。他教我怎样为人，怎样具备专业素养，怎样备课、上课，怎样与同事相处，怎样应付世情，并传授于我一个总体的观念，明辨哪些是我理应储备的知识。尽管他不轻予赞词，但似乎并不怀疑，我会设法取得成功。事实上，我记得他给我的唯一一次好评。当我完成毕业论文答辩，他说："好吧，这不是一篇普通的论文，虽然起初我可没指望它这样。"到最后，我才意识到他希望我做他的接班人，我确实做到了，虽然历经多次的沉浮起落。回首往事，他为我所做的最好的一件事情似乎是，放手让我走自己的路，在我做学生时如此，做青年教员时也如此。像许多抱负不凡的年轻人一样，我曾经过多在意别人如何看待自己，但自那以后，看过许多研究生的成长，我意识到自己相比他人还算自信。为此我要感谢卡尔·弗雷德里希。

　　哈佛总有许多聪慧过人的研究生。同龄人中，有许多我很喜

---

[1]　卡尔·乔基姆·弗雷德里希（Carl Joachim Friedrich），美国负有盛名的德裔政治科学家、教育学家和政策顾问，当代最有影响力的极权主义研究专家之一。著有《现代宪政国家》《极权统治与独裁制度》《传统与权威》《极权主义统治》《历史视野中的法哲学》等。

欢，其中几位一直是我亲密的朋友。研讨班气氛活跃，咖啡激发了不少妙语高论。还有一些讲师才华横溢，我发现听他们的课，感觉很刺激。最重要的，我喜爱怀德纳图书馆，至今仍然喜爱。

我 1951 年考入哈佛。那时它是一个狭隘得多的学术界，很多方面远不如今日开明。麦卡锡主义的影响与其说粗暴直接，不如说隐秘微妙。打击赤色分子的流行做法，无疑耗费大量精力和时间，但还不能说它严重影响了大学的日常生活。它所起的作用，是助长了久已存在的一类心态。年轻学子以不当知识分子为荣。在许多学生当中，除了运动和自命不凡的说长道短，就容不下别的话题！成日吹嘘的是令人反胃的隐私，换衣间的玩笑话以及以卖弄为特点的伪阳刚气。由此兴起一种古怪的风雅：没有人再说粗话，而且，顶顶重要的是穿戴合宜——着一身深灰色的布克兄弟品牌的行头。更具破坏力的是，这么多的人——他们原本更应通达事理——歧视贫困生、书呆子、不合常规者、头脑聪明的人，总之，他们凭想象捏造出所谓真正的美国男性上等公民的形象，凡是不符合这一愚蠢麻木、脱离现实的模子的人，一律遭到鄙视。任何女子，但凡有一点修养或思想，都不会愿意跟这样的人来往。

这股矫情的歪风之外，又添一种奴性十足的崇拜——最浅陋无知然而模样好、人脉广、财气粗的本科生受到顶礼膜拜。他们的做派在许多方面无异于被包庇的青少年犯罪。哈佛本科生施于大学城其他人的伤害，轻易被人们宽恕。这类狂欢作乐包括砸碎街灯，破坏有轨电车的轨道，周末公然昏醉在大街上。

远在 20 世纪 60 年代的激进学生占领教室之前，我所见到的最恶心的一场闹剧，是本科生发动的、由学校决定用英文文凭取代拉丁文文凭而引发的聚众闹事。好几位老师遭到人身攻击，受到伤害。所有这一切被视作富有勇气的表现，在暗地里得到推崇。这些私立学校的产物谈不上精品制造。他们当中极少有文笔通顺者，如果懂一门外语，也遮遮掩掩，不让人知道。

20 世纪 50 年代，许多老师心目中的楷模是考试拿 C 的绅士[1]。有人说，我们将受他统辖，又将领其薪俸，就理应对他而不是那些孜孜不懈，到头来很可能在社会上捞不到一个显要职位的学子爱护有加。当然，这里边包含很深的自卑情结，那时的我太不成熟，还不能领会内中隐情。这些要求公开服从的论调十分令人压抑。50 年代的哈佛充斥着一类人，他们为父母和自己的社会地位羞惭不已。不愿公开承认自己身份的犹太人、同性恋、乡下人太多了！他们念念不忘自己比"正品行货"，比某些神秘的哈佛贵族——毫无益处的捏造——低劣一等。令人震惊的是，所有这一切如此没有必要，如此偏离美国的公共价值体系！而且他们的态度反映了一种古怪的心态——拒绝反思二战背后的真正意义。

我发现哈佛人的交谈在某些方面回避现实。我知道 1940 年至 1945 年欧洲发生了什么，并以为多数哈佛人也知道这场已经

---

[1] 原文是 C-er gentleman，指考试中本应得 D 或 F（即不及格），却因"人脉广、财气粗"而受照顾得 C 的学生。他们将来可能成为学校的捐资人，于是下文有"受他统辖""领其薪俸"一说。

143

发生的人身、政治和道德的灾难。但人们对此绝口不谈。那个时候，任何一个美国人都已经可以知道欧战的全部信息。战争的一切细节，《纽约时报》和新闻短片都有报道。然而，这类话题倘若出现在课堂上，就只成为极权主义研究的一个部分，然后借助漂亮的净化手段，并入冷战背景。这种与现实绝缘的做法同我后来的写作很有关联。不过哈佛人通过压制思想，转变了观念。瞅一眼著名的"红皮书"——大学的通识教育计划，就很能说明问题。计划书的制定者决心通过将青少年与法西斯主义隔绝，免受诱惑的方法，来达到使它绝迹的目的。于是他们要强化"正统"的西方传统，要使它以这样一种面貌出现，使得法西斯主义看起来像是永远不会再现的怪胎谬种。我不免猜想，制定这套教育理论的一些人，在战前的大萧条时期尚属年轻，他们或许也曾经为最终汇入法西斯主义潮流的某些观念所吸引，如今却对他们心知肚明的由法西斯主义造成的灾难唯恐避之不及。他们想要一个不同的历史，一个"美好的"西方，一个"真正的"西方，而不是那个现实存在的，大步踏入第一次世界大战，继而鲁莽直前的西方。他们想要一个结局更好的历史。我发现这当中的大部分很难令人信服。

20世纪50年代的哈佛表面处于保守阶段，实则变化在悄然萌生——朝着更自由、更有生趣的方向改变。这是可以察觉的倾向。相反，作为美国历史上的一个阶段，或者文化上的一个现象，20世纪60年代根本没有推动反而阻碍了这一趋势。回望后面这十年，我完全不欣赏。粗野和愚笨继续上演，中年人满脸假笑，大谈他们如何受益于年轻人，将学生中最粗鲁之辈捧为思想纯真的楷模、道德纯洁的典范。这一幕如果不是这般滑稽，就不免令人作呕了。那个年代唯一持久的遗产是集体逃课。许多老师遇上这等怠慢，干脆撒手不管，躲入书斋成一统。更可叹的是，整整一代新人，他们对于老师的教诲，既不情愿接受，亦无充分的准备。如果你在十几岁的年纪，就不相信任何三十岁以上的人，等你过了四十岁，也不会钟爱任何年轻人。现在呢，倒是会议频繁，学会林立，但其实并不能激发足够好的、与付出的时间和精力相称的学术成果。当然，总的来说，我不灰心沮丧。每当我环顾周围的年轻同事，总要为他们超拔的才智、出色的能力、开放的心胸和不怀偏见的视野感到振奋。而哈佛的学生整体较之于以往，确实从未这般警惕、自律、多才多艺，最重要的是，对老师而言，从未这般多元，这般有趣。

我入校之际，哈佛女性是一副怎样的面貌呢？假如我佯装不知自己受邀担任这个演讲，是因为我女子的身份，那就太天真了。对我这类女性的职业生涯，大伙儿正怀有浓厚的兴趣，若缄口不谈这个话题，只怕有毁约之嫌。但讲述这部分经历之前，得说明一点，从业之初，我并没有先从性别的角度来考虑自己的前景或境遇。在我看来，有许多其他比性别远为重要的因素，而作为一名女性的事实，压根儿没有给我的学术带来多少麻烦。先有老师，后有出版商——不是以屈尊俯就而是以秉持公正的态度——给我以全力的帮助。这些人通常是早先妇女参政权扩大论者的后代，是进步时代的遗风余留。我喜欢他们，

145

钦佩他们，虽然那时，他们在总体上是一个屡受挫败和打击的群体。尽管如此，他们让我感受到了美国自由主义最阳光的一面。何况，并非就我一个孤零零的女子。班上还有几位女青年，能坚持到底的，个个都有非凡的事业。

然而，也有不尽如人意的地方。我一入校，就有一位老师的太太单刀直入地质问我：为什么在理应相夫育子的年纪想进入研究生院念书？相夫育子，是系里绝大多妻子选择的道路，只有一两个例外。她们认为，我应该参加她们的女红俱乐部。这个群体本身就是一幕很可怕的景象：终身教授的妻子欺负后辈，受欺者战战兢兢，唯恐危及自己丈夫的前程。我不喜欢这些女人，一个也不喜欢，干脆当她们不存在。回想前事，我惊恐地发现，自己未能理解她们的真实处境。我只看到敌意，没有看到她们的自我牺牲。

这些不独立的太太们所滋养的文化如今大体已消失，但仍残存着一些别扭的陋习。任何一个像哈佛这样有等差、有竞争的社会，就免不了有许多围绕升擢降免而散布的流言。它既是联络低级教员与高级教员的途径，也是恶意和嫉妒上下传布的通道。当我做出一定成绩而受人瞩目，就不可避免地成为流言的对象。说来奇怪，我对此反感到了极点。我讨厌自己在教师太太们举办的宴会上成为人们津津乐道的谈资，可以这么说，当我的丈夫和孩子们成为好奇心和娱乐猎取的对象时，我尤其感到厌恶。

这些烦恼自然微不足道。之所以提及，是不想显得对哈佛过于忠心。我或许是过于忠心了——我的经历没法让我太挑剔。

确实，在班上和所有考试中，我没有遭到与男同学判然有别的对待。等到我教授本科生课程，倒是发生了一次小危机。他们认为，把我派去拉德克利夫女子学院授课是一个绝妙的主意。男老师不能去！从来没有这样的先例！我什么也没说，自尊心不允许我有任何的抱怨。经过一年的犹豫，我的师长们最终决定那是个荒唐的主意，于是在不受注意的情况下，我开始了哈佛的教书生涯。

我毕业的时候，政治系聘我为讲师——大出我的意料。我去问怎么回事，他们回答，这是我该得的，就这么回事。然而，要不要这个职位，我踌躇不定。那会儿我产下第一个孩子，希望陪他走过人生的头一年。事实证明两者能兼顾。我摇着摇篮，完成了我的第一部著作。

假如说就将来的职业有过什么规划，那么我当时瞄准的是一流的文学杂志。我原想去《大西洋月刊》或同类期刊当个文艺编辑。这是一个相当现实的志向，对于一个需要养家糊口的年轻女子，显然有它的诱惑力。并且，我确信自己会继续政治理论的研究和写作——这才是我真正相追求的事业。不过，我先生认为，应该给哈佛教职一个尝试的机会。如果不喜欢，可以不干，但不作任何尝试，将来我也许后悔。所以，多少有点随波漂流的意味，我入了大学教师这一行。接下来，总有男性朋友替我谋划，告诉我该做什么。那时我不介意，今天仍然不介意，因为未雨绸缪既非我擅长的能力，亦非我常用的策略。

有好几年的时间，一切都很顺利。我常常把精力耗得几乎一干二净，但总有充足的能量，像我父母那样。危机终于出现了，随终身教职的问题预期而至。系里就是不给一个明确的承诺。它对好几位男性候选人支吾敷衍，让他们拖着等着，玩猫捉老鼠的游戏。我受不了这种羞辱，于是去找系主任，询问能否聘我做半工的终生讲师。这不是我真正想要的，但我决定为自己做出安排，而不是等别人来掂量我的价值。同事们如释重负地接受了我的方案。这肯定让他们的生活变得容易点儿，对我自己也是一种解脱。那会儿我已经有三个孩子，而且要写的东西很多。所以，这绝不是一场灾难，它保护了我的自尊——自尊于我无疑是最重要的，同时还使我得以长年逃脱各种委员会的工作和其他杂务，尽管"半工"从来不是真正意义上的"半工"。我如何评价同事们的决定？让一个人来裁决自己的案例，显然不合理。所以对这个问题，我想给一个间接的回答：虽然有许多我认为各方面比我优异、令我倾心仰慕的学者，不过我从不认为自己——彼时也好，此刻也好——比系里其他教员缺乏能力。

这个经历给我造成什么影响？没有太大影响。随着时光的流转，问题迎刃而解。我是否认为自那以后事态有了改善？从某些方面说，我确信有好转。我们现在对待资历较浅的同事，比以前要尊重得多，公平得多。他们肩负更重的责任，也拥有更体面、更独立的地位。当然，终身教职引发的焦虑仍然存在，但我们至少不再刻意贬低他们。不过，整体环境对女性远非理想。诚然，我们在入学、聘用、升职等方面少了许多公开的歧视，这是非常实在的进步。但同时又涌现出大量消极的女性主义论调，宣扬非常有害的，尤其对女学者有害的观念。对于号召提高女性聘用比例的系主任来说，任何女子，只要是个穿裙子的人，就会使他的数字看起来很美，会强化他作为自由派的证据。自封为女权主义者的男教员不吝溢美之词，狂热地赞美每一位新就职的年轻女士，称之为"才华横溢、卓绝无比"，其实与同龄男子相比，她既不强也不弱罢了。过誉对她没有任何帮助，不过是表明称誉者本人无法接受一个事实：才干尚可的女子并非世间奇迹。男同事当中，有些一跟女同事争论就怒火冲天，好像一个冲着母亲尖叫的青春期男孩，有些则无法与女性真正进行严肃的专业对话。他们同公然对我们出言不逊的男子一样令人厌恶。这几类人势必在我们周围长期存在，宣扬他们的一片好意，实则对他们自己——真正亟须改变者——不图任何改变。

就我个人而言，新时代对于女性并非纯粹的福音。屡屡被展示为这样那样的女性"第一人"，好比农贸市场上的一头冠军猪，并不令人十分受用。想要超越其他任何人的压力不可避免地内化为自我意识的一部分，削弱你的力量，腐蚀你经年累月蓄积而成的自信心。不论怎么努力，总做不到十全十美。当然，除去这些消极因素，有许多令我欢喜的地方。较之于以往，哈佛现今要大气得多，包容得多。无论怎样，我从未想过把职场上遭遇的困难转化为意识形态的问题。我之所以不是一个真正的女权主义者，这便是其中一个理由。但不是唯一的一个。参加一场运动、服从一种集体信仰的思路，在我看来是对知识分子价值观的背叛。这个信念在我作为一名政治思想家所谋划的将哲学和意识形态分离的工作中，是不可分割的一部分。我不得不承认，这是一项具有自由主义特点的事业——一个悖论。然而，古典自由主义至少可以宣称，它努力想超拔自身的门户之见，而不是将这些偏见合理化或遮掩起来。

如前所述，我从事政治理论的研究，是把它当作理解 20 世纪经验的一种途径。究竟是什么把我们带入这样的困境？我的所有著述都以这样或那样的方式隐含了这个问题，尤其是头一部、二十二岁开始动笔的《乌托邦之后》。那个年代，做这样的题目很难得到认同。政治理论本身能否或应否存活，尚有种种疑问。过去的一百五十年间，政治思想为那些宏伟的"主义"所统治，结果却清清楚楚地摆在那里。没有人想回到 20 世纪 30 年代，把这十年再活一遍。我们受够了思想的耻辱。意识形态是引发狂热和幻觉的引擎，那种言说方式应当弃除不用。相反，我们应当把工作限定在澄清政治语言背后的意义，整理杂乱的思想，剖析重要的概念等几项任务上。如此一来，就可能帮助政策制定者辨识可供选择的方案，做出合理的决策。我们将清理意识形态造成的混乱局面，获得严谨、理性的论述风格。这番学术理想，并非不高远。事实上，摆脱意识形态、不受其影响的热忱努力，不仅可见于哲学界，亦可见于美学界。这番学术抱负显然含有对人道高效的福利国家的殷切期盼。我也深受它的吸引。问题在于，它的思维方式对于我想回答的问题，提供不了多少帮助。于是我转向了历史。

我写《乌托邦之后》的时候，感到困惑的是，对于欧洲近代历史的种种解释，没有一个言之成理。我通过考察发现，它们当中的绝大多数显然就是 19 世纪意识形态的现代翻版，不论是浪漫主义的、宗教的，还是保守自由主义的，总而言之，没有一种足以澄清它们尝试解释的现实。我不幸陷入了这些观念史的追溯，而未能深入发掘我的主题。但我至少说明了一点：建立在恢宏思想架构之上的政治理论已经死亡，政治思想不可能从明显的衰落中再度复兴。这一点，我错了，像许多其他人一样。当列奥·施特劳斯在一篇著名的文章里写道，政治理论成了社会科学经过专门化后残存的"可怜尾巴"，他比我要乐观些——至少他认为还有个尾巴。

那个始于柏拉图，终于马克思、穆勒，或许终于尼采的"伟大传统"，那个深具权威，视野开阔，同哲学一样严密的正典，已离我们远去。没有人能写出与《利维坦》媲美的著作，将来恐怕也不会有。只有以赛亚·伯林总是满怀希望，断言只要人们还就根本的政治价值展开讨论，政治理论就会长存不灭，昌盛繁荣。真是无稽之谈，我说。放眼周遭，只有政治的闲谈，只有意识形态的残痕。没有《社会契约论》，没有卢梭，没有政治理论！我们大多数人相信，两次世界大战发生的年代，关于乌托邦和社会理论的想象随幻想的破灭和思想的混乱已成枯竭之流。留下批评——作为一个毫无实质内容、索然寡味的姿态，作为一个普遍无能的证据，证明我们无法理解或超越征服我们的灾难——苟延残喘。我当时以为，真正需要做的，是对富有多元思想和怀疑精神的折中主义施以现实的改造，但如此也很难将死水变为活水。

政治理论的明显瘫痪，当然还有其他解释。一种认为，理论的窒息，应归于仅只鼓励功能性思维的官僚政治体制。这同——比方说——拜占庭帝国如出一辙。拜占庭帝国也是缺乏思辨性的思考，只有防范甚严、眼界狭小的一些个观念，供毫无创造力的君主和他的军队使用。这类观点在我看来不够有说服力，因为我稍通拜占庭的历史，看不出它和我们之间有什么雷同。更有说服力的，是同中世纪的类比。中世纪有充沛的思辨天赋和想象，却投入了神学而非政治学。我们则把思辨和想象投入自然科学。另有一种截然不同的意见，主张思辨理论的终止是一桩好事。关于公共问题的讨论，确曾有无比丰富多元的观念与形式，但那种方式已难以为继。我们可致力于也应当致力于提升思想史的品质。这项工作同时吸引了民主主义和今日再难体验到的精英主义的冲动。对于精英派，伟大的经典是只有少数人懂得欣赏和保存的文化宝藏。对于包括我在内的另一派，经典则是一种希望，希望将这些思想和文字尽可能地广施于人，获得一个普遍深化的、与遥远的异己者遭遇而生发的自我理解。总的想法是想把历史同一切当下的现实勾连起来。

今日称之为"语言学转向"的思潮，曾有极为相似的抱负。它希望把政治学的词汇整个儿来一遍有益于普罗大众的梳理，又希望为决策者阐明可供选择的道路。也许还可以服务社会科学，为之提供稳定、理性、可靠的话语。当然，我倾向于相信，社会科学作为一门前瞻的、实用的知识，前景光明，理论将给予它足够的支持。理论家将分析政治话语里的流行词汇，观察它在不同语境中的作用。这将帮助公众消除意识形态的曲解和前后矛盾的冲动，并赋予社会科学客观的语言。我想，如下说法不失公允：我更注重对以往的学说作一番实事求是的清理，而不是去追寻终极真理的做法，在当时并非什么特立独行之举，只有那些处于学术地图的边缘，因袭传统，取向激进，焦虑不安的批评家才会受追寻真理的鼓动。

这样一种思路，你们当中那些在罗尔斯的《正义论》和它激发的论著所引发的热烈讨论中成长起来的人，估计连想都不会想。不过，回首往事，当时正有创造力萌发于人们的视野之外，而意识形态盛行之后的年代里的种种禁忌与踌躇也不是徒劳和盲目。它们是政治理论的暂歇，却并非没有价值。这个暂歇帮助政治学克服了前一阶段的耻辱。

再说青年时代的我。《乌托邦之后》受人瞩目，带来一个有趣的后果。书名是由我的编辑们——不是我——碰巧想到的，于是很多人以为我写了一本关于乌托邦的书。这是个相当时髦的话题，很快就有人邀请我参加学术会议。我当时刚刚入行，不好随便回绝，所以临阵磨枪，研究起乌托邦来。再没有比这个更不对我的脾胃，更不投我的兴趣了。不过，我潜心钻研，甚至对乌托邦文学发生了深厚的兴趣，最终成为这方面小有建树的专家。

然而，乌托邦的幻想并没有使我脱离历史，或卸下历史的包袱。我发现，尽管我对整个学科抱有悲观的态度，历史阐释的方法却并未过时，也并非像我起初担心的那样不相干。除了就某某在何时说了什么话展开讨论，还可以拿它做点别的事情。

于是我回到二战的事件。有好几年，我一直在教授现代法学理论史，也一直在阅读相关材料。我想到——虽然跟课程没有太大关系——仔细考察政治审判，尤其是纽伦堡和东京的国际审判法庭，可能会有点意思。为了系统地展开这项工作，我意识到必须得对法律、政治、道德之间的关系这一传统问题作一番透彻的思考。这么做的时候，法学思维和政治思维的差距以及法学观念的专业局限（尤其运用于常规诉讼以外的领域）令我大为震惊。我根本没有想过要抨击法学界、律师或整个法律体系，然而，多数法学杂志都被"政治乃法律建立的基础"这一观点弄得很不舒服。当他们读到"纽伦堡审判只有基于政治的理由，才可被认为是正当的，东京审判则完全缺乏证明其正当的理据"的时候，也不喜欢。有人明确告诉我，只有律师才真正懂得无懈可击的法律推理。回想前事不禁莞尔，因为相比于此后法律批判运动对法学理论的基本预设发动的攻击，我对正统法学思想的质疑显得如此温和，如此节制。稍觉沮丧的是，当我的观点为大众——甚至包括最保守的学究律师——所熟知和接受，我发现自己现在被当作了正统思想的传播者。职业总有它自我维系的意识形态，这在今天算不上新鲜论调，1964 年却是。于是，《唯法是从》——我撰写的论著中钟爱的一部，从引起公愤的激进言论迅速衍变为人所共知的常识。

在哈佛法学院善本室钩沉爬梳，通读关于二战审判的所有资料，包括发表和没有发表的，对我起了一个解脱的作用。我似乎已竭尽全力来回答"我们如何思考纳粹时代"这一问题。

我清楚尚有许多我无从理解的领域，但问题的实质，或许了解得够多了。不论怎样，我准备做点别的了。

自大学时代起，我就痴迷于卢梭，像被施了催眠术一样痴狂。沃特金斯开设的讲座绝对一流，他还敦促我写卢梭，长篇短论地写。卢梭让人上瘾，这可不是什么新鲜的发现。关于他的讨论不仅总要牵涉政治学最重要和最持久的问题，而且每一读他，我就意识到，自己面对的乃是无与伦比的智慧，洞悉一切，秋毫无遗，是获得政治想象力的途径，也是再受一遍教育的机会，对我这样天生的、毫不费力、一以贯之的怀疑论者，更是一再目睹那个认为怀疑论不可避免却又无可忍受的头脑所经受的痛苦挣扎。他之吸引我，最重要的，盖因其论述如此完美清晰，却与自由主义者的精神格格不入。他是一个彻底的、必然的"他者"，对于他所批判的现代世界不可或缺，比那些无条件接受现代世界的人更不可或缺。我们很难喜欢《忏悔录》的作者，可那本书令人着魔。纵然有人不赞成《社会契约论》，谁能否认它论证精妙，或读过此书后不迫使自己重新思考"政治公意"问题？我将卢梭视为心理学家——如他所言，"探求人类心灵的历史学家"，视为相当悲观的思想家。悲观使他在民主和平等的卫士中卓然出众，一枝独秀。我相信，这是他最强大的力量所在。作为一名富有批判意识的思想家，除了柏拉图，卢梭无人可比。

然而，我还不至于被卢梭迷了心窍，对他所鄙夷的伟大的启蒙作家也嗤之以鼻。恰好相反，我深为他们所吸引，并且相信，正是怀疑主义、个体的自律与法律保障，自由与科学探索的原则等思想纽带将那个多元的群体联成一体。在这些纽带之上，寄托着我们最美好的，建立一个更文明、更理性的世界的希望。孟德斯鸠，这位敏锐的政治思想家，法国启蒙运动最可信赖的声音，启蒙思想通向美国的桥梁，是我的至爱。

任何一位治思想史的人多少会清楚地意识到，自己受益于黑格尔。正是他为思想史定下哲学原则：历史，作为不完善的认识论体系之间的冲突，唯有当我们视其为人类集体精神发展的一个整体时，才有解决之道。这类经验的研究将成为中枢学科。对这一事业的辩护，无人能想象更强有力的辩词。思想史家紧紧守住它，虽然措辞稍为谦虚一点。黑格尔立论的根据可见于《精神现象学》。于是我花了大约五年的时间，贯通其政治理论，揣摩其无穷无尽的文外之意。这项工作谈不上十分成功，然而至今我仍然以为，我将黑格尔视为最末一位启蒙思想家的解读言之成理。同时，本着诚实的原则，我得坦白我读不懂黑格尔的《逻辑学》，借助注释也没有帮助。在进行这项工作时，我还必须承认，海德格尔的许多阐释对我毫无意义，我根本不明白他在说什么。我并不以此为豪，也不能将责任诿于他人，只能归于自己，但坦白承认好过刻意隐瞒，尤其是向学生隐瞒。

我写作有时会假设学生为读者，但总体倾向是区分写作和教学。我有许多朋友一边授课一边著书，虽然我想这样，却不知何故，总办不到。我认为教写相长，却又判然有别。上课我得想该教什么，写作我只需取悦自己。我甚至发现，两种工作并没有争相挤占我的时间，而是以一种奇妙的方式和朦胧的意识，相互作用，交相配合。我有幸教授一些极优秀的学生。我指导的本科毕业生中，有一些在我认识的人当中，是最聪明、最有活力、最可爱的。指导他们写作，于我自己受益匪浅。

研究生开始不易相处，因为他们处境很艰难，刚从大学阶段的优等生沦为险滑的职业阶梯上的起步者。相比阿谀奉承或忘恩负义之辈，我自然偏爱独立坦诚的学生，尤其信任能进行自我教育的学生。最终他们可能成为最称老师心意的人物。那些迅速培养起专业素质，对研究发生真正激情的研究生，也许很快同你交上朋友。他们的成功，某种意义上就是你的成功。他们还是讨论的最好伙伴，无论我们观点是否一致。

我教授政治理论，并非喜欢亲近年轻人，而因为无条件地热爱这个学科，深信它的价值，希望别人也认识到它的重要性。因此，避免成为学生的精神领袖或父母的替身，在我不是一件难事。我只想做三个孩子的母亲，不喜欢有门徒追随。我还担心，学生若如此甘心依附于偶像，既不利于自身的教育，亦不利于独立精神的培养。

教书育人于我固然是一桩乐事，然而，我一直认为，纵使当年不曾接受意料之外的哈佛教职，我所撰写的著作，也不会有什么大的不同。唯一可能不会涉及的领域是美国政治理论。阅读美国思想史的起因，纯然是为准备一门本科生课程，却很快成为一个爱好，我兴致盎然地开始了这方面的思考和著述。我不认为这是一个地域色彩浓厚的现象，是"我们美国人特有的可怜玩意儿"，而认为它富含内在的价值。代议制民主的早期制度和奴隶制的长期存在确实赋予它特殊的品格，如果剔除这些因素不计，那么美国政治思想恰恰是现代历史作为一个整体不可或缺的一部分。

当然，美国史的研究使我对残暴与压迫——古往今来的标志性特征——所具有的清醒意识，不曾有半分的消减。它甚至加剧了我的怀疑，尤其当我仔细思考那些替压制与暴行遮掩辩护的种种幻觉、神话和意识形态的时候。怀着这些思索，我很自然地转向蒙田的《随笔》。逐渐地，他在我心目中成为真正随笔作家的典范，实验文体的大师——讲究迂回穿梭地论证，而不给读者迎头棒喝。我读他时发现，他不宣扬"德"，却努力反思我们的"恶"，通常表现为残酷和背叛的"恶"。我自问：如果将"视残酷为首恶"的政治理论来一番透彻深入的思考，会有何结果？故意施加痛苦的行径乃绝对之恶，我以此为出发点，期望从中发展出一套政治学的自由理论。这种探索促使我思考其他的恶——尤其是背叛——令残酷升级的可能性。围绕上述观点，我写了《普通之恶》。这本书属于探索性的思考，是尝试而非定论，旨在引发忧思而非提供安慰。

从背叛到不公，只有一小步。我正在修改一册讨论不公正的小书。我想来点变化，不用司法模式，而用一种非常规的方式，考察受害者的主观感受，从体验过不公正的人的视角出发来审视不公正的行为。这一视角的采用，并没有使不幸与不公的区分变得容易，但它对两者界限的划分，绝不同于官方的说法。我希望通过视角的转换，稍稍改变一下已成定式的思维。

是什么促使一位学者选定研究的课题，又是什么促使她逐渐改变旨趣？因为终日忙碌，荒于自省，我发现这个问题很难解答。也许最好瞅一眼同我有类似经验的人，从他们身上找一找灵感。我猜想，在政治理论这样一个领域，驱动学者的既有外在的也有内在的压力。战后多年的被动局面，我认为，并没有穷尽经典批评的可能，虽然由于重复性的解释过多，各类诠释法在今天通通有深度反思的必要。"语言学转向"适时而生，为实践划定了界限。尽管我们必然要继续提炼和厘清学科话语，但相信此举将改良世界乃至推进社会科学的人，我们当中即使有，也寥寥无几了。当然，诉诸混乱、感性、直觉的思考，只会雪上添霜。因此，战后两次大的努力并没有把我们领入绝境。事实上，它们开启了新的视野。实践伦理如今已深入由新技术和行政体制强加的政治抉择中。分析哲学原先只为自身目的而精雕细琢，在当下也具备了新功能。这些大胆的理论尝试，其激发的缘由，我想，既有社会事件的刺激，也有重分析、远现实而导致的疲乏。相反，政治激进主义的推动力纤柔短促，相形逊色，只残留一个被榨干了精华的、抽象的马克思主义。社会批评也在困境里挣扎。随着仪式的魅力消散，阐释学取预言而代之，如柏拉图所说，重返洞穴[1]，是要解释政治而不要评判

---

[1]　洞穴隐喻，源于柏拉图《理想国》第七章，讨论表象与真相、现象与本质的区别。阐释学的前提是，语言虽有表意的功能，但在表述（expression）与意义（meaning）之间，必然有距离，只有通过解释，方能克服这个距离，方能达致理解的目的。所以，不再预言政治的前景或进行价值的判断，而诉诸对政治的解释，至少在这一方法的提倡者看来，是重返洞穴的姿态。

政治。学者们如今像曾经解读文本那样解读他们的文化。这样一些研究，在我看来并无特别的吸引力，往往只是琐屑的、未曾明言的保守主义的表现。种种对"共同意义"的追寻，种种讳莫如深的表达，不是标举传统又是什么？我宁愿为传统和习俗来一通开诚布公、直言不讳的辩护。更令人振奋的现象，我认为是政治理论的领域在今天随着文学与艺术被纳入对政府本质与目标的思考而得到拓宽。它通过拓展经典来守护经典。

关于学术旨趣的总体变迁，我当然有一些想法，但人各有志，作出特定学术选择的个人动机亦判然有别。反观自身，我发现常常有一股力量，推动我去反对在我看来不仅错误而且特别时髦的理论。我不只是毫不迟疑地抵制各种流行的观念和学说，任何自得的心理，流于形而上的安慰以及为绝望的情绪或安逸的乐观主义提供庇护的种种行为，都会驱使我进行学术上的反击。我不愿固守成规。这或许反映出我属于某类特殊的难民——既不知贫穷的滋味，也远离无知的深渊。姐姐和我抵美时一口优雅的英文，这使我们迅速适应新环境，又不必为适应而脱胎换骨。我欣然参与周围的一切，却从未生发扎根其中的愿望。对于一位学者兼书痴，这种际遇委实称心如意。

（周颖 译）

1990
保罗·奥斯卡·克里斯特勒
（哥伦比亚大学伍德布里奇哲学讲座荣休教授）

　　保罗·奥斯卡·克里斯特勒（Paul Oskar Kristeller，1905—1999），研究文艺复兴时期人文主义的重要学者，于1992 年获哈斯金斯奖章，哥伦比亚大学伍德布里奇哲学讲座荣休教授。其研究的重点是文艺复兴时期的人文主义思想，并出版了多本相关著作，如《古希腊罗马经典与文艺复兴时期的思想》（*The Classics and Renaissance Thought*，1955），《意大利文艺复兴时期的八位哲学家》（*Eight Philosophers of the Italian Renaissance*，1964），《人文主义与文艺复兴》（*Humanismus und Renaissance*，1974—1976）等。

　　很高兴能有这个机会向哈斯金斯这位杰出的美国学者、史学家表达我个人的敬意，他的工作一向是我极为钦佩的。自他去世之后，已经几十年过去了，但是他对学问的贡献依然是站得住的，仍旧值得我们一读。对今后所有从事史学研究的人来说，我觉得他是一个值得尊敬的向导和榜样。

　　我完全没有想到，这一殊荣竟会落在自己身上，实在出乎意料，因为论出身背景，我是一个外国人，不具备什么代表性（虽说我已经在这个国家生活了半个多世纪）。我最感兴趣的学科，也就是西方哲学和思想的历史，如今已经变得越来越不合潮流了，而且还被人说成是既无关痛痒，又毫无用处，带着精英主义和欧洲中心论的臭味，甚至是非民主的（也许给它改个名字叫"概念间之空间的研究"，或许能让它变得更合大众口味儿一些）。我的方法是力图将原典的哲学解读，同史学、语文学以及它们的辅助学科，如古文书学和年代学，古文字学和目录学的相关技能结为一体。可是，基金会官员、行政管理人员和大学同事，再加上评论者和批评家，都不止一次地告诫我说，这种方法现在已被视为因陋守旧，陈腐不堪，完全不可救药了。今天机会难得，我就来讲几句肺腑之言，如果这些话让某些听众觉得不爽，我先在这里赔个不是。最近几年里，我一直身处无数令人不快的言论和思想的包围之中，今天我也来行使一次言论自由的权力。如果我说的某些话有悖于铁的事实和坚实的论证，我很乐意大家来纠正我。我完全承认，有许多新的领域和问题，是在我的特殊兴趣范围之外的，很值得其他学者来探索。我也承认，自己年事已高，对某些最后被证明是极其合理而且正当的新学科或新方法，可能反应会迟钝，不那么灵敏。然而，我是无论如何都不能接受或容忍那些一意迎合当前政治潮流或其他什么潮流，但却遭到既定事实或坚确论据断然否定的观点。这些观点的支持者，或出有心，或是无意，使用一种我喜欢称之为"诉诸无知"（argumentum ex ignorantia）的论法，选择忽视这些事实和论据。当读者和听众对于相反的证据，像演说者和作家一样完全不知情的时候，这种论法会变得尤其有力。

我们这个系列演讲的题目是"学问生涯"，或者也可以叫作"献给学问的一生"，如果允许我借用那些在哲学上精于分析的同事所采用的方法来分析一下的话，这个词就会显得有些模糊。当然，它有这层意思，就是我们身为学者，总是不断地在学（很不幸也不断地在忘），从生一直学到死。可它还有别的一层意思，就是我们把自己献给了学问（learning）或学术（scholarship），而这两个词在现代英语中是用来指称自然科学和社会科学之外的所有知识。在我懂的所有其他西方语言中，都把同哲学、史学、语文学有关的学科称为科学（sciences），承认它们里面包含有并积累了建立在严格方法上的可靠知识（当发现了新的文本和文献，从而证实了以前提出的某个观点时，这些学科甚至是能够作出预测的）。可是在英语当中，学问和学术这两个词，却不像它们应该的那样，指我们在处理一种虽然面对的对象不同，所用的方法也不同，但是却像其他科学的知识一样既可靠又有条理的知识。晚近才出现的"人文科学"（humanities）一词有个另外的缺点，就是它特指这样一类知识，这类知识往最好了说是毫无用处和可有可无的，往最坏了说就是专门给上流社会或自命不凡的人提供娱乐消遣的。

另外，"人文科学"这个词，甚而"人文学"（humanism）一词，都极易招致与哲学或世俗意义上的人文主义以及人道主义（humanitarianism）的混同，从而使人文学术毫无必要地卷入各种哲学和宗教上的论争之中，使它同各种社会上和政治上的理想发生混淆。这些理想也许是合理的而且值得向往的，但却与我们所从事的事业完全无关。这种混淆引诱我们把本来就已不足的思想资源分散转移到其他的尝试和行动方向上去，这些尝试和行动也许有很大的价值，甚至超过我们对自己所能要求的价值，但与我们的尝试和行动是完全不同的。我们必须把所有这些都记在心里。我们很容易被英语的日常用法牵着走，可是我们却遇到了一种情况，在这种情况中已经得到《韦氏词典》和《简明牛津英语词典》确证的用法，结果却被证明是不足以讨论严肃的哲学或学术问题的。另一个类似的情况就是"理性"（reason）一词。在日常英语中，它指人从已经确定的事实中做出有效推论的能力。可是，还有一种不同的而且是更加包罗万象的理性概念，从古代到近期被哲学家广为使用和理解，在古希腊语中称作 Nous，在德语中叫作 Vernunft，并被康德确认为是有关原理的能力（faculty of principles）。这个概念公认是无法翻译成现代英语的，它不仅从当前的用法中消失了，而且也从当代的哲学思想中消失了，从而给所有哲学的、学术的乃至科学的讨论造成了极大的损失。

现在我就来谈谈自己的出身背景和受教育情况，算是给我后来的发展和身为学者的工作找点儿解释。不过我得强调一点，那就是我同东西方最严肃认真的学者的想法一致，也认为遗传和教育只是心智发展的必要原因，而不是充足原因。否则有同样家庭背景，受过同类教育的人，都会变成一副模样儿了。然而事实上每一个个体都是不同的，在一定程度上都是独一无二的。

1905 年，我出生在柏林一个富裕的犹太中产家庭，因为父亲在我出生时就已去世，所以我是由母亲和继父（我视如生父）带大的。家母是银行家的女儿，家父则经营一家小厂。父母两边的亲属中虽有受过高等教育的人，但他们自己都没有，可是对所有文化上的追求，他们都非常尊重，而且为了让我接受良好的教育，做出了很多牺牲。家母对文学和艺术都感兴趣，常去博物馆和展览会，听各种讲座，观看戏剧演出。她读过很多书，自己有一个虽然不大但却非常好的藏书室，任我使用。她懂法语和英语，略通意大利语，我也许从她那里遗传了学习外语的能力，这对我后来的工作和事业有很大的帮助。

六岁到九岁期间，我就读于一家不错的公立小学，很快就学会了花体字（Gothic）和罗马字（Roman）两种字体的读写，掌握了算术和其他一些基本技能。从 1914 年到 1923 年，我在一所公立文科中学读书，就是柏林的蒙森文法学校（Mommsen-Gymnasium）。在校学生规定要读九年拉丁语（一周八小时），八年法语（一周四小时），六年古希腊语（一周六小时），加上大量的德语写作和德语文学，一点点历史和地理，大量的数学（包括初等微积分），一点儿物理、化学和生物，以及一年或两年的英语（后来成了我的第五语言）。作业量虽然很大，可我一点儿也不嫌累，因为我觉得作业既有趣又富于挑战性。虽然也遭遇过这样那样的困难和挫折，但我基本上还是挺喜欢、挺享受学校生活的。对于研习过的所有语言，我不仅掌握了它们的文法，还学会了在面对长句子的模糊内容时，绝不能去闷头硬猜，而是应该对之从句法上进行解析（parsing）。在数学中，我学会了如何作精确的推理，因为老师要求我们不仅要理解，而且还要能重演所有的证明、解法和作图，而不是只去死记硬背。我学着去写条理清晰的文章，这种文章要有起有合，中间还要分为若干承转分明的部分，第一部分不能预设第二部分，而要相反才行。我到现在还是这么写文章的。除若干德语和法语的经典著作（包括莎士比亚的德译本）之外，我还在学校里读维吉尔和塔西佗，荷马和索福克勒斯，这些作家在以后的生活中一直是我的良伴。我的老师绝大多数都接受过良好的训练，见多识广，其中还有像克兰茨（Walther Kranz）和霍夫曼（Ernst Hoffmann）这样在古典学和古代哲学研究者中非常出名的人物。

我参加的课外活动也不少。虽然从未对运动产生过兴趣，我却经常去游泳和远足，后来又常去登山。我请私人教师辅导过法语和英语会话，还学过一点儿希伯来语、荷兰语和俄语，可惜这三种语言最后没能坚持下去。我后来学会了意大利语，这是我现在最擅长的语言之一。此外还学过一点儿西班牙语。我酷爱阅读，开始购置很多书籍，特别是有关历史和传记以及德法文学这一类的书。我如饥似渴地参观柏林的各家博物馆，馆藏中有不少以前意大利、佛莱芒和荷兰等国大师的代表作，是我格外喜欢的。德法的现代艺术展，我也看过不少（自17世纪以来，不管德法两国在政治上和军事上闹得如何不可开交，柏林一直是法国文化的前哨站。这一事实，似乎很少有人留意）。在多次的假期旅行中，我游历了德国、奥地利和瑞士的许多地方，先是跟着父母或学校去，后来是自己一个人，饱览了很多城市的风景名胜和艺术珍藏。我也写了很多诗，后来很久还一直在写。

在我的一生中，音乐的学习和练习起着重要的作用。我很早就开始上钢琴课，常去听歌剧和音乐会演出，上大学前还一直在修习钢琴的高级课程。我会弹所有主要的古典作曲家的作品，从巴赫到肖邦和勃拉姆斯，也会弹一些现代德国和法国的音乐，但我不喜欢某些浪漫派作曲家，尤其是李斯特和瓦格纳。

我很早就对哲学发生兴趣。在我涉猎的文学作品中，偶然读到过易卜生的剧本《皇帝与加利利人》(*The Emperor and the Galilaean*)。这虽然算不上他最好的作品，但我后来很久才发觉，这是我第一次接触到新柏拉图主义。在学校里我读柏拉图，从他那里学习须遵从理性的指引，应寻求原理而非特殊的个例，要辨明知识与意见的不同。回到家里我读更多的柏拉图，还读一点儿亚里士多德，尤其是读了很多的康德。1923年以优异的成绩从学校毕业时，我已下定决心要研究哲学和哲学史，父母也同意了我的决定，虽然心里肯定不免是有些失望的，因为他们本来是盼着我能接下家里的生意的，但我却选择了一个对他们来说是完全陌生的，而且是无望获得高薪职位的行业，他们很替我担心。

中学毕业后，我进入海德堡大学学习。海大之能享有盛誉，不仅因为城市及其周边的秀丽风光，更因其拥有的强大师资阵容。我尤其是奔着霍夫曼去的，他在中学教过我古希腊语，在此期间又当上了海大的古代哲学教授。对一个十八岁的青年来说，头一次独自离开家门甭提多有意思啦。我需要做的一切就是坐上火车，租一套带家具的房子，在注册主任办公室出示我的中学文凭完成签到。同德国其他高校一样，海大也是由政府经营的，所以学费不高。我在九个学期里换了好几所大学，其中五个学期在海德堡，剩下的在柏林、弗莱堡和马堡。在海德堡教过我哲学的老师，有李凯尔特（Heinrich Rickert）、雅斯贝尔斯（Karl Jaspers）和霍夫曼。李凯尔特对康德的解释始终没能让我信服，但他发挥出来的那套史学方法论却很有价值，只可惜知音甚少。雅斯贝尔斯让我见识了克尔凯郭尔和存在主义。霍夫曼的讲座涵盖了柏拉图、亚里士多德和普罗提诺。在弗莱堡，我还听了克朗纳（Richard Kroner）和胡塞尔的课。克朗纳领我进了黑格尔的门。胡塞尔是现象学的创立者，但课讲得一点儿都没意思，不过他的书我都读了，感觉受益匪浅。受一个同学怂恿，我还在1926年专门跑到马堡去听海德格尔讲课。当时他正在写他那本伟大的《存在与时间》，开设了一些给人留下深刻印象的讲座，还主持着一个关于历史主义的讨论班。我和他私下里混得很熟，但我抵制住了留下来跟他读书的诱惑，因为他总让自己的博士生耽误很多年。于是我又回到海大，在霍夫曼的指导下开始撰写有关普罗提诺的博士论文。

除了听讲座和参加讨论班，大部分时间我都花在准备讨论班报告，以及泛览各种吸引我的或者我觉得对研究会很重要的书籍上面。所有主要的哲学家我都涉猎过，从前苏格拉底哲学家一直到胡塞尔，其中还包括我从来就无福消受的尼采。

我修的副科是数学和中世纪史。虽然感觉有些吃力，但我还是参加了一些高等数学的讲座和讨论班，读过微积分、函数论、数论和微分方程的参考书。还记得我写过一篇讨论班报告，讲一个很复杂的证明，这个证明本来只占几页纸，可是让我这一概括，竟足足说了半个钟头。这都是因为作者预先假设并省略了许多定理和证明，我不得不去参考其他材料一一给他补全。这件事让我明白了，我当不了职业数学家。但是从这件事上，我彻底领悟到，我们应该经常专注于那些自己希望能够解决的问题，当我们想要证明某种东西的时候，应该尽量追求简单和"更加精巧"的证明，而不是复杂的证明。我也开始理解，在笛卡儿和莱布尼茨这类思想家身上，数学和哲学的理论是如何联系在一起的。

在中世纪史方面，我在海德堡听过汉佩（Karl Hampe）和贝特根（Friedrich Baethgen）的课，在马堡听过施滕格尔（Stengel）的课，由此掌握了古文书学、年代学和文献史源分析的宝贵技能。如果没有从汉佩那里学到的有关中世纪修辞学的知识，我绝不可能察觉到中世纪修辞学和文艺复兴时期修辞学之间的各种联系。多年以后，我描绘并详尽阐述了这些联系。

我还选修过多门自己觉得有用或者有趣的科目，都没要学分，比如日耳曼文献和语文学，比较语言学，物理学和心理学，教会史，音乐学和艺术史（其中包括从那时起我就一直欣赏的远东艺术）。

1928 年，我就关于普罗提诺的博士论文进行了答辩，1930年将论文出版。这篇论文只包含了我计划要写的普罗提诺的一个片断，而且出版的论文同答辩时提交的论文大为不同。我一直想就普罗提诺写一部更加完整的专论，但是这一愿望直到现在也没能实现，因为我的兴趣后来又被其他的题目占了去。我仍然认为普罗提诺是有史以来最伟大的哲学家之一，我坚信他对后世思想的影响比一般所承认的要更加深广。

博士论文答辩会非常顺利地通过后，我以学术为职业的希望却遭到了突然打击，于是我决定返回柏林进修古典语文学，既为进一步从事古代哲学研究的工作加强古典学的训练，也为参加古希腊语和拉丁语的国家考试（a state board examination in Greek and Latin）做些准备工作，这个考试能让我将来有资格在文科中学里教授这些科目。我上了耶格尔（Werner Jaeger）和诺登（Eduard Norden）、冯·维拉莫威茨－默伦多夫（Ulrich von Wilamowitz-Moellendorf）、佐尔姆森（Friedrich Solmsen）和瓦尔策（Richard Walzer）等人的课。我从马斯（Paul Maas）那里学了版本校勘学和古文字学，从舒尔策（Wilhelm Schulze）

那里学了古典语言学。几乎所有主要的古典作家，我都一读再读，不依赖译本，只在必要时参考一下注释。我还学着用拉丁语写文章，但没专门去学用拉丁语说话。耶格尔教会我要留意一部文本的文学类型，以及与此类型相关的模式和主题。从耶格尔和诺登两人那里，我明白了古代修辞学以及它同哲学之间存在的复杂关系的重要性。我也学会了研究哲学术语史（the history of philosophical terminology）。所有这些对我后来所从事的工作都有很大帮助。在此期间，我还修改了关于普罗提诺的博士论文，写了几篇书评，一篇评述西塞罗解释柏拉图思想的讨论班论文，一篇考证哲学文献中 Orexis（欲望）一词起源和意义的报告，以及一篇谈修昔底德《伯罗奔尼撒战争史》中某篇伯里克利演说词的国家考试论文。

1931 年，我以优异的成绩通过国家考试，然后立刻去弗莱堡见了海德格尔，问他愿不愿意帮我参加教授资格论文考试（Habilitation），题目我打算作费奇诺（Marsilio Ficino）。对这位柏拉图主义史上另一重要时期的主要代表人物，我非常感兴趣。海德格尔同意了，于是我就搬到弗莱堡研究费奇诺，同时参加海德格尔的讲座和讨论班。我常去找他就论文进行讨论，跟以前在马堡时一样还在他家弹钢琴。我得到了好些在弗莱堡任教的历史学者和古典学家的友好支持，其中就包括弗兰克尔（Eduard Fraenkel）。1932 年，我从德国研究基金会获得了一笔奖学金，该奖学金是专为将来要做大学教师的人设立的。1933 年，我草成了一本有关费奇诺哲学专著的大纲，春天就跑到意大利（尤其是罗马和佛罗伦萨两地）去查看费奇诺的稿本和早期版本。成绩远远超出预想，我找到了许多费奇诺未发表的著作，尤其是书信和早期论文，其中一些还是前辈学者所不知道的，我计划把它们都刊布在我那本著作的附录里。正当我于 1933 年三四月间在意大利游学时，忽然听说新上台的纳粹政府颁布了一项法令，禁止一切有犹太血统的人担任大学教职，而且不得从事其他许多种类的职业。我马上就意识到，我在德国的职业生涯已告结束，如果我还想继续自己的研究，那就只剩下移民一途了。我没有在意大利耽搁，而是立刻返回德国把自己的事处理完毕。我从弗莱堡回到柏林父母家中，在那儿一直待到 1934 年初，其间把费奇诺的书完成了将近一半。我也和国外学者和研究机构通信，为移民作准备，同时还在拉赫曼（Vera Lachmann）开的一家私立学校里兼课。有几个意大利学者对我研究费奇诺的工作很感兴趣，其中就有金蒂莱（Giovanni Gentile），于是我又在 1934 年 2 月回到罗马，和金蒂莱等人见了面，一边做点儿翻译的工作，一边埋头在梵蒂冈图书馆和罗马其他图书馆里广搜各类写本进行研究。到这个时候我才明白，原来还留存下来这么多极其有趣的著作，其中不仅有费奇诺写的东西，还有他的朋友、通信者、前辈、同辈和追随者写的作品。这些著作不但从未出版过，而且根本不为人们所知，于是我就开始搜集这些写本的有关著录（descriptions）和缩微胶卷。1934 年底，我从罗马搬到佛罗伦萨，在那儿的一家为德国难民儿童办的私立学校里谋到一个教古希腊语和拉丁语的教职，同时还在佛罗伦萨大学的一所分校里充任薪水微薄的德语助理讲师。我继续在佛罗伦萨的各家图书馆中广搜写本进行研究，收获之丰堪与在罗马时相比。1935 年夏，靠金蒂莱帮忙，我得以在高等师范学校和比萨大学担任德语讲师，在那里度过了硕果累累的三年。高师是一个只由在读研究生和研究生毕业后回来进修的人员组成的群体（a community of graduate and postgraduate fellows），学生都是通过全国范围内的考试竞争选拔上来的，在意大利都是数一数二的，很多人将来都会做学院和大学的教授。通过与他们朝夕相处，互相切磋，我结交了很多朋友，自己也成为意大利学术舞台的一部分。金蒂莱把我找到的那些费奇诺的作品结集为《费奇诺著作补编》（*Supplementum Ficinianum*，1937）两卷出版。他还开始和我一道出版一套丛书，专收以前不为人知的人文主义作品，负责编校的都是高师的学生和毕业生以及其他一些学者。这套书的第一卷于 1939 年面世，第十九卷现在正在印刷当中。我那本讲费奇诺的书也写完了。我把它翻成了意大利语，做好了出版的安排。此外，我还在各种意大利期刊上发表了几篇文章和书评。同时，我跑遍了意大利所有主要的图书馆，寻找文艺复兴时期的作品，斩获之丰一如往日。从更有经验的学者那里，我学到一种让我受益无穷的方法，就是在工作时不能单单依赖各种索引，而是要系统地逐一点验所有可以找到的已经刊印的目录和未经公布的藏书记录（unpublished inventories），这样就能发现许多以前完全不为人知的作者和作品。旅行也使我有机会见识了许多意大利城市，以及城市中的历史遗迹和艺术珍藏，更不用说图书馆和档案馆了。作为对艺术史感兴趣的旅行者，我学会了欣赏建筑、雕塑和绘画以及装饰艺术和手工艺上体现出来的各种不同的地方流派和传统，从每个城镇或地区的历史遗迹、博物馆和图书馆中，我读懂了它的政治史和文化史。

1938年春，希特勒访问意大利。在他逗留期间，所有德国难民不是被抛入监狱，就是每天都要去警察局报告。这是大难将至的前兆。1938年夏，意大利法西斯政府颁布了一条法令，禁止一切有犹太血统的人担任学术职位以及其他的公职，而所有非意大利公民必须在六个月内离开意大利。我马上失去了在比萨的职位，不得不计划第二次移民。我给许多同事和朋友写了信，特别是英国和美国的同事和朋友，也收到了很多鼓励我的回信，但都不能解我的燃眉之急。幸好有个寓居罗马名叫贝塔劳特（Ludwig Bertalot）的德国民间学者花钱雇我做了他的研究助理，就这样从1938年10月到1939年1月，我就在罗马为他工作，主要是帮他整理一本正在编写的梵蒂冈写本目录，同时我还能继续自己的工作。1939年1月，我收到一封耶鲁大学（那里有我好几个美国和德国的朋友）的邀请函，请我去那里做教学研究员（teaching fellow），开一个关于普罗提诺的研究生讨论班，于是我就和意大利说再见了。需要特别说明的是，我在意大利认识的每一个人，都曾以最大的善意对待我。我于2月抵达纽黑文，受到许多旧雨新知的热烈欢迎，尤其是韦甘德（Herman Weigand）和班顿（Roland Bainton），是他们帮我争取到了耶鲁神学院的友好款待。按照对我的邀请，我拿到了非配额移民签证，我很高兴能有机会继续当老师，虽然我的英语口语在开始的时候还很不利索，但逐渐地也有了改观。我还听说，我的职位超不过一学期，所以我还得为1939年的秋季找另一份工作。还算幸运，我人一到，就收到好几个演讲邀请。我去好多所大学拜访了很多学者，有些是我以前就见过的，有些则是刚刚经人介绍去的。我也很快使自己的一篇演讲词出版了。最后，我终于从哥伦比亚大学谋到一个职位，当一年临时特聘的哲学教师（an associate in philosophy），薪水非常微薄，其中一部分是由卡尔·舒尔茨基金会（Carl Schurz Foundation）提供的。1940年6月，我同伊迪丝·莱温奈克（Edith Lewinnek）结了婚，我们最早是在德国认识的，打那以后她一直是我的生活伴侣和知心顾问。她是康复医学方面的专家，隶属于纽约大学医学院，有她自己的一番工作事业。

事态发展的结果是，我的余生将在哥大度过了。我做了九年合同一年一续的临时特聘教师（associate），直到1948年才当上有永久教职的副教授，1956年升为教授，1968年成为伍德布里奇哲学讲座教授，1973年退休。1945年加入美籍前，哥大就是我的家。多年以来，我同哥大以及其他机构的许多同事都保持着密切的联系，这些同事中不仅有研究哲学的，也有研究史学和古典学的，还有研究意、法、德、西、英等国文学的，治东方学和书目学的，搞宗教、音乐学和艺术史的，以及弄政治学和社会学的。我从这些同事身上学到了很多东西，尤其是从兰德尔（John H. Randall）和穆迪（Ernest Moody）那里学到有关亚里士多德主义的知识，从桑代克（Lynn Thorndike）那里学到科学史方面的知识。学校图书馆的丰富馆藏，图书馆员的高效服务，都让我受益。面对来自不同系的研究生，我定期开设有关古代晚期哲学和文艺复兴时期哲学的讲座课程，还经常同兰德尔等人一起合开讨论班，研讨从柏拉图到黑格尔之间的一些主要的哲学家。我还教一门有关研究技巧（research techniqucs）的课，参与指导过其他很多系的博士论文。从 1945 年起，我就一直活跃于有关文艺复兴的大学讨论班以及哥大其他各系的讨论班之中。我经常到国内和欧洲很多学院和大学做演讲。我负责的主要学术项目，得到过各方面的资助，比如哥大众多的研究委员会，美国哲学学会（我从 1974 年起成为会员），伯灵根基金会，美国学术团体协会，国家人文科学基金会，以及古根海姆基金会，麦克阿瑟基金会，美国文艺复兴学会，普林斯顿高等研究院，伦敦瓦尔堡学院。我是美国学术团体协会中文艺复兴研究委员会的委员，就是靠这个委员会的帮助和支持，我才能在几位同事的协助下编印出《拉丁语译本和注疏总目》（*Catalogue of Latin Translations and Commentaries*）。《总目》是一个国际合作项目，它的第七卷目前正在印刷当中。在瓦尔堡学院和几家基金会的资助下，我得以出版了《意大利访书记》（*Iter Italicum*），这是我发现的文艺复兴时期写本的目录。这部书是根据我战前在意大利积累的札记，以及近年来多次旅行欧洲和美国时之所得编纂而成的，第五卷已在印刷当中。

这部著作还有一个副产品，就是我给拉丁语写本书的各种已经刊印的目录和未经公布的藏书记录所编的总目，这个总目已再版多次。

从 1954 年美国文艺复兴学会创立时起，我就一直积极参加学会的活动。我也同样积极参与到美国中世纪研究院的活动之中。中世纪研究院帮我弄懂了许多中世纪研究者对于某些有关文艺复兴的传统观点所作的批评，让我学会要参照这些批评来重新界定文艺复兴及其人文主义。我还做很多审稿工作，尤其是给《哲学学报》。也做了不少编辑工作，特别是为《思想史学报》《哲学史学报》和《文艺复兴季刊》。

我那本讲费奇诺的书于 1943 年出了英文本，1953 年出了质量更优的意大利文本，德文原本要到 1972 年才出版。我写的其他书，大多是些讲演录或论文集，所收讲演和论文都作于不同的场合，面对着不同的受众。但是，我总是一直在研究自己感兴趣的题目，而不是别人硬要我研究的题目。我不怕涉足相邻的领域，只要该领域与我研究的题目有关。我也从不介意把自己说的最精彩的话放进脚注、离题的旁论或者段落的中央，虽然可以预料它们大部分因此就会遭人忽视。可惜我没能早点儿学会这一招儿，就是你要想让一个想法被别人记住，你就得把它摆到文章的标题上，放进结论里，或者插进摘要中，甭管文章其他部分都是些什么货色。不过，我还是在斯坦福大学作过一次系列讲演，就文艺复兴时期几位主要的哲学家阐述了我自己的看法，讲演录最后就由斯坦福大学出版社出版。最近，我还在比萨就希腊化时期哲学作过一个类似的系列演讲。我研究费奇诺，特别强调他的形而上学以及其中带有原创性的成分，当然也不会放过其中从古代、教父时期、中世纪和早期人文主义继承的成分。希望我业已阐明了文艺复兴时期人文主义的重要意义，并且从其文学创作和职业活动中揭示了人文主义主要是集中于对文法、修辞学、诗歌、历史以及道德哲学的研究，而不是集中于对逻辑、自然哲学或形而上学的研究。人文主义并不像经常说的那样，取消了亚里士多德主义的经院哲学，而是在整个 16 世纪及其以后一直与之并存。另外，文艺复兴时期的人文主义与中世纪的文法和修辞学有着密切的联系。我使大家注意到一批被忽视的中世纪修辞学作品以及下面的这一事实，就是中世纪的修辞学绝不像通常认定的那样仅限于布道文和书信，而是也涵盖了相当数量的一批世俗讲演辞，在意大利及其城邦共和国尤其如此。我还揭示了，经常被说成是只重实用的萨莱诺学派（the school of Salerno），从 12 世纪开始就对纯理论的医学和纯学术的医学（theoretical and scholastic medicine）做出过突出贡献，也促成了哲学同医学（而非神学）的联合，这种联合一直到 17 世纪都是意大利医学传统的代表性特征。我还证明了，博洛尼亚大学讲授的亚里士多德主义经院哲学，曾对但丁一代的早期托斯卡纳诗人产生过影响，这种影响在文献中班班可考。此外，与一个普遍流行的看法相反，人文主义者其实并不反对方言，也不曾试图去废除方言，实际上却是在培植和提高方言，使之成为代表了中世纪和文艺复兴时期特征的双

178

语文化的一部分。我还强调过，为正确理解不同的哲学家或其他作家，我们不仅要研究其作品，也应研究其生平与职业活动，他们曾经学习和任教的学校和大学的课程表，其著作在同时代学艺分科中所居的地位，其不同作品所隶属的文学类型的传统，最后还有他们所用术语的意义、出典和起源。

我一生都在为学术本身而从事学术研究，不为追求个人的或政治的目标。身经两次移民，侥幸存活下来，靠的全是国际学术界和学者团体那种休戚与共的团结意识，以及大家对工作本身所持有的客观的评判标准。任何能做出贡献的人，都是受欢迎的。在意大利和美国，我都能找到朋友和支持者，这都是因为他们赞赏我的技能和知识，而不是因为喜欢我的长相或性别，种族或宗教，民族背景或政治主张。我的职业生涯是建立在身为学者和教师的工作之上的，靠着哥大以及其他研究机构、学会和基金会（包括美国学术团体协会）的支持，我才能把自己的工作做下去。我心目中的人文科学，当时还是所有的学院甚至比较好的中学所授课程中不可分割的一部分。在获得学位之前，研究生就有希望能在学院里教书。学院给大部分行将跨入商界或从事不同职业的学生提供了一种共同的文化背景，而且还给未来的研究生提供了充实的预修课程（包括各门外语），这样他们就能在为写论文而开始从事更加专门的研究之前，熟悉一下自己研究领域的一般情况。而且，那时在不同的学科之间至少还是存在包容精神的，每位专家对其他领域甚至本领域其他学派所作的贡献也乐意表示尊重。对学术上的代表人物，一般公众和新闻媒体多少也还是有些兴趣和敬意的。

可是，从 20 世纪 60 年代以后，情况就变得江河日下了。除非出现了什么轰动性事件，比如被严重不实地大肆报道的 1967 年在马德里发现达·芬奇手稿一事，一般公众和新闻媒体对于学术都持一种不闻不问甚至是藐视的态度。要么你研究的题目得和娱乐、旅游观光和金融投资挂点钩儿，比方说音乐史和戏剧，考古和艺术史，以及写本和善本研究这类题目，否则公众和媒体才不会搭理你呢。中学入学和毕业的门槛在不断降低，已经降到近乎消失，现在的高中毕业生连最起码的读写和算数技能都没能掌握，这种情况早已屡见不鲜了。最近以来，各大学院甚至许多很有名的学院，居然连亟须英语和作文辅导的学生都照收不误。高中甚至学院颁发的文凭，只被看成是谋得高薪工作的敲门砖，似乎没有人再觉得，这样一种文凭是要靠掌握一定数量的知识和技能才能获得的。到目前为止，各校的研究生院都在设法维持其标准于不堕，可是如果新生的预备程度持续下滑的话，这些研究生院究竟哪个还能挺多久呢，这尚待未来才能见分晓。在学术界中，因其地位显赫，以及在技术应用方面公认的有用性，自然科学各科还能保持其水准，虽然某些不太实用的领域，比如纯粹数学、理论物理学和分类生物学，还是没能得到应有的支持。至于社会科学各科，过去曾以历史研究为基础，做出过杰出的贡献，可是现在却渐有去历史化的（dehistoricized）倾向，越来越将其发现建立在统计学、调查问卷或民意测验这类可疑的证据之上，全然不顾事实与目标或价值之间存在的根本差别。社会科学在界定、预测和解决社会政治问题上提出野心勃勃的主张，这些主张虽然错的时候多，对的时候少，但却被一般公众，甚至被许多哲学家和其他学者信以为真，这就进一步造成了公众和学界对人文科学支持率的下降。

结果，人文科学的很多代表人物就将其研究重点转向当代的历史和文献，这类题目当然不该被人忽视，但是它们经常不要求研究者具备深入研究的严谨性，而这种严谨性在研究更早时期的历史和文献时却是必需的。建立在耸人听闻的主张而非坚实证据之上的趋时理论广受好评，对政治、意识形态或宗教目标的鼓吹，被公然宣布成可以取代真凭实据的提出。反历史的偏见四处流行，迫使史学研究处于守势。在学术界的权力游戏中，赶时髦的人和所谓思想家往往比严肃认真的年轻学者还要吃香，为那些不再被人需要或不再被人认为有用或有趣的学问而设立的职位也在日渐消失。在不止一个领域中都能看到一种迹象，受过科班训练，对某些专业能够胜任愉快者的数量，不分年龄，在整个国家中已经变得屈指可数。

我们目睹了一场相当于文化革命的运动，完全比得上中国的"文革"，甚至比之更糟。中国人已经多少克服了他们的"文革"，可是我却看到许多迹象表明，我们这里的文化革命正在越变越糟，在不远的将来丝毫没有会被克服的迹象。我们当前处境的一个征候，是我们的公共讨论甚至学术讨论水平之低下，大家经常不顾事实或证据，不作理性的讨论和争论，也不管自己是否前后一致，这种景象实在令人震惊。漫骂经常替代了有理有据的讨论。每个利益集团都要求立即采取有利于自己目标的行动，动不动就诉诸吵闹的示威游行甚至暴力行动。我们需要的是对一切有关事实和论点的细心点验，然后作出在相关的不同集团和利益之间可以达成公平和解的理性抉择。我们没能认清，与很多无法解决（至少现在）的问题混在一起的，还是有一个我们可以信赖的，可以约束我们任性的思想和行为的知识坚核。我们反倒是碰上了一股四处弥漫的宣称任何意见都和其他意见一样好或一样有理的怀疑主义或相对主义的歪风。任何五年前或最新时尚发布前说过的东西，都被认为已经是老得不可救药，"传统学术"已经变成了一个贬义词。我始终坚持这样一种观点，就是学术并不是停滞不前的，而是不断累积的，遥远过去的很多思想和观点对于现在和未来来说，可能还会是有趣而且有效的。有多少重要的课题在最近五年的文献中根本连提都没有被提到过啊。

我们那些相对主义者声称，词语没有固定的意义，过去某个作家拿它们来指什么，决定权完全操在我们自己手中。就像《镜中奇遇记》里的矮胖子（Humpty Dumpty）一样，他想让一个词有什么意义，大家就得照他这个意思去理解那个词。我自然乐意承认，词语的意义是随着时间在改变的，新词产生的同时，旧词就会消失。但是，我们能够而且必须得依靠各种相关语言中形成的词典编纂学的牢固传统，其中也包括那卷帙浩繁的《牛津英语词典》，这一传统会告诉我们在某一时代的某一语言环境中，某个词对于某个作家来说到底是什么意思。通过原始文本和文献的直接证据，再辅以千锤百炼的历史学和语文学方法，我们就能反驳某些明显的谬误。除非能被原始文本证实，任何仅仅建立在译文和二手文献上的解释，都应该弃如敝屣。在紧盯着那些我们能够解决的问题的同时，应该抛弃那种认为凡是能够解决的问题都是微不足道的，以及所有重要问题没有思辨就无法解决的观点。历史和哲学的世界是一道谜题，只能通过不断增加新的问题和答案，然后修正以前的问题和答案，慢慢地得到解决。也许有人会说，宗教信仰超越了世俗知识的界限，但在人类知识的范围之内，被经验和理性所确定的事实，是不会被那些声称自己掌握着更高真理的或传统或时髦的意见所驳倒的。

我不知道未来会发生些什么。不仅教育和学术，对经济、法律和政治的未来，我的预期都是悲观的。像卡珊德拉一样，希望我说的都是错的。

我一直信守那些奉行了一生的方法和信念，而那些最近被人提出来要取代它们的东西，没有一样可以让我口服心服。对众多奉行我们的方法和理想的年青一代学者，我祝他们好运，他们会一如既往地订正我们的成果，给我们的知识增添新的内容。在这样一个打根儿起就敌视学术和学问的世界里，他们要想获得承认，必须付出比我们还要多得多的辛劳。希望今天我也是代表他们在说话，因为他们是担不起说出自己心里话的后果的。同样，我也希望美国学术团体协会能利用其影响力，与人文科学国家基金会一起，支持人文学术和研究，帮助人文科学捍卫它在大学和学院里以及在学校和公共世界里的地位，说不定还能收复近年失去的一部分阵地呢。

对过去的美好时光，我不存丝毫幻想（那时也有那时候的问题），我也很清楚在这个复杂的、非理性的，而且在很大程度上（与很多人想的完全不同）已经超出我们掌控的大千世界里，强加在哲学、科学和学术上面的各种限制。有时候我不免会想，我这如大多数人一样经历过各种阶段的人生，是不是有点儿像康斯坦茨湖上的骑手，当他骑过的冰面于身后开始消融时，他正好安全地抵达了彼岸。

但我坚信，就算历史已经从眼前消失，但它依然是真实的，这就是我一直热爱历史，尤其是热爱哲学史和学术史的理由。历史学者的职责就是让历史长存不失，公正地对待那些失败的人和被忽视的人，至少是他们身上那些值得被后世记住的地方。

（高山杉　译）

1991
弥尔顿·巴比特
（普林斯顿大学威廉·舒拜尔·柯南特荣休教授）

　　弥尔顿·巴比特（Milton Babbitt），1991 年查尔斯·霍默·哈斯金斯讲座主讲人，1916 年生于费城。他在密西西比的杰克逊的公立学校、纽约和普林斯顿的大学受教育。他的音乐作曲的启蒙导师是罗杰·西申斯，他私人追随西申斯学习了三年。现在他是普林斯顿大学的威廉·舒拜尔·柯南特荣休教授，在普林斯顿大学，他的教师生涯始于 1938 年，包括从 1942 年到 1945 年的三年作为数学教员的一员。他也是朱莉娅学校的作曲教员，并且在 1988 年是哈佛大学的弗洛姆基金访问教授。

　　自从 1959 年起，巴比特教授作为哥伦比亚——普林斯顿电子音乐中心的指导委员会的发起人与成员，在耶路撒冷的罗宾学院、威斯康星大学、纽约大学的驻地作曲家项目担任访问教授。他曾经在美国国内和奥地利、澳大利亚、加拿大、英国、德国（达姆斯塔特）和墨西哥的许多大学和音乐学校教学、主持讨论与演讲。他是美国艺术与文学院的委员，也是美国艺术科学院的院士。他的荣誉包括：两次纽约乐评人奖（1949 年、1964 年）；国立艺术文学院奖（1959 年）；布兰戴斯大学金奖（1970 年）；国家音乐奖（1976 年）；普利策奖特别奖（1982 年）；乔治·皮博迪奖（1983 年）；麦克阿瑟学者（1986—1991 年）；美国艺术文学院音乐金奖；密西西比艺术文学院音乐奖；古根海姆学者。他接受了来自米德尔伯里学院、纽约大学、斯沃斯摩尔学院、新英格兰音乐学院、格拉斯哥大学、西北大学、布兰戴斯大学和普林斯顿大学的荣誉学位。

巴比特教授的文章出现在诸如《新音乐透视》《音乐理论杂志》《音乐季刊》和《配乐》这样的期刊上，也出现在包括《当代音乐理论透视》《勋伯格和史特拉文斯基透视》《音乐学透视》《当代作曲家论当代音乐》《交响乐作曲家观点》《音乐史的二十世纪观点》《当代美学》和《关于音乐的话语》（德姆博斯基与斯特劳斯主编）等文集里。他的新近作品包括：钢琴与交响乐队的协奏曲、变形的音符（为费城交响乐团而作）、更多六重奏的乐趣（为小提琴与钢琴而作）、旋转系列（为萨克斯管与钢琴而作）、合奏（为 5 个演奏者而作）；他的音乐的最新录音包括：片断 (by Parnassus,on CRI)、为吉他而作（by David Starobin, on Bridge）、床头（on New World Records）、群组，一个伊丽莎白式六重奏和时间系列（on CRI）、六重奏和更多六重奏的快乐（on New World Records）和寡妇的哀恸（on Nonesuch）。

哈斯金斯讲座于 4 月 25 日星期四晚上在乔治敦大学举行，作为美国学术团体协会 1991 年年会的一个组成部分。

我很高兴，也很荣幸将我的演讲置于"学问生涯"这个正在进行中的标题之下，但出于所有精准与必要的现实考量，我必须再加上一个保护性的子标题"特定年代的作曲家"，因为作曲家如何在有学问团体的有学问的头面人物面前证明自己出场是正当的？特别是学问这个字眼在音乐史上只以最具辩护性的与最漂泊不定的角色出现与隐没，在诸如有学问的写作或者——更特殊地——有学问的对位法这样的表达式里，这个字眼通常暗示着落伍、做作，甚至是枯燥。在 18 世纪的法国，确实出现过这样一个稍纵即逝的时刻，当时学问这个字眼被用来标识一种与"大众"迥异的"品味"。显然，作曲被视为"学问"，是因为人们认为要理解作曲需要某些音乐知识。但是这一精英的区分，并没有，也不可能，在（大革命的）断头台之下幸存，在那之后也从未复活，确实，从未复活。后来，古德曼所谓震撼—浸没理论取得了持续的胜利，这一理论——在运用于音乐时——要求音乐是人们的镇痛剂，是不会成瘾的忘忧药。

我可以在历史上挖掘得更深，并且斗胆提醒诸君注意，在中世纪的课程中，音乐是四艺之一。但是这一课程，像那之后所要求的许多课程的一样，早就被放弃了。并且，无论如何，考虑音乐在四艺中的同伴：算术、几何和天文。即使这一课程得以存留至今，音乐也必定因为忝居这一席位而负疚良多，因为出于显然更加社会学的而非方法论的理由，没有哪种概念能够比"数学"更直接、更自然地保证音乐加入"学问"的行列，并且首要的是，保证音乐跻身"学术"，但最终却造成了音乐的损害和出局。

但正是因为学术，我们今晚才聚集到这里。我相信，得知就在你的教职员工中间有作曲家在，这并不奇怪，也并不令人难堪，更不是大学沦落的进一步证据。显然仍然有人并未意识到我们的存在，还有甚至更多的人并未意识到我们存在的意义和原因。但是，在我们的时代与我们的国家，没有什么证据比以下事实更能表明音乐作曲在智识与制度上的重新定位：我们作曲家的压倒多数受过大学教育，和／或是大学老师，并且——由于这一以及其他原因——大学已经有意无意地、直接间接地成了不仅是作曲家们的恩主与天堂，而且是所有严肃表现形式的音乐的恩主与天堂。在这个国家，这一事态开始于 20 世纪 30 年代这一关键时期，后来为第二次世界大战所打断，而在战后得以加速与扩展。

更早之前还存在着在这方面启蒙发愚的孤立观点，但是，爱德华·麦克道威尔（Edward MacDowell）[1] 于 20 世纪早期在哥伦比亚大学的命运是音乐在学术共同体中状况更加典型的例

---

[1]　爱德华·麦克道威尔（1860—1908），美国作曲家、钢琴家。

证。麦克道威尔当时刚刚从欧洲学成音乐归来——这是那个时代美国作曲家的习惯旅程——他算不上是个天生的激进派，无论是在音乐上还是在其他方面，因此他决定——用他自己的话来说——"科学地、技巧地教授音乐，力图培养出在教学与作曲两方面都将胜任的音乐家。"但是哥伦比亚大学的新任校长尼古拉斯·莫瑞·巴特勒（Nicholas Murray Butler）至少在这方面略微超前他的时代，他为未来大学行政管理层对待音乐的态度树立一个样板，他反对麦克道威尔的观点，相反，提出了被麦克道威尔描述为"男女同学的杂货店"的在师范学院里设立音乐系的主张。巴特勒胜利了，麦克道威尔辞职了。

这时，距那带来了在欧洲与这个国家之间思考音乐的方式的突然逆转的大变革还有 30 年，与此并不完全同步的是，这一变革也在这一旅程的终点将我带到了我的主要停靠港，使得我的音乐学术生涯在年代上与这一全新的音乐时代以及随之而来的作曲家角色几乎立即的改变同其命运。

至于我，我在 1934 年肇始就转学到纽约大学的华盛顿广场学院，乃是因为一本书，一本按现在流行的标准看来显得像是谦逊的代用品的书，但它是本世纪[1] 写的关于 20 世纪音乐的第一本书，它的标题就叫《二十世纪音乐》（*Twentieth Century Music*）。作者是玛丽安·鲍耶（Marion Bauer）[2]，一个生于瓦拉－瓦拉（Walla-Walla）的美国作曲家，曾经在法国学习，后

---

[1] 指 20 世纪。

[2] 玛丽安·鲍耶（1882—1955），美国作曲家、教师、作家、音乐评论家。

来回国在这里教书并且——必定得到了允许——收集整理了关于音乐的新闻报道的片段和其他零碎，装进一部书里。但是这部出版于 1933 年的书展示了来自勋伯格（Schoenberg）[1] 的《期待》（*Erwartung*）和《月迷彼埃罗》（*Pierrot Lunaire*）、克伦内克（Krenek）[2] 的钢琴音乐、晚期斯克里亚宾（Scriabin）[3]、卡塞拉[4]（Casella）和其他很少甚至没有在这个国家演出过的音乐的令人垂涎的例证，而且这部书还难以搞到手来研习。在这部书里，不知道的姓名俯拾皆是，所以，一个来自密西西比的年轻人，他对当代音乐的好奇心与胃口刚刚在对他母亲的家乡费城的夏季探访中被吊了起来，他确定，如果正如玛丽安·鲍耶所强烈暗示的，她所讨论的作品需要认真对待，那么对音乐进行重新考量的时日必定也近在手边，而他希望自己在场。

在华盛顿广场学院，除了玛丽安·鲍耶的热情和音乐自身之外，还有其他刺激；那里有西德尼·胡克（Sidney Hook）[5]、威廉·特罗伊（William Troy）[6] 和早期的詹姆斯·伯恩哈姆（James Burnham）[7]。伯恩哈姆和威尔赖特（Wheelright）的《哲学分析》（*Philosophical Analysis*）那时刚刚问世，期刊《症

---

[1] 勋伯格（1874—1951），奥地利—美国犹太裔作曲家。

[2] 克伦内克（1900—1991），奥地利—美国作曲家。

[3] 斯克里亚宾（1872—1915），俄国作曲家、钢琴家。

[4] 卡塞拉（1883—1947），意大利作曲家。

[5] 西德尼·胡克（1902—1989），美国实用主义哲学家。长期执教于纽约大学。

[6] 威廉·特罗伊（1903—1961），美国作家、教师，当时执教于纽约大学。

[7] 詹姆斯·伯恩哈姆（1905—1987），美国哲学家、政治理论家。早期是马克思主义者，美国托洛茨基运动的实际领导者之一。当时执教于纽约大学。

状》（*Symposium*）也已出版。但是，对于一个年轻的作曲学生而言，压倒这一切的是，正好在我到纽约的三个月之前一点儿，阿诺德·勋伯格抵达了这里，他从柏林启程，取道巴黎，去往波士顿教书，但不久就定居纽约。勋伯格是率先做了很多事的那些人中的一个，包括在这些海岸上登陆，但是不久克伦内克、兴德米特（Hindemith）[1]、史特拉文斯基（Stravinsky）[2]、米约[3]、巴托克（Bartok）[4]和其他不那么出名的拉骚斯（Rathaus）[5]、斯库劳斯（Schloss）[6]、皮斯科[7]、沃尔皮[8]就步武他的后尘，他们所有人全都对超过上四分之一世纪所形成的当代音乐这片错综复杂地镶嵌起来的领域有所贡献。他们并不全都置身于形形色色的不同音乐前沿去奋力拼搏，在他们中间甚至还有保有堕落之前纯洁的人（例如雨果·考德尔）[9]，这些人确信，无论现代音乐走向哪里都是走错了路。但是几乎所有这些作曲家都成了学院和大学里的教师，而在欧洲，如果有教育经历的话，他们也只教过音乐学校。而正是这一事态的突然而即刻的发生，导致

---

[1] 兴德米特（1895—1963），德国—美国作曲家、中提琴家、小提琴家、教师、指挥家。
[2] 史特拉文斯基（1882—1971），俄国—法国—美国作曲家、钢琴家、指挥家。
[3] 米约（Darius Milhaud, 1892—1974），法国—美国犹太裔作曲家、教师。
[4] 巴托克（1881—1945），匈牙利作曲家、钢琴家。
[5] 拉骚斯（1895—1954），德国—奥地利—美国作曲家。
[6] 斯库劳斯，生平不详。
[7] 皮斯科（Paul Amadeus Pisk, 1893—1990），奥地利—美国作曲家、音乐学家。
[8] 沃尔皮（Stefan Wolpe, 1902—1972），德国—美国作曲家。
[9] 雨果·考德尔（Hugo Kauder, 1888—1972），奥地利—美国作曲家、教师、音乐理论家。

复杂旋绕的当代音乐创作道路跨越大洋，来到美国，并在音乐的关键时刻几乎彻底改变了我们的音乐环境。曾经的海外音乐婴儿现在成了新旧众多传统的主人和守护者。在所涉及的双方，新认知的不可避免的震撼，和对深层不同的正式非正式的环境条件的意识：欧洲音乐家已经听过了我们没能听到的东西，并且受到了这些东西的影响，但是没有在他们的假期学校里学到我们在我们的大学里学到的东西，无论是在音乐之中还是音乐之外。

当我在 1935 年从学院毕业时，我选择仍然待在纽约，并且私人向罗杰·西申斯 (Roger Sessions)[1] 学习作曲，他虽然也是美国大学的产物，却在欧洲待了大约八年，只是最近才回到这个国家。他的作曲在这里被认为是复杂甚至是可怕的，而实际上是欧洲作曲态度和思想的产物，这些作品富于技巧，精致繁复，具有高度个人风格。他曾经写过关于勋伯格和申克尔 (Schenker)[2] 两位的文章，这两位可能影响了我决定待在这里，他们以前已经影响过我，他们还影响到欧洲"音乐的危机"，西申斯希望看到与听到这一危机在这个国家得以化解。不久，西申斯开始执教于普林斯顿大学，我于 1938 年加入那里的教工队伍，与他一起工作。甚至在追随他进行密集私人学习的那三年里，阿诺德·勋伯格的强有力的在场，或者更精确地说，是

---

[1] 罗杰·西申斯 (1896—1985)，美国作曲家、音乐评论家、音乐教师。
[2] 申克尔 (1868—1935)，奥地利—美国作曲家、钢琴家、音乐评论家、音乐教师、音乐理论家。

勋伯格的音乐的在场，影响了，甚至是指引了我，正如指引了其他许多人一样，虽然有些人被指引着走上了完全不同的方向，尽管如此，所有这些音乐仍然很难得听到，而勋伯格自己也已经穿越整个大陆移居到了加利福尼亚。

当勋伯格抵达纽约时，他以其创作成就远比其他任何作曲家更能体现音乐所走上的革命性道路。很容易断言，虽然这也有点准确，他是个犹豫的革命者，一个不由自主的革命者，却不是不顾他的音乐——当然啦——的革命者。"革命者"这个名号也许有点夸张，甚至有点欺骗：它也许暗示音乐胆敢反映如此牢固树立的表达式的魅力——"物理学革命""哲学革命"，但是当我急于避免这一对音乐造成了如是损害的不专业的、跨学科的模棱两可的任何暗示的同时，我也发现没有证据显示，其他领域曾经经历了比这更根本的、更广泛的观念变化，这一变化如此之巨地影响了这个领域的实践者与这个领域的关系，甚至影响了他们与音乐实践之外的世界的关系。甚至有人确定这场革命的第一枪是勋伯格的 1908 年第二弦乐四重奏（*Second String Quartet of 1908*）的最后乐章，他们甚至暗示，勋伯格自己也在这一乐章的女高音的歌词中暗示："我感到了另一星球的气息"，因为所有这些歌词都是斯特凡·格奥尔格（Stefan George）[1] 写的，最终，勋伯格选用了它们。

---

[1] 斯特凡·格奥尔格（1868—1933），德国诗人、出版家、翻译家。

他后来的作品中有许多现在已经为人们所熟悉，包括《五首管弦乐小品》（*Five Pieces for Orchestra*）、《期待》（*Erwartung*）、《月迷彼埃罗》（*Pierrot Lunaire*），这些作品和其他一些有待问世的作品不久就被冠以"无调性"（atonal）的名称，我不知道那是什么东西，我也不想知道，因为这个名称绝不具有意义。不仅音乐使用"音调"（tones）这个字眼，而且音乐还恰恰使用这同一个"音调"这个东西，使用这同一物理材料，音乐已经使用它们有大约两个世纪之久了。即使从最宽泛的角度考虑，"无调性"也许是作为温和的分析性导出的术语来暗示"无重音"或者指称"非三元音调"的，但即使如此，仍然存在着无穷多的事物，而音乐并不是这些事物，音乐是什么，最好用诸如"自同构的""脉络结构的""自我指涉的"以及其他术语来描述，所有这些术语都同意，音乐的特性就在于它如此地依赖脉络，以至它对于自己的初始条件高度敏感；这些术语也用音乐自身内部，这就是说，每部作曲内部的关系和进程来定义音乐的模式。后来，勋伯格描述他在这一时期的工作过程是"以音调来作曲"和"以一个主题的音调来作曲"，这两者提炼的不是等价的特征，前者暗示，作为一种参照规则，作曲是音类的集聚，后者则暗示作曲是这样一个集聚的登记在册的、暂时的例示，但是两者都肯定了个别作曲的结构的高度自治本质的概念，而且两者都将作曲家置于这样一个地位：对一首乐曲进行构思的观念必定就是属于这首乐曲的观念。

　　几乎恰好就在勋伯格的第二四重奏面世之后，他在维也纳时的学生威伯恩（Webern）[1]和贝尔格（Berg）[2]创作出了分享相对独立自足性质的作品，不久，不属于这一内部圈子的作曲家的作品也开始出现。"范式转换"在继续。我斗胆使用这一字眼并不是为了给予我以前的同事汤姆·库恩[3]（Tom Kuhn）以他所不屑的锦上添花，也不是为了表明音乐总在或是曾经"遵从这一规律"，而是因为这一概念在描述勋伯格的新音乐的微妙影响时会带来启发。几乎立刻就有人尝试修补旧范式，他们试图用旧的、熟悉的术语来描述，来"理解"新的、陌生的事物。但结果只是创造出了一幅不连贯的、不令人满意的熟悉事物的图景，导出了合乎规范的结论，要么是这种音乐"无聊"，要么是这种音乐需要不同的解释。在此我们谈论的是关于这种音乐的演讲，在某种意义上是理论，所以我想回到关于音乐理论的意义的话题上来。但是有一段时间，无论是这种音乐还是对这种音乐的观察都没有广泛传播的影响，有的只是困惑的惊异和尖刻的敌视。这种音乐对于这个国家的作曲家似乎很少乃至没有影响，但是勋伯格自己确实受到了这种音乐——他的音乐的极大影响，这种音乐仍然在许多方面迷人地难以驾驭。我之所以这样说，是因为大约从四十岁的时候开始，这位作曲家有十年痛苦的时期，没有写出像样的作品，而他此前不仅写作了那

---

[1] 威伯恩（1883—1945），奥地利作曲家、指挥家。

[2] 贝尔格（1885—1935），奥地利作曲家。

[3] 汤姆（Tom）是托马斯（Thomas）的爱称。托马斯·库恩（1922—1996），美国物理学家、历史学家、科学哲学家。

些"成问题的"作品，还写作了诸如《升华之夜》(*Verklärte Nacht*)、《古列之歌》(*Gurrelieder*) 和《佩利雅斯与梅利桑德》(*Pelleas und Melisande*) 这样"传统"的早期作品。他后来曾经说起过在创作陷于停顿之前不久所写的那些作品，他说他当时的感觉是，他（和威伯恩与贝尔格），运用那些作曲手段，不可能创作出具有"足够长度和复杂性"的作品。"复杂性"这个字眼在这里分外刺眼。如果你想的是数量的复杂性，确实，很少有作品有他的《五首管弦乐小品》里的第四和第五首那样在每一平方英寸里或者每一实耗秒时间里那么多的音符，这只是举个例子。显然，他指的是那种结构的复杂性，那种调性音乐在其前后相继的包摄的能力里，在其累积的容纳的能力里，所显示的关系的丰富，如果一部作品要作为统一的整体，作为"一阕音乐的全体"最终得到理解，得到体现（entified），音乐记忆就要求这种能力。人们必定会推论勋伯格未能发现这样的结构复杂性，这样的他的版本的音乐和谐在作曲中的实现，尽管他的作曲有着新鲜而迷人的局部关联、新颖的旋律和配器模式、相互结合的和谐结构，却未能达到这样统一的实现。在这沉默的十年中，他前行去追寻，不是用言辞，而是用音乐的作为，去追寻一种新的综合，一种真正新颖的音乐结构的观念。

在此，也许我应当抱歉——由于我已经签约今晚到这里来呈现出我的自传的某个方面，而我似乎呈现的是勋伯格的传记。但是我呈现的是混杂了许多我的自传的他的传记，并且至少如果没有对于那些前所未有的事态发展的简略回顾，我自己的活动似乎听起来也是置身于检疫隔离区里的真空之中。

　　勋伯格始于 20 世纪 20 年代中期的作品，以及威伯恩和贝尔格在那之后不久的作品，所体现的是一种音乐结构的观念，这一观念从根本上改变了原来音乐维度的层级结构。这个观念起源于一个基本的认识，即音乐行进在时间里，此一观察出于不以乐评为专业的 T. S. 艾略特。那些展现了如是组织特征的作品通常——太过通常了——被命名为"十二音"或者"以十二音体系作曲"。勋伯格特别反对"体系"这个字眼，因为，在他对英语的多少特殊的观点看来，这个字眼对他意味着命令与规范，会与诸如轮盘赌中的输赢"体系"这样的表达式联系在一起。而他自己确实将这一观念描述得好得多，他将此描述成"以仅只彼此相关的十二音来作曲"，或者由吹毛求疵的美国人补充扩展成："仅以彼此相关的音类来作曲，这些音类构成了成员序列。"注意到这些所谓"无调性"作品的独立自主、初始依赖脉络的特征得以保存，但是所共享的特点现在体现在"序列"这个字眼里，因此是音列的。因为这一共享的音类形成的模式确实是音列关系——非反身的、不对称的、可传递的，而对它的作曲诠释通常主要是时间性的，虽然并非一定如此。我们的同事莱布尼茨（Leibnitz）曾经断言，"时间就是秩序"；由此我保证自己可以不推出错误的推论"秩序就是时间"；但是大多数人在理解十二音的情况下经常会犯这样的错误，但是音乐也在空间中呈现出秩序，并且正是以序列的这些表象来呈现，由音程保持操作来予以变形，新的共识就基于此，因为勋伯格热情地尝试恢复共同的实践，但是这是新的共同的实践，以便为作曲家和听者重新赢得共识与独占的交织，分享与独特的交织，在伴随着易于受到作曲内部规范影响的进程的偶然与必然的结果中体现出来。

当勋伯格抵达纽约时，他的名字远比他的音乐更广为人知，因为我们没有机会听到他的新近作品，而我们能够研究的只是他新近总谱中的少数几部，其中一部，一首钢琴作品，是在他抵达这里两年前写的，刚刚由加利福尼亚的新音乐出版公司（the New Music Edition）出版发行，而不是由奥地利的音乐出版公司发行。这家出版机构习惯在每部作品中包括作者的传记与演出经历的附注，但是在出版勋伯格的作品时，编者写道："阿诺德·勋伯格已经要求我们不要发表传记或者关于他作品的音乐诠释，因为他和他的音乐观已经众所周知。"虽然勋伯格在纽约只待了几个月，但这时间已经足够充裕，令他发现被当作"他的观点"而为美国人众所周知的东西并非来自对他音乐或者甚至是对他言辞的了解，而是来自由报纸、杂志和教科书所创造与宣传的荒谬言行的传统。我希望，你们中的少数人能够回忆起，而多数人能够意识到，那个时代——20世纪30年代中期——的氛围，你们就不会在得知由相关的观察家做出的所谓"十二音体系"的讨论引起了荒诞的意识形态转向时感到奇怪。"它是否是'民主的'？"最终，由于所有十二个音类都被允许并被包括在音列中，包括在这样一部作品的参照规范中，自称的斗士们宣布，因此，"所有的音符都是自由而平等地创造出米的"，"一个音符，一张选票"；但是过去有人持有异议，他们宣称音乐"体系"是法西斯蒂，因为它强加了一种"秩序"，每部作品都对音类强加了一个"新秩序"。这后一主张在理智的复杂性上堪比一位著名的法国知识分子宣称语言是法西斯蒂，因为语言包括"主语""谓语词组"以及诸如此类的东西的主张；对于你们中那些关注文化调适迟缓的人来说，一个荷兰作曲家最近提出，序列主义（serialism）是社会主义的，基于与过去同样的含糊其辞。特别煞风景的是，在那些自称是"社会主义的"国家里，被他们贴上了——无论准确与否——序列的、无调性，或者十二音标签的音乐，都作为"资产阶级现代派""帝国主义形式主义"，或者"堕落的犹太音乐"而受到谴责与禁止。而那些关注职业调适滞后的人会注意了解，以假定存在的"规则"的形式提供的误解与歪曲越严重或者——至少——越做作，规范（的术语），宽容（的术语），经常伴随着最具有决定性的驳回的术语，"数学的"术语（"十二音"包含着玄奥的数学术语"十二"，这十二个"音调"就是自从巴赫的时代以来作曲家所使用的同样的音调）在那些除此之外都很用心的期刊里一直存留到今天，这些期刊的主要领域是文学或者政治或者文化。我所关注的，与其说是已经并且正在作出的这类误导的论断，不如说是这些论断反映了某些人如何明显努力在听这种音乐并且在他人倾听、理解和体验这一音乐时如何误导他们。所以，如果你恰好碰到有参考文献提到"勋伯格的十二音程"，请直接把这讨厌的文件投进休谟的（怀疑论）火焰之中。[1]

　　在这样的条件凑合之下，你不可能指望，在 1937 年，当科利茨弦乐四重奏团（Kolisch String Quartet）[2] 从欧洲移居到纽约，在其首场演奏中献演勋伯格的最新作品时，会有大量观众聚在这里。在 42 街图书馆的一间又小又吵的房间里，著名的《第四弦乐四重奏》演出了。这是十二音作曲的深刻新手段与革新性途径的一个异乎寻常的范例，就这些手段与途径可能达到的范围与限度而言，它们使得乐音相对关系的丰富多彩唾手可得，这一点被揭示出对于扩展到其他个人的实现发挥，以满足其他作曲家的音乐癖好，具有至关重要的含义和暗示。在这里不存在代替或者更改"调性"音乐的意图，也不存在教给老乐音以新技巧的意图，但是有创造另一种新音乐的意图，创作这种新音乐的例证已经存在，还将变得更加出色与迥异，不仅在表面上，还将深入表面之下。

　　当我于 1938 年开始在普林斯顿教书起，就很少有学院的或者教学的理由来夸示我涉足十二音音乐的事情。音乐系是新成立的，而且——严格说来——甚至不是一个系，而是艺术与建筑系的一个分支，我不希望给焦头烂额的系主任再增加负担了，我不想自己被确认为是个音乐上的不从国教者，特别是被学院

---

[1]　休谟认为，事物在时间与空间中的重复相继发生并不必然意味着彼此间存在因果关系，此处意为：对于提到"勋伯格的十二音程"的文章，应当以休谟的怀疑论精神予以理会。

[2]　科利茨弦乐四重奏团，1920 年代创立于维也纳，是首先演奏勋伯格作品的乐团之一。

共同体的那许多成员和他们的太太作如是观，他们从不就自己对于音乐的权威见解保持缄默。即便如此，当我给予他们机会来发泄他们那被冒犯的美学时，这一时刻终于来临了。我的一首无辜的小弦乐三重奏曲在受到音乐部门资助的音乐会上演奏。好了，它没有被完整地演奏：这是一首三乐章作品，而演奏者是一个相当知名的弦乐四重奏团的三名成员，他们也是新近移居到此的，他们并不真正相信一个无名美国作曲家的能力，所以他们决定，首先，不演奏第一乐章，并且，其次，不演奏第三乐章，只留下了一首孤单的小慢板。但是，在这样的时间地点，这首谦逊的乐章还是给我的系主任造成了某种难堪，现在，他被揭发出庇护着一个不再隐伏的音乐无政府主义者。所以，我试图证明我除了离经叛道之外还拥有其他才能，我为一个意大利教堂风格的（*a cappella*）合唱团写了一首后雷格尔[1]（post-Regerian）风格的作品，名为《弥撒音乐》（*Music for the Mass*），是常规拉丁弥撒各个组分的背景音乐。这特别可以解释为什么在一本名为《对美国之鹰唱小夜曲》（*Serenading the American Eagle*）的新书里，作者为探索他的主题而提到这一作品时称之为《大众音乐》（*Music for the Masses*），他的主题是，在那些年代，没有人——甚至包括我——不在追求无产阶级政治，即使在我试图仅仅尝试学院政治时也是如此。《弥撒音乐》获得了由被认为是非常保守倾向的哥伦比亚大学专门委员会颁发的一个

---

[1] 雷格尔（1873—1916），德国作曲家、钢琴家、管风琴家、指挥、教师。

奖，这是麦克道威尔之后很久了。

在我开始执教到被第二次世界大战剧烈地打断之间的几年教学生涯中，以一种音乐句法来指导学生，而以另一种音乐句法来作曲，这与其说是精神分裂，莫如说是——我斗胆这么说——有益的共生。必要的检验和自我检验加入了一次进入崭新而在很大程度上未经检验的领域的冒险，这一领域仍然只有很少作曲家冒险探索过，这些检验引进了对于音乐及其关联的术语学概念的方方面面的反思，正如这种检验曾经在传统音乐和理论中对这些概念如数家珍，在这里，术语被允许在一片模棱两可的沼泽地里轻易而不受批评地滑进滑出。例如："音区"；"音类和这样一个音类的音高成员"；曾经被当作独立原始事物的性质证明是导出的，而作曲的和感知的敏感性安排记谱法上四个独立的音乐维度——音高、速度、力度、音色的结构，每个主题对应不同的音阶，完全想象的音乐作曲的仅有而丰富的资源之一要求彻底的重新检验。

对我们关于过去音乐的思索和反思还存在另一个强有力的影响，这个影响着陆并安居在这个国家，与勋伯格进一步确认美国是个音乐熔化锅，甚至是个音乐焊接锅差不多同时，勋伯格认为美国之所以如此是由于音乐理论和音乐活动达到了空前的水平。我最好可以从逸闻掌故开始讨论这一主题。钢琴家兼作曲家艾德华·斯图尔曼（Eduard Steuermann）[1] 在欧洲的时候

---

[1] 艾德华·斯图尔曼（1892—1964），奥地利—美国钢琴家、作曲家。

跟勋伯格关系密切，勋伯格很多作品的首演都是由他担纲钢琴。1939 年，他移居纽约，我跟他不久就成了很要好的朋友。新来乍到，他说起美国来总是带着唯恐无知的小心。有一天晚上，聊到最后，他总算是了放松了一点儿，说道："要说美国还真是奇怪。过去在维也纳，有那么一个小个子怪人，老在僻静地方显摆自己那套分析图表，可是没人懂。威伯恩说他懂，可是谁都知道威伯恩其实也不懂。现在，在这里，他居然成了家喻户晓的名人。"这个"小个子怪人"是海因里希·申克尔（Heinrich Schenker），这幅对他不完全客观、温和讥讽的肖像反映着斯图尔曼所栖居的音乐世界与申克尔及其学生与门徒所栖居的音乐世界之间的分裂。说申克尔在这个国家是个家喻户晓的人物，这是言过其实，但是在纽约的某些音乐圈子里，他已经成为被吹捧的人物，就像勋伯格的情况一样，名字比成就的内容广为人知得多。他的写作范围覆盖大约三十年的逐渐演进的活动，像勋伯格的音乐一样，很少有人理解，又难以读到，并且全都以德文写成，但是像勋伯格一样，他在这里也很快由那些曾经跟随他或者他学生研习而得以了解他作品的人们所代表。将勋伯格圈子的作曲家与申克尔圈子的理论家区分开来的意识形态敌对并没有进口到这个国家。例如，罗杰·西申斯确实是当代作曲家，他写了一篇论述申克尔的研究文章，他还撰写了论述作曲家克伦内克和兴德米特的更加世俗口味的著述，所有这些文章都出现在一份名为《现代音乐》（*Modern Music*）的杂志上，尽管如此，对于申克尔而言，音乐（或者，至少，伟大的音乐）终结于勃拉姆斯，而他曾经将他早年的、但已经富于穿透力的对贝多芬第九交响乐的分析题献给"德国作曲的最后大师"，对申克尔而言，"德国作曲"意味着所有作曲，而最后的作曲大师是勃拉姆斯。申克尔从未改变过这一判断，尽管后来他又工作与生活了二十三年之久。我已经活着目睹了申克尔的分析方法从离经叛道到近乎僧侣圣职、从革命性到被接受的地位改变。范式转换的概念与此相关，因为申克尔的分析已经在很大程度上更动、取代和吸纳了过去的分析理论。从斯图尔曼提到的"图"，你或许会误以为那是某种准数学的程序，但是它不是这类东西：它是一种解释理论，通过相继地更加广泛的和嵌入的，但是一般而言平行的结构层次来追踪整部作品的音高进程。对我而言，除了它的其他成就之外，它过去是，现在也是最强有力的假设：关乎音乐记忆如何进行的，关于一个恰当装备起来的听者如何感知、概念化三元一组的调性音乐。以前的理论，从巴赫的时代起就是指导作曲的基础，主要存在于从过去在微小局部的实践中抽象出来的规则，经常还加上了混合着想当然的普遍性的一文不值的东西。然后就开始向那几个与脉络无关的模式的巨大跳跃，这些模式是关于维度上同步重复的，规范地采取这些模式来定义音乐"形式"。在申克尔的分析理论中，从细节到整体都不存在这样的突然断裂。他的理论的明白无误的解释的范围和解释的完备，这一理论赋予作曲以其他理论未尝揭示的恒一不变的特性，这一理论为它自身尚未明确认识的进一步的洞见提供了框架，所有这些特点在在都使得这一理论最终的影响力变得不可抗拒。以前从未有过这样的尝试，因此也没有取得过这样的成就。由申克尔的思想所孕育的晚近出版的文献，主要是由美国人撰写的，业已堆积如山，而且仍然源源不断。这些文献，有的是把申克尔的观点应用于其他作品，有的是对他的观点做方法论方面的进一步分析与精炼、修正、辩驳，不赞成某些人把"实然"业已发生的个例暗中推演成"应然"的普遍规律，就好像过去的用语成为格言。因为申克尔集中分析的只是那几个由他供奉在万神殿里的作曲家，这大概也是维也纳人的"神秘天才"的另一例证。他的评价从未得到逻辑一贯的阐述或者甚至清楚的推演，也不是他推演出如下预测的基础：不再可能写出更伟大的音乐了，就此他甚至不惜拒斥那些分享他意识形态趣味的人的志向。

虽然今天已经难得有一本基础教科书不提及申克尔的分析（这是一种半个世纪以前尚不广为人知的方法），至少得在口头上提及，第一代申克尔专家只能缓慢地进入学术主流，还要面对比当年那些来自海外的作曲家们所面对的更多反对。我很幸运能遇见并师从奥斯瓦尔德·约纳斯（Oswald Jonas）[1]和恩斯特·奥斯特尔（Ernst Oster）[2]，前者是申克尔的私人学生，也是一本首先披露他方法的书的作者，后者是前者的学生，后来成为许多著名女艺术家的地下精神领袖，这些女艺术家希望隐匿她们的理智志向。我与他们两人都过从甚密直到他们过世，但

---

[1] 奥斯瓦尔德·约纳斯（1897—1978），美国音乐理论家、音乐学家。
[2] 恩斯特·奥斯特尔（生卒年不详），约纳斯的学生。

从未讨论过 1897 年之后写作的音乐。

这一在申克尔的分析所关注的音乐与 1909 年之后勋伯格及其他人所追随的音乐（很快就成了若干种音乐）之间随年代逐渐发生的分离，并不能掩盖申克尔与勋伯格之间的文化亲和性。他们两人都寻求将他们与过去联结起来的纽带，通过使他们自己确信他们只在最低程度上损害了过去的信念：申克尔是通过乞灵于 18 世纪的理论作为他的真正先驱，而勋伯格则是通过将传统等同于他自己来使他自己等同于传统。最后，申克尔和勋伯格两人都属于维也纳，属于一种类型，他们竞相拥抱这座城市的过去。所以，在 1926 年，申克尔写信给兴德米特说："你最好有勇气宣布当代音乐是全新的，而不要试图将它锚泊在过去。"他也许是夫子自道，说的是对他的理论的被颠倒过来的预测，但是没有涉及这一理论的意义与价值，特别是如果人们将"全新"理解为概念新。然而，当我们在 20 世纪 50 年代一边研究与教授过去的音乐，一边创作"新音乐"时，在教学中带上了大量申克尔式的思想成分，我们发现，正像我们对当下音乐的想法影响了我们对过去音乐的想法一样，我们对过去音乐负有义务的想法也深刻影响了我们对自己当下音乐的想法。在建构一部整体的调性作品的结构作为平行过程的以前的扩张与纳入的明证——在 18 世纪的经常程式化的指导中只勾画出了少数几个这样的过程——时，我们意识到这种过程只能在音高维度上进行。形成的序列原理，被理解为时间的秩序，最终暗示的不仅是这样的维度之内的平行，而且还是维度之间的平行，再加上认识到速度领域乃是（并且一直总是）易于受到音程形成音阶的影响，几乎完全类似于音高领域。存在其他的，其他许多的，跨越系统边界的跳跃，以在一部作品的进程内将回顾与前瞻混合在一起的手段予以翻译的方法，强化和反映获得对作曲的知识的认识论条件，就好像这种条件在时间里展开一样。音乐结构必定是在观者的音乐记忆之中。对听者来说，当下的事件擦去了过去事件的记忆，听者为他自己在一种真正的认识论的、非新闻报道的意义上创造出了随机音乐，没有事件间相互影响的音乐。

在 20 世纪 50 年代，对这些事物、这些意识、甚至这些紧迫性（因为作曲家面临着新的和令人困惑的选择）的讨论在私下里发生，限制在有些教室里，难得来自讲台。对于作曲家与理论家来说，印刷的专业沟通的媒介一个也不存在。我论述十二音序列主义的第一篇文章必定只包括对这样甚至在当时也为人所熟悉的、而现在是"老式的"概念的简略讨论，这些概念诸如组合（combinatoriality）、推演（derivation）和普遍化累积（generalized aggregates）等等，我在那些战争年代里发展这些概念，从那时起，这些概念一直塑造着我的作曲，这篇文章直到 1955 年才发表，当时只在英国发表，脚注也是为英国加的，发表在一份短命的英国期刊上。但是在 1957 年，《耶鲁音乐理论杂志》（*Yale Journal of Music Theory*）创刊了，这份杂志在头几年由阿兰·弗特（Allen Forte）[1] 编辑，他自己的写作

---

[1]　阿兰·弗特（1926—2014），美国音乐理论家、音乐学家。

（我请各位特别留意）受到了申克尔的写作和勋伯格的音乐的巨大影响。所以，仅仅几年之后，《新音乐透视》（*Perspectives of New Music*）开始发行，言辞的大门敞开了；文章涌出了斗室；关于音乐的负责任的、言之有物的思想和写作改变了非流行音乐社会的气氛。几年前，我向音乐理论协会（the Society for Music Theory）（现在是个巨大的、繁荣兴旺的协会）的年会发表演讲，我感谢理论家们聚集在一起，他们除了取得了许多实质性的成就和治疗性的成绩之外，他们还使我有可能停止作为业余理论家的生涯，而作为业余作曲家重返我的全职假期。

这是自我保护的也是感谢的姿势，因为理论家的专业，取代了那些理论教师的专业，那些教师强制执行来自自我复制的教科书的原则与规范，理论家的专业已经成为不仅是学术上设置的，而且在音乐上有影响。我们现在第一次处于这样的境地：为你们其他大多数人所熟悉。言辞的出版物已经如此繁荣，使得我们不仅不可能读完所有相关的文献，而且甚至不可能确定我们最能获益的读物是什么，哪怕只是作为贪婪的只顾自己的作曲家。就音乐写作绝不局限于申克尔式的或者序列主义的主题。相反，正像你对一个本质上新颖——或者年轻——的领域所期望的那样，这里有从其他领域寻求指导的不断尝试。信息论、结构语言学、人工智能、联系论（connectionism）、科学哲学、文学批评的迅速变化中的许多思潮，所有这些都被选来提供帮助。但是这些尝试，甚至当它们有启发时，主要服务于揭示这样的理论和技术的局限和甚至不适，这些尝试是为别的功能设计的，试图把握音乐关系的多维度分支。

虽然申克尔和勋伯格都意识到了彼此在维也纳的存在，但他们显然都没有意识到聚集在美国这里他们的小圈子周围的仍旧是维也纳的圈子。维也纳的文字和精神也在 20 世纪 30 年代进口到这里，并且形成了我们的维也纳三角的第三边，不是特殊的专门术语，而是风味与目标，正如依瑟雷尔·希福勒(Israel Scheffler)[1] 的言辞所教导的那样："无论主题涉及什么，要有坚持已见的责任；对于人文学科或者其他任何学科，这种责任都没有假期。"在音乐史上第一次有关于音乐的论述花了几天这样的假日，并且已经承受了这样做的后果。

我们中那些足够不谙世事以致被构陷进与不专业的交流沟通工具的交往中的人们，经常十分恼怒，甚至总在恼怒。我也是如此。在 20 世纪 50 年代，当时我暑期在坦格尔伍德(Tanglewood) 教课，我受到邀请在周五下午为那些到得太早的旅游者举办一个非正式的讲座，他们是专门为准备参加由波士顿交响乐团在周末献演这一令人心旷神怡的文化事件而来的。有人建议我谈谈当代作曲家的虚幻世界——他的环境背景、他的问题、他的支持模式（主要问题），我照办了。这一讲座被一份不靠谱地命名为《高保真》（*High Fidelity*）的杂志的编辑偶然听到了。他请我把这一讲演写下来发表：我拒绝，他坚持，我投降，我过去是个懦夫，现在还是。我给这篇文章起的标题是"作为

---

[1]　依瑟雷尔·希福勒（1923—2014），美国哲学家。

专门家的作曲家"，并非以此鉴别出作曲家必然陶醉于其中的角色，而是鉴别出他在其中发现他自己的角色。这位编辑，不具备我的知识并且——因此——不具备我的判断，用更加"刺激"的标题取代了我的标题："谁在乎你是否在听？"他拟的标题很少反映我的文字，而根本不反映我文章的精神。尽管所有这些令人作呕的粗俗标题的真实来源已经通过许多途径被披露了许多次，甚至——最终——是由犯错的杂志自己披露的，但是我与其说作为你可能在乎也可能不在乎听的音乐的作曲家，不如说还是作为"谁在乎你是否在听？"的作者更加广为人知得多。并且，尽管这篇文章以"谁在乎你是否在听？"的标题在被编入了许多文集之后，终于以我原来的标题被编入了英文与德文的文集，然而，最近就在上周，将"谁在乎你是否在听？"归属到我名下的文字仍然出现在这个国家最妄自尊大的报纸上。

在我一生中，学习的过程从未像我在哥伦比亚—普林斯顿电子音乐中心（the Columbia-Princeton Electronic Music Center）作为我的音乐的命运的掌握者的年代里那样高要求和富于启迪意义，这些年代始于 1959 年，当时洛克菲勒基金会将其实质性的祝福置于我们身上，早在大约二十年前，我就已经伸长耳朵，瞪大眼睛在关注电子媒介，当时我试图在手写声迹的媒介上作曲，这已经在 20 年代在欧洲——主要在德国——发展起来作为源于录音自身的意识的结果：除非你是话匣子中音乐精灵的坚定信奉者，无论所记录的是乐器、人声或者任何声音来源都可以被移植到碟片或者胶片上，而无须这类实际声源。这在胶片上是由一种描绘与照相的混合技术完成的；所缺少的就是作曲家，他们需要充足的媒介来使自己掌握一种难以驾驭的新乐器。但是对于大多数作曲家来说，它表现出只是一种几乎难以置信的可能性，技术上神秘而所提供的资源还不能与需求相应。所以，这一技术并没有在音乐中引发一场革命；音乐思想中的革命还需要技术手段。

我的短暂的并不特别幸福的与手写声迹相伴的时光终结于第二次世界大战。虽然这场战争强化了我在作曲上的节制，但我能够设想我自己通过一个作曲的新阶段，一系列音乐思想实验（*Gedanken Experimente*）围绕着著名的在速度与音高领域之间的同构性——不仅是形式的，而且是经验的和实验的——进行。这些必定带领我超出想象的作曲，达到想象的演奏，达到——在那个时代——不可能的演奏。对于演奏者，音高的产生是非常不同于相继持续、相继时间间隔的产生的。涉及"测量"持续的精神上的想象已经颠覆了太多节奏上复杂的当代作品的演奏，因为这与按一个键，或者捺一个孔，或者揿一个活瓣来产生音高那样的半自动手段相反。所以当我作为普林斯顿数学系的成员之一度过部分战争时期，从而私下接触到约翰·冯·诺依曼（John von Neumann）[1]有关即将到来的计算机世界的最早的半公开的思想，他强调的是"智能的放大"，这并不是扩展这样一个观点：超前想象在计算机里有一个拥有放大的

---

[1] 约翰·冯·诺依曼（1903—1957），奥地利—匈牙利裔的美国数学物理学家，对于数学、物理学、经济学、计算机科学等多个领域均有杰出贡献。

智力的执行者，即使它被缩小到只有机械的放大，因为计算机的时间世界已经远远超越了你所能想象的音乐里所需要或者所能用到的任何范围。

但是，战争刚刚结束，计算机还没有准备好承担控制声音产生的任务。能搞到手的就是磁带机器。虽然这基本上是个贮存媒介，近似手写声迹，但它要容易操控得多，来自电子的和其他声源的声音可以储存在磁带上，这些声音可以被分割成片断，而这些片断精确再现了可测量的时间持续。尽管这一媒介对于处理声音与文字的细微技巧太敏感，正如早期电影陶醉于汽车向后飞驰得与向前一样快，跳水者从水里跃上跳板的镜头一样，等等，等等；但是不久就有知名作曲家在磁带上工作，这些工作反映了不能以其他方式得到满足的音乐需求。我必须强调，这些需求之一并不是仅仅产生"新声音"的欲望。例如，无论交响乐队演奏的许多方面当时和现在是多么令人不满——其中最重要的是那些"实用的东西"，这些东西使得当代乐队保留剧目中的重要组成部分不可能由美国交响乐队来演出——并没有作曲家不满意交响乐队的纯粹的声音。作曲家也没有转向那些技术上要求更高的新媒介，因为他们并不知道在音乐上还要作其他什么；他们准确地知道他们希望作什么，也知道只有通过使用电子媒介才能准确地作什么。

对我来说，这意味着不使用磁带媒介，而是等待具有更大范围、灵活性和有效性的乐器。我不得不等待了超过十年，其间为器乐和人声创作了对我而言代表我的新开端的作品，而那些20

世纪 40 年代后期和 50 年代早期的作品仍然是教科书所引用的仅有的（我的）作品。在 50 年代中期，RCA 的大卫·萨尔诺夫[1]实验室（the David Sarnoff Laboratories of RCA）的工程师们不知怎么听说了有作曲家单调乏味地剪辑磁带以创作乐曲，这种乐曲不能由声学乐器及其演奏者实现。所以，就像是赠给萨尔诺夫将军的一件生日礼物，他们着手进行演示，演示了一伙工程师加上大约五十万美元的材料和劳力能够产生出什么。这就是马克 I 型电子和声器（Mark I Electronic Sound Synthesizer），他们用它制造了一张电子仿真唱片，这张唱片模仿标准乐器，演奏的主要是真实音乐。偶然听到这张唱片的听者的反应可以理解，那就类似于塞缪尔·约翰逊（Samuel Johnson）[2] 的音乐对杂技小狗的效果。但是当 RCA 的某人发现有他们甚至在 RCA 也听说过的作曲家参与其中，他们能够穿透超出工程师的调制策划，达到这样一部人工制品的潜能，RCA 不声不响地建造了一部精致得多、也"普遍"得多的机器，马克 II，正是这部机器在 1959 年最终安装在哥伦比亚—普林斯顿电子音乐中心，经过用这部机器进行了四年研究之后，我使用这部机器生产了我的第一部电子乐作品和我的所有其他电子乐作品。

这台巨大的机器，在尺寸上，甚至在外观上都类似它那时最大的主结构计算机，不过它绝不是计算机，它不能咀嚼数字；

---

[1] 大卫·萨尔诺夫（1891—1971），美国商人，美国广播电视事业的开拓者，1919 至 1970 年多年间担任美国广播公司（RCA）的领导人。

[2] 塞缪尔·约翰逊（1978— ），出生于澳大利亚的演员。

它没有储存（就此它可能很感激）。它在最完整的可能意义上纯粹完全是声音合成器。它不是也不能被用于演奏乐器；它是一个可编程的装置，在这里音乐事件的每个方面（音高、包络、频谱、音量）和与下一个这样详细说明的音乐事件相继的模式以二进位码被操作者（在我的情况，是被我，作曲家）引入了这台机器，以控制模拟世界的最复杂者。一个事件可以在任何时间点被详细说明，而诸事件的一个后继就简单储存在磁带上，最终与任何数量的其他事件相结合从而将诸后继综合起来。最终的音乐只能从扬声器播出时才能被倾听。任何可以详细说明的音乐事件或者事件的复合体都可以被制造发生在任何指定的时间。这台机器作为媒介中最消极与最全面者，并不"作曲"，甚至在据说演奏者就最完整记谱的乐曲所作的"作曲"的范围内也不作曲。这台机器就音乐复杂性，或者程式，或者风格的程度并无偏倚——无论这些定义不清的术语会意指暗示什么东西。因此，说到电子音乐就只是说到用电子手段生产的音乐，不多也不少。合成器提供与展示的是那些巨大而神秘的音乐资源，超出了通过传统乐器和唯独人类演奏者所能生产的音乐范围。手从来也不能快过耳，但是电子乐器能够把握速度，同样能够把握时间分辨，把握音量和音色细分，可以把握这些东西到远超任何听者能力的地步。有学问的作曲家在从声响与节奏的摩擦声中创作音乐时必须得学，并且仍然在学的东西是新音乐的边界的限度，是人类听者的内在能力，这些能力关乎对每一音乐维度及其混合物的感知和概括。由于电子媒介，作曲家与演奏家的角色变得无法摆脱地相互融合在一起，而只有扬声器介于人类作曲家与人类听众之间，与此同时，作曲家能够体验如下特殊的快乐：头脑里带着乐曲的构思进入工作室，最后手里带着录好演奏完成的作品的磁带离开工作室。只是在进入与离开工作室之间可能要度过数周、数月甚至数年时间，这段时间里充满了尝试、谬误和磨难，但是也充满了独特的满足。

我在贝尔实验室的朋友希望引诱我用计算机来进行音乐创作，他坚持说我愿意进行与合成器的战斗只是因为我拥有托马斯·爱迪生（Thomas Edison）对机械的天分。我当然没有这种天分，但是我可能有做这份工作的耐心。

还是在好多年前，后勤的和环境的压力使得我必须放弃我用合成器进行的工作，并且——自从我无意于再次从头开始计算机音响合成——我回到了完全非电子媒介。当然，在我进行电子乐创作的年代，我也继续为传统乐器和人声作曲，并且我还在半打作品里将这两种媒介结合在一起。随着（因为）我从我与合成器共度的生涯中学到了很多关于音乐的东西，我也从我与演奏家共度的生涯中学到了很多东西并还将继续学习，有时，我的音乐受人指摘的演奏困难经常来自我试图将电子媒介的灵活性输入传统乐器和乐器合奏的愿望。在这里，起阻碍、禁止作用的元素是我们传统的、不适宜的、笨拙的记谱法，这种方法将复杂性的视觉外观强加于容易理解的音乐现象。因此，我一再感谢那些克服了这一和其他许多困难的演奏家们，他们使我的音乐能够为人们听到。

像今晚所揭示的这样，我在音乐学问中的生涯好像意味深长地开始于我光辉的大学时代，但它实际在我五岁时在密西西比的杰克逊（Jackson, Mississippi）的公立学校就开始了，在那里的每一天，在六个年级的每一个年级，我们都受到了音乐指导，这种指导不是讲关于音乐神童莫扎特的故事，也不是从留声机里向我们倾泻音乐（是的，弗吉尼亚那里有留声机），而是读、唱和奏音乐，这样最终我们获得了至少最低限度的音乐文化。这样正式的音乐环境的力量要么已经消失，要么正在迅速消失。例如，我凑巧发现，在 1974 年，纽约市的 92 万名公立学校学生有大约 2200 名音乐教师，十年之后，就只有 793 名音乐教师了；我不敢猜想这一数字在过去的七年中下降得多么厉害，还有其他的城市、市镇和乡村。我们的小学生们被遗留在悲惨的非正式的音乐环境中，在这样的环境里，日复一日，他们和我们在他们的音乐成长的最关键时刻被湮没与窒息。

由于音乐文化回报如此之低，如此不受重视，任何人都没有什么意愿从如此低的音乐程度上起步攀登。

当我进入学术世界时，曾怀着这样的希望：像我的在其他创造性智力领域工作的同事们一样，我也会被允许并——即使偶尔地——被鼓励去追求责任最为重大的、知识最为广博的解决疑难的专业历险，并且，作为教师（特别是在一所主要是艺术与科学学科的大学）去试图培养专业的听者而非业余批评家。但是，这一任务并没有为许多我的同事学者的实例所强化，他们难得能给音乐上的谦逊作出表率。我在其他时间其他地点已

216

经用文献证明了一群捣蛋人物对音乐的目空一切的傲慢，这群人物包括一个文化历史学家、一个全能的计算机高手、一个自称的博学者、一个社会学家、一个语言学家、一个法学家，所有这些人都被认为是在某一领域在学术上令人尊敬的。时间不允许对这些可悲可笑的傲慢自大进行展示，我只能希望，展示之后，你们会大笑。但请允许我仅仅提供一个例子，这个例子不像其他，并不涉及专门知识，而只涉及预知。这个例子来自恩斯特·贡布里希爵士（Sir Ernst Gombrich）[1]，他在一本论述卡尔·波普尔爵士（Sir Karl Popper）的哲学的书里没有被问到就无根据地断言，他"在报幕一首现代作品时就会起身离开（音乐会）"。在这个最多元化和碎片化的音乐时代，现代作品到底是什么？除了创作的时间之外，甚至同一个月，或者同一天，或者甚至同一个作曲家写的两首作品也不大可能分享什么东西。因此，我被迫得出结论，恩斯特爵士必定预订了学术时间表服务，这一服务向他提供了每一被报幕作品的历史年表。

我曾经怀疑这一傲慢的强度和范围是受到了那幅无可否认令人困惑的、也许甚至是致人混乱的图像的诱导，这幅图像是当代音乐世界呈现给外来者的，特别是呈现给那些浅尝辄止者的，但是我错了：似乎是音乐自身甚至以最好的意向引起了最大的错误。几年前，我要出席一次专题讨论会，在会上，我要对一位美学家提交的一篇论文作出回应。我在就要开会前非常

---

[1]　恩斯特·贡布里希（1909—2001），出生于奥地利的英国艺术史家。

短的时刻才收到这篇文章，并且发现它只谈到了视觉艺术，只字未提音乐。但是它不断地征引约翰·斯图亚特·密尔（John Stuart Mill）。在绝望中，我抓住了这条线索，并且高兴地发现，首先，这段振奋人心的有关理智德行的论述是由密尔在一篇论述圣安德鲁斯（Saint Andrews）的讲演中说出的："我们在学习中的目标必定是，不仅要了解某个能够被了解的事物，而且要了解这一事物将是我们的主要关注，但是要做到这一点，还要对人类旨趣的所有伟大主题有所了解，要关注精确地了解某些事物，要在我们精确了解的事物与并非如此的事物之间画出分界线。"其次，在他的自传中，行为的这一标准因此被应用于音乐，一如他在基本原理中教导我们的："八度音阶只包括五个全音和两个半音"（对一个谬误的术语学上业余的陈述）；"它们只能以有限数量的方式被组合在一起"（计算错误）；"在这些组合中只有很小比例是美的——它们中的大多数，似乎对我而言，必定已经被发现了"。所以，通过应用某种前博克霍夫[1]式的美的测量法（pre-Birkhoffian measure of beauty），密尔写于1873年的这些文字为贡布里希提供了科学理论基础，使他言而有据地把"现代音乐"延伸回溯到勃拉姆斯的中期作品。

　　如果我们作曲家，想要就自己在现今文化界里地位的高下做进一步的求证，我们只需要看一下由教授们兜售的"文化人名单"。这份名单声称是汇编了"所有识字的美国人的共识"

---

[1]　博克霍夫（1884—1944），美国数学家。

（汇编这类名单的那些人实际上是在相互称引，这种只是稍加掩饰的自我吹捧，我在此处暂且不论）。没有活着的作曲家出现在名单上；也没有如勋伯格、威伯恩或者贝尔格这样的已故作曲家。至于美国作曲家，我只要指出这份名单包括威尔·罗杰斯（Will Rogers）[1]，但是没有罗杰·西申斯;包括汉克·阿隆（Hank Aaron）[2]，但是没有阿隆·科普兰（Aaron Copland）[3]；包括吉米·卡特（Jimmy Carter）[4]，但是没有埃利奥特·卡特（Elliott Carter）[5]；包括巴比特（Babbitt）（标题），但是没有……

已故的保罗·弗洛姆（Paul Fromm）[6]，少数真正的音乐业余爱好者之一和当代美国音乐的稀有私人赞助者之一，写道："我有一份深湛的渴望，渴望生活在这样一个地方，在那里，音乐的意义被视为人们文化理智生活的一个不可或缺的部分，在那里，我们时代的音乐的维系与发展是一份被深刻感知的责任。"我也这样认为。

（覃方明　译）

---

[1]　威尔·罗杰斯（1879—1935），美国牛仔、轻歌舞剧演员、幽默作家、社会评论家、电影演员。

[2]　汉克·阿隆（1934—　　），美国职业棒球运动员。

[3]　阿隆·科普兰（1900—1990），美国作曲家、作曲教师、作家、指挥家。

[4]　吉米·卡特（1924—　　），美国政治家，1977—1981 年间任美国第 39 任总统。

[5]　埃利奥特·卡特（1908—2012），美国作曲家。

[6]　保罗·弗洛姆（1906—1987），芝加哥的犹太裔美国酒业商人，创立了弗洛姆音乐基金会资助音乐创作。

1992
唐纳德·威廉·迈尼格
（锡拉丘兹大学马克斯韦尔学院地理学教授）

唐纳德·威廉·迈尼格（Donald William Meinig, 1924— ），
1960 年后任教于纽约州的锡拉丘兹大学（Syracuse University）
地理系，1990 年任该校马克斯韦尔学院（全称为 Maxwell
School of Citizenship and Public Affairs）地理学教授，2004 年
退休。主要作品有《哥伦比亚大平原: 1805—1910 年的历史
地理》(1968)、《美国的形成: 从地理角度看美国五百年历史》
(四卷，1986—2004)。

受邀来做哈斯金斯讲演，我即便真有过这样的念头，也会
觉得可能性很小，比受雷击的可能性还要小。我感到惊诧莫名，
直到此刻也没能完全恢复平常心，不知能否如约给出一番条理
分明的讲话。

我想，我被挑中，只有一种可能，那就是我在美国属于稀
有物种——历史人文地理学家。肯定是有人提议说，不妨见识

一下这种生物，看看他怎么介绍自己，听听他怎么干上了这么一种莫名其妙的行当。在美国，地理学家属于濒危物种。只要看看他们在这座校园（芝加哥大学）里的处境就知道了。地理系成立于九十年前，曾是芝大研究院历史最悠久、实力最雄厚的一个系，现在却被削减成了一个委员会，地理学家所剩无几，而且只能聊度余生，无法在本校培养后继人才。这种现象并非个例。对此，我还会多说几句。多年以来，地理学教席削减了不少，可学校的行政人员仍不肯罢休，依旧虎视眈眈，随时可能发动突袭，把我们从昂贵的学者队伍中清理出去。在他们眼里，我们就是一群拙守可欺、不合时宜的家伙。虽然我本人从未遭受这种灭顶之灾，但美国地理学家们无不感到这种危机的存在。

我自幼喜好地理，但一开始并不知道还能靠这个谋生。当我第一次从山上的农舍向外眺望时，我的职业生涯就开始了。那座小山俯视着华盛顿州东陲的一座小镇。那是我人生的第一站。我的出生，也是美国史上两股移民大潮交汇的结果（我们地理学家就是这么解释这种事件的）。1880 年，我祖父母从德国萨克森州的一个小村出发，沿着亲友走过的路径，来到了美国爱荷华州。祖父原是鞋匠，到美国后，干了一段时间的老本行，后来又在铁路上找了个苦力活，不久买下一座农场。他有三个儿子，我父亲排行最末，也是唯一在美国出生的。就在这三个儿子快要长大成人的时候，祖父听说华盛顿州的肥沃农场比爱荷华州便宜三分之二，便于 1903 年搬到那里，买了一片四百多英亩的地，安下了家。我外祖父母一个生在纽约上州

(upstate New York)，一个生在现在的西弗吉尼亚州。两人在明尼苏达州相遇，生了我母亲，同年搬到华盛顿州东部，落脚在我们农场山下的小镇上。外祖父在镇上经营保险和不动产业务。外祖一家不是拓荒者，他们搬去的地方刚经历了拓荒之后一两代人的时间，正值欣欣向荣之际，但他们几乎都没有沾上这繁荣的边。一段时间之后，我的姨舅和他们的子女们大都加入了下一股移民大潮，去了西雅图、塔科马和俄勒冈州西部。

从我们农场望出去，南面和西面是急遽起伏的童山，北面和东面有几座孤峰，远处是爱达荷州丛林茂密的群山。这里属于帕洛斯地区东陲，是这一带有名的产粮区，地貌别有特色，地形和构造在地貌学界小有名气。要是来对了日子，尤其是快收割的时候，景色美不胜收。但对我而言，这里一年四季都散发着无穷的魅力。打记事起，我就陶醉在这片风光之中。我想知道所有那些地貌特征的名称，想知道它们的远处还有什么。曾经步行数里探索四周，也曾为眺望远方，爬遍了附近的山头。农场边有两条铁路支线，从谷仓旁的场地上抬眼就能望见。我迷上了火车，每天都要看火车，数车厢，认车头，破解铁路公司那些神秘的字母、徽章和名号，跟和善的站长们讨要列车时刻表和线路图来钻研。很小的时候，我就开始收集道路交通图，如饥似渴地阅读各地风土，尤其是那些遥远的地方。地理不仅是我钟爱的课程，更激发了我无尽的想象。地图，地名，地名在地图上的排布，以及河流，铁路，公路，各地交通，都能让我浮想联翩，至今还令我心驰神往。正如有些小孩会虚构自己

222

的玩伴，幻想自己的历险，还把这些历险写成故事，我也会虚构自己的地理。我编制铁路网，给线路命名，设计徽章、车头和时刻表，再把它们安插到地图中，标出山脉、河流和港口，每个地方都起了名字，还有符号标示各地人口数量。

但说真的，光凭这些兴趣，又能干什么呢？记得小时候曾信誓旦旦地说，我要做个"地理统计学家"。那是抱着兰德麦克纳利出版社的大地图册，钻研了好几个钟头，背过了 1930 年内华达州所有城市、乡镇、村落的人口普查数据之后，产生的一个抱负。但很快就泄气了。这有什么用呢？要是有人想了解这方面的信息，难道不会像我一样，直接找地图册看？用不着雇我呀。你看，虽然年龄不大，却知道自己空有技艺在身，没有用武之地。纵然是个活数据库，也无奈没人需要。

不过，动荡的国际局势很快拓宽了我的视野。从斯波坎市的报纸中，从卡滕伯恩[1]清脆快速的语调里，从《时代》的封面上，都能清楚地了解那些事件：意大利入侵埃塞俄比亚，日本进攻中国，西班牙内战陷入混乱，纳粹军队进逼莱茵兰、苏台德、但泽。第二次世界大战爆发了。

我从地图上跟踪着战争的进程。珍珠港事件几个月后，我中学毕业，准备穿过大山，到我们州最大的高等学府深造，以期将来能到美国驻外机构工作。从逻辑上来说，这似乎能将地理与历史、地点与事件结合起来，并有望真正见识海外世界。

---

[1] 卡滕伯恩（Hans von Kaltenborn，1878—1965），美国广播评论员。

当我回顾自己为此而做的努力时，很是后怕，因为我受的教育跟这个理想差距太大。我父母学历都不超过八年级[1]。父亲虽然天天看斯波坎市的报纸，但我不记得他读过什么书。母亲倒是读书不少，但除了她那本《圣经》，我们家几乎没有什么真正的文学作品。不过，他们认为我和姐姐想走多远就走多远，竭尽所能地鼓励我们。尽管没过多久我就认识到，20世纪30年代的日子还是相当艰苦的，但我从来没感到经济大萧条。我们家当时可能没有通电，没有自来水（即使在当地，我们家在这方面也是比较落后的，主要是因为父亲怕背债务），但我总能得到新书、铅笔、本子和上学穿的新衣服。我已经记不清在学校里学了什么，在学术方面打下了怎样的根基，读了哪些书。只记得英语语法训练做了不少，但伟大的文学作品只是零星地读过一点节选。至于历史课，只清楚地记得课程设置很可笑。中学时，华盛顿州突然下令，所有学生都得修一门关于华州历史和政府的课。我们没有教材，只好由音乐老师领着读华盛顿州宪法，心智自然无从开启。

这种小镇学校还不算差。我的基础科目学得很扎实，也没人逼着我力争上游。老师们虽然谈不上循循善诱，倒也尽职尽责。最出众的要数戏剧老师，年轻有才，刚从西雅图聘来（当然，雇她来主要是教我们打字）。她教得有声有色，我们也学得如醉如痴。就我们这个小学校，居然连续两年摘得全州独幕剧

---

[1] 即初中。

比赛头名。这下全镇轰动，凑足盘缠（大约三百美元），让我们坐汽车横穿中西部，到印第安纳大学参加全国决赛。我演一个小角色，也跟着跑了一趟。这次漫长的旅行成了我地理教育中的一个重要部分。我们老师很有想法，设计了很好的线路，不仅带我们参观了摩门教大礼拜堂[1]、皇家峡谷[2]、拉什莫尔山[3]和黄石[4]等名胜，还带我们去了芝加哥，在赫尔堂[5]住了一宿。换作今天，十六岁的乡下孩子恐怕更想住湖滨大道[6]的现代化旅馆。虽然很难弄清什么是"街坊文教馆"[7]，但到移民居住的贫民窟走走，到熙熙攘攘的麦克斯韦街市场逛逛，就足以对美国的城市生活产生崭新的认识了。

学校教育的不足，我最先感受到的是外语知识匮乏。考大学不用外语，只有当学生兴趣足够浓厚或有外语教师时，才会开外语课。我知道开过法语和德语课，但不是给我们那一级开的。上了大学，又觉得学习外语会耽误学业。后来才深刻体会到外语不好很麻烦。不过，我也没有为此懊悔不已。那时候，

---

[1] 又称盐湖城大礼拜堂（Salt Lake Tabernacle），位于犹他州盐湖城圣殿广场。

[2] 位于科罗拉多州，峡谷深邃，上有大桥横跨。

[3] 位于南达科他州，山石上雕有华盛顿、杰弗逊、林肯和西奥多·罗斯福四人的巨大头像。

[4] 位于怀俄明州西北部、爱达荷州东部和蒙大拿州南部的落基山山间熔岩高原之上。

[5] 赫尔堂（Hull House）是简·亚当斯（Jane Addams）1889 年在芝加哥创立的贫民区街道社会福利团体。

[6] 湖滨大道（Lakeshore Drive）在芝加哥市，密歇根湖畔。

[7] 街坊文教馆（settlement house）是为城市贫民区居民提供教育、娱乐等社会服务的场所。

凡是喜欢上学，喜欢校园生活的，都没觉得自己是个土包子，都知道外面那个更大的世界。这与我们所处的地理位置有关。华盛顿州立学院[1]和爱达荷大学离我们不到二十英里，我们经常光顾它们的校园。虽然那时常有中学生辍学，但大多数人都毕了业，每年还有一部分考上大学，我从来没觉得自己考不上。

现在回想那些成长岁月，虽然小镇教育有些缺憾，但也体验了鲜活的小镇生活，也算一种补偿吧（尤其是考虑到我后来从事的工作）。在美国，像华盛顿州帕洛斯这样的小镇，有成百甚至上千，但要想体会那种勃勃的生机，至少得回到1941年以前，因为战争改变了很多东西，战后更是天翻地覆，日新月异。20世纪30年代赶上经济大萧条，小镇生活却生机勃勃（至少我们这片地区是这样），说来也是个矛盾，至少是个悖论。粮价不高，但收成不错，很多人从饱受旱灾之苦的蒙大拿州和达科他准州搬来居住。虽然没人能大发其财，但很多人都尽力把日子过好。全镇不过一千一百口人，却有五十家店铺，若干医生、牙医和律师，一家周报，六座教堂。农场供货商们来来往往，每天有十列客运火车经过。镇上有座电影院，经常座无虚席。偶尔还能看到巡演团队和走街串巷的传教士，体育活动也丰富多彩。到了收获季节，周六晚上店铺都不关张，挤满了人，去晚了很难找到停车位。这段生活经历弥足珍贵，有助我真正体会美国很多地区在相当长的一段时间里的生活

---

[1] 华盛顿州立学院（Washington State College）已于1959年改名为华盛顿州立大学，非后文所说华盛顿大学（University of Washington）。

状况。

1942 年，我去了华盛顿大学。虽然只有十七岁，但已经知道很快就要参军了。男生们经常聚在一起，商量怎样才能去那些刺激的，至少是不太乏味的军事单位。我的很多朋友都向往登舰出海或翱击长空，我却不感兴趣，也怕退伍后被随意分到厨艺学校之类的无聊所在。考虑到我对地图还算懂得多点，就锁定了冬季课程中的制图学，跑到地理系报名。结果，那还是高级课程，学生都是海军后备军官训练队的。好在找系主任谈了谈，他同意让我修这门课，并加修一门基础课。这招奏效了。期末，我参了军，分配到工程兵部队当地形测绘员。基本培训结束后，他们发现我会打字，就让我干起了枯燥的办公室工作，再也没有摸过绘图笔。

我就不再赘述那辉煌的战争岁月了。我一直没有离开美国本土。三年的军旅生活，要说有收获，那就是自己成熟了，对驻外工作的兴趣也丝毫未减。美国军人议案带来了光明的前景。我还记得，自己带着那份未曾泯灭的天真，坐在枯燥的部队办公室里，写信索要哈佛、斯坦福和乔治敦的开课计划书，揣摩哪所大学最适合我。最后，我选择了乔治敦，因为它的课程设置最具体，又在首都华盛顿。我曾在华盛顿附近贝尔沃堡（Fort Belvoir）的军官学校待过，当时就曾造访过首都胜景。

尽管那时对大学的认识还很幼稚，但我没有后悔自己的选择。乔治敦大学外交学院的老师水平不一，但有几位一流的教授，而且，我的兴趣和热情也一直没有消退。那时上过大学的都知道，甭管在哪儿上，时光都是美好的。虽然课程紧密，师资短缺，但我们夜以继日，一年到头风雨无阻，有一种前所未有的成熟和认真。同学年龄从二十到四十不等，各阶层都有，人生经历更是千差万别。我没有上过小班，但一些大课也能让人心动，像卡洛尔·奎格雷[1]讲"文明发展史"，约翰·沃尔德伦（John Waldron）讲"莎士比亚"。上完第一学期，我回科罗拉多结婚，需要赚点外快，就找了份兼职，给恩斯特·赫·菲尔臣费尔德（Ernst H. Feilchenfeld）当助手。这位大学者是来美国避难的犹太人，在柏林拿的博士学位，曾在牛津和哈佛教书，后来定居到"耶稣会的乔治敦，享受其仁慈的专制"（这是他的原话），担任国际法和国际组织学教授。他主持的世界组织研究所实际上就是一个文件柜。他的精英顾问遍布全球，我除了打理他们的往来信件，还要坐下来听他谈天说地。他有些孤独，话比较多。我和他共事两年，可以说，我在乔治敦所受的教育，有一半是从他那里得来的，另一半则来自其他所有人。

身处这个新兴超级大国的首都，又在这么一个不同寻常的学院，心气自然很高。很多同学都加入了低级政府部门和机构的小型交际网络。不过，天空并不总是晴朗，乌云很快席卷而来。参议员约瑟夫·麦卡锡[2]和许多小麦卡锡们已经开了杀戒。

---

[1] 奎格雷（Carroll Quigley，1910—1977），美国历史学家。

[2] 麦卡锡（Joseph McCarthy，1908—1957），共和党参议员，20世纪50年代初煽起全国性反共运动。

驻外使领人员被打成叛徒，国务院日渐乌烟瘴气。我和很多同学一想到要为这样的政府工作一生，受其挟制，便感到心灰意冷。当然，其他一些因素也让我对驻外工作失去了兴趣。外交学院有一些实务课程，除了历史、行政和文学，还要学习会计、商法和领事事务。光是看看那些例行的工作，无尽的表格和章程，对国民和准国民们诉求的答复，就足以摘掉我少年时代给驻外工作戴上的光环。

转向哪里呢？我着实纠结了几个月，绞尽脑汁，琢磨自己最喜欢什么。铁路？我倒是见过华盛顿的几位铁路官员，但他们跟我描述的，无非就是做推销员，招揽货运生意。地理？读书了解世界？但怎么靠这个谋生呢？过了好久，我才恍然大悟，教授不就干这个吗？读书，研究，就自己最感兴趣的话题长篇大论——自由度很大，还有人不得不在下面听你讲。这么显而易见的一种工作，一开始居然没想到。既然茅塞已开，也就没有什么可犹豫的了——我要做个历史地理学家。我知道有一两本书有这么个说法，但不知道是不是真有这么个专业。问别人，别人也不清楚。我那时听了不少历史课，很感兴趣，阅读面也很宽，在地理方面积累了足够的知识，听历史课或读史书的时候，总能在脑子里想象出一幅地图来。当时常想，要是那些老师和作者在讲历史的时候能够配上地图，该有多么生动！

没人告诉我该到哪里读研究生，但我知道西雅图[1]有个地

---

[1] 指位于西雅图的华盛顿大学。如前文所述，作者参军前曾在那里读书。

理系很大，大一的时候在那里听过两门课，还和系主任谈过。而且，我和妻子也有点想念西部了。那个系不算很好，但我去了不久，新上任的系主任就带着几乎全新的教员掀起了一场革命，把地理系打造成了欧美世界最具影响力的"新地理学"中心之一。不过，在1948年，它的平庸无为还是有目共睹的。我一度想掉头去伯克利，但由于一些实际的原因，最终还是留在了西雅图。地理课任务不重，但帮我打下了良好的基础。我也尽量博览群书，在校园里四处游荡，寻找感兴趣的讲座和课程，听了一些难忘的课，其中就有乔瓦尼·科斯蒂根[1]的英国史讲座，堂堂爆满，只能站着听。不过，我最需要的还是那种扎扎实实的研究生史学研讨课。

我得感谢格雷厄姆·劳顿教授[2]的赏识。他当时对我帮助良多，之后又多有提携。劳顿教授是澳大利亚人，曾获罗兹奖学金[3]，此前曾在伯克利短期执教。我到华盛顿大学不久，见布告栏里有罗兹奖学金的申报通知，就报了名。劳顿教授知道后，全力帮我。我的研究论证书就凝聚了他的许多心血（记得当时填报的研究方向是西北非，有点异域色彩，主要是因为我发现相关文献较少，自己也对那片土地有些好奇）。在我们那边，罗兹奖学金通常是被里德学院[4]的才子摘得，这次也不例外。我

[1] 科斯蒂根（Giovanni Costigan，1905—1990），美国历史学家。
[2] 劳顿（Graham Lawton，1912—1997），澳大利亚地理学家。
[3] 罗兹奖学金是根据英国政治家塞西尔·约翰·罗兹（Cecil John Rhodes）的遗嘱所设，每年从英联邦和美国遴选学者赴牛津大学研修。
[4] 位于美国俄勒冈州波特兰的一所文理学院。

虽然没拿到奖学金，却得到了一位良师。

从乔治敦大学来的时候，满脑子都是奎格雷、汤因比[1]和麦金德[2]等人关于世界的宏大理论。地理老师们花了好一阵子，才把我拽回地球，脚踏到实地，并最终落脚在我的家乡——那个既不壮观也不广袤的帕洛斯地区。在劳顿教授的指导下，我开始了解英国和美国的历史地理。这方面文献不多，我很快就开始小试牛刀了。

起初，我找了一个便于操作的论文话题，权作练习，但很快就拓展成一项规模更大的工作，也有了明确的目的。我想把故乡放到历史中，看它怎样嵌入了美国的发展之中。这就需要开创一种全新的历史观，聚焦于土地和地点，而不是政治和人物。我想知道，早期的探索者关于各地区到底说了些什么，第一批农夫和市民最先在哪里落脚，然后带着我儿时熟知的那种生活方式向外扩散，直至开垦出整个地区。我干劲十足，踏勘乡野，遍访各地，研究老图旧志，翻阅地方报纸，从公共文献和私人记录中摘录数据。关于故乡，有很多问题需要深入了解，但我也已经掌握了一些重要内容。因为小时候做过农活，对农耕比较熟悉，也知道怎么畜养牲畜。按照帕洛斯的标准，我家的农场并不算大，但就我的研究目的而言，它的真实度最高，因为在我们那里，当别的农场都用上了拖拉机的时候，我父亲还在使用耕马。他爱那些高头大马，憎恶在当时农场中耀武扬

---

[1] 汤因比（Toynbee，1852—1883），英国社会学家、经济学家。
[2] 麦金德（Mackinder，1861—1947），英国地理学家。

威的各种大马力机器。我和马匹一同长大，很小就知道怎么照料它们，怎么给它们套上挽具，一道去田里耕作。所以，我接触的是更早甚至是古老的农耕世界。

我很满意这项研究，也想跟别人分享。我想写本书，让希望深入了解故里的乡邻们从中得到快乐和知识。虽然高估了自己的能力，但多年来也零零散散地收到一些来信，使我相信《哥伦比亚大平原》的确对一些人有所助益。

同时，我还想写一部能在专业圈内引起关注的作品，以展示历史研究中的地理视角和地域研究中的历史视角，并揭示这种研究的某些特点和价值。我觉得美国的专业地理很需要这种文献。关于人类地理和区域地理的著述大都是教科书，只会程式化地描述一套标准话题，很少关涉历史，也没有多少阐释性的内容。显然，就我最想知道的乡土知识而言，没有哪本地理书能给我一个答案。我觉得我这种研究方法是有价值的。它回答了我当时的绝大多数问题，我也希望它能启发其他人对其他地区做类似的研究。当然，这一次，我似乎又高估了自己的能力。

有段时间，我自己也想多做点这种研究，也确实写了一本书（刚才说的那本书当时还没写出来）。我那时申请到了富尔布赖特奖学金，去了澳大利亚的阿得雷德大学，格雷厄姆·劳顿在那里任地理系主任。阿得雷德北部有一片干旱地区，很多人到那里定居，开辟了澳大利亚最重要的小麦产区。虽在澳大利亚南部，却与美国西北部濒太平洋地区的小麦产区同时兴起，所用技术大致相同，且同在竞争利物浦市场，很有比较价值。常有人指责区域地理学家过于关注具体性和多样性，但任何地理学家的全球视野也都少不了相类比较和抽象概括。

不过，我没有再对农业区做更多的历史研究。两次"海外"经历改变了我的研究焦点和重心。一次是在澳大利亚。那是由另一支说英语的拓荒者在整片大陆上建立的国家。很多澳大利亚人乐于宣称这是美国海外"最具美国特色"的地方，大多数美国人似乎也欣然接受这种说法。虽然这种说法不无道理，但我感受更深的还是两国之间的差异。借助这些差异，我更清晰地认识了自己的国家。我在阅读、研究、实地考察和总体观察中，感受最深的是两国人口总体构成上的差异，即澳大利亚人的同一性和美国人的极端多样性。这一点在二战后尤为明显。战后，很多移民漂洋过海，从欧洲大陆来到澳大利亚，其中就有德国人、荷兰人、波兰人、意大利人、希腊人和马耳他人，澳大利亚人口开始像美国那样出现了多样性。这些移民虽然数量不多，却明显地给澳大利亚生活带来了一种新的多样性和生命力。澳大利亚的评论家、小说家和剧作家们，都注意到了个人、家庭和社会在移民、文化适应以及同化过程中的诸多变化，而这些话题在美国已经有了百年的历史。这让我对美国社会的种族和宗教复杂性所带来的动力、活力、创造力和独特问题有了更深刻的认识。

另一次所谓的"海外"经历也与此相类。我的职业生涯开始于犹他大学。我当然知道盐湖城是摩门教的总部和象征。我们都知道大礼拜堂唱诗班[1]，也隐约知道他们的独特历史，如一夫多妻制、布里格姆·扬[2]、大迁徙到黄沙万里的西部等。但当我带着妻子和襁褓中的女儿来到盐湖山谷时，并没有真正意识到我到底是到了一个什么样的地方。我们都被划成了"外邦人"（Gentiles），这是从来没有想到的。我们在不知不觉中进入了一个二元社会，这里的人要么是摩门教徒，要么是外邦人（当地俗语"犹他州是唯一把犹太人看作外邦人的地方"就是这么来的[3]）。这种区分并不显著，却无处不在。两类人日常生活交织在一起，乍看没有什么区别，没有公开敌对，每类人内部还有许多细分，但你总能感觉到彼此是两路人。摩门教徒与外邦人的区分似乎无处不在，给犹他生活增添了一种独特的兴致、风味和特色。你慢慢还会认识到，当地的城乡景观也与周边不同。农耕村落，分区教堂、礼拜堂和寺院，城市大街区的规模和呆板的广场，都给该地打上了明显的摩门教烙印。

你还会渐渐认识到，摩门教不仅是美国众多宗教派别中的一支，还造就并承载着一个明显与众不同的群体，一个有着高度自我意识的同一社会。他们一开始就要在荒无人烟的西部开辟一大片属于自己的天地，也基本做到了这一点，因为外邦人

---

[1] 著名的摩门教唱诗班，成员有 360 人。

[2] 扬（Brigham Young, 1801—1877），美国摩门教会领袖，1847 年率摩门教徒从中西部移民至西部，建立盐湖城。

[3] "外邦人"在《圣经·旧约》中与"以色列人"相对，原指迦南原住居民，后指所有未接纳犹太信仰、未受割礼的异族人；摩门教（即后世圣徒教会）则用以指所有不信其教者（包括犹太人）。

在那里属于少数群体，通常被看作"他者""外来者"甚至是"闯入者"。我在犹他生活了九年，对美国有了新的认识，对这种独特的社会群体也有了新的认识，感觉历史地理学家最好还是聚焦在各地区的典型社群上面。尽管美国西部也受到了标准化和齐一化的巨大压力，但远称不上一个齐一或统一的地区，甚至连萌芽状态都算不上。

有了对生活和地域的这种新认识，我开始把西部看作一系列社会区域加以考察。我写了一篇文章，全面论述了摩门教文化区的形成和嬗变，然后又写了一本关于得克萨斯的小书，继而写了一本关于新墨西哥州和亚利桑那州的小书。这些著述和我早期的作品一样，对生态和空间策略给予了充分关注，但主要还是聚焦在各类社群如何塑造其独特的区域社会。这种人类地理学并不拘泥于形式和地点，描述简单的地域模式；而是还原不断延续的地理变化，也即边界和关系方面的变化，迁徙、扩散和人口结构造成的内在特征方面的变化，经济、交通及其他科技方面的变化，以及地区居民态度及观念方面的变化。

这些著作的阐释性成分更多，在地理学界以外颇受好评。那还是二十五年前，关于新开辟地的话题仍被特纳[1]几十年前的论文把持着，但很多历史学家似乎从我的著作中找到了一种新的角度来审视这个话题。我还得告诉大家，有个学生我很喜欢，他也被我的这些著作吸引了。他是个虚构的人物，出现在

---

[1] 特纳（Frederick Jackson Turner，1861—1932），美国历史学家，1893年发表著名演说《新开辟地在美国历史上的主要意义》。

詹姆斯·米切纳[1]那本关于得克萨斯的巨著中。在该书中间部分，第504页，我打动了他，改变了他的人生。当时，他已经是大学里的橄榄球明星，但米切纳说：

> ……他读了一本书，和以前读过的东西截然不同，令他眼界大开。《得克萨斯帝国》……作者唐·威·迈尼格，锡拉丘兹大学的文化地理学家……他的观察别具慧眼，结论发人深省。吉姆在放下书的那一刻就知道了，他也想成为这样的地理学家……

米切纳没有让他来找我，而是让他去了克拉克大学，我也没能在后面的故事中找到他。他从来没给我写信，但有一点让我欣慰，不管人们怎么看米切纳的小说，一般都认为他在事实方面没有弄错。

我打算写一本关于美国西部各地的大部头著作，对加利福尼亚和科罗拉多也做了大量研究，但不巧又赶上一次海外旅居。这次旅居就算没有改变我的研究视角，也至少改变了我的研究范畴。1973年秋天，我有幸到苏格兰圣安德鲁斯大学访学，一周做一次关于美国的讲座，总共十次，其余时间自由支配。那年冬天，我们去了以色列，又在耶路撒冷希伯来大学讲了一遍。用十次课讲美国，得挑几个主要话题，时间和空间上不能太细。

---

[1] 米切纳（James Michener, 1907—1997），美国小说家，著有《得克萨斯》（1985）等。

我们后来又到英格兰格洛斯特郡的一个小村里住了下来。在这些地方思考美国，就不得不溯本追源：欧洲人是怎样向外扩张，接触到北美并建立殖民地的？一旦开始认真思考这种越洋跨洲的关系，就会把视野放宽，美国西部各区也就成了庞大体系中的小部件。这虽然不会降低美国西部固有的重要性，但毕竟改变了原有的平衡，主要目标变为从全国、北美乃至大西洋这种更大的背景来审视西部。

就这样，我慢慢开始了一项冒险的工程，撰写《从地理角度看美国五百年历史》。

我的整个写作生涯，可以看作一个地理学家对自我的找寻——我是谁，怎么成长的，有什么意义。对地理学家而言，这就意味着要密切观察自己在哪里，那是一个什么样的地方，那里的特色生活揭示了什么。于是，地理学家先是研究故乡，再到周边，逐步向外扩展，以期理解整个国家，理解美利坚合众国是个什么样的国家，它又是如何走到现在这一步的。

哈斯金斯讲演要求讲演人反思自己学术生涯中的"偶然决定因素"。前面已经谈了一些，还有两个要说。一是1950年没去伦敦，去了盐湖城；二是1959年没去伯克利，去了锡拉丘兹。研究生快毕业的时候，我需要找份工作养家糊口。几个月前，我申请富尔布赖特奖学金去伦敦，但该项目早年的审批过程似乎遥遥无期。6月初，我还无法确定自己能否申请成功，只好接受了犹他大学的教职。结果，那年夏天晚些时候，奖学金批下来了，但从道义上已不好再辞掉犹他的工作了。这是一个艰难的选择。毕竟，去海外工作曾是我长期以来的梦想。偶尔我也会想，要是在职业生涯的开端去了伦敦会是什么样子。对于刚开始工作的人来说，犹他大学是个充满活力的地方。虽然学校受吝啬的法律所限，资金不足，却拥有一批杰出的教员，正在刚从芝大来的系主任带领下革故鼎新。教学占了很多精力，好在我年富力强，还是做了很多事，包括 1953 年在电视上做的一个系列讲座。

1956 年夏天，我在伯克利教了一学期。第二年，卡尔·索尔[1]邀请我加入他的团队。当时，对于年轻的历史地理学家来说，这是一个千载难逢的机会。但我们两边都有些麻烦。在他那边，这个职位还没确定为正式编制，而我这边当时已经答应去澳大利亚一年。索尔先生同意我先去澳大利亚，他看明年能否解决教席问题。我们从澳大利亚回国途径伦敦时，收到一封信，是新任系主任写来的，说索尔已经退休，很遗憾没有教席。虽然早就觉得新主任不会看上我，但当时还是很失落。我们刚回到坐落在山脚下的家中，还没安顿好，锡拉丘兹大学的系主任就来了电话，邀我去面谈。看着窗外，阳光从白雪皑皑的群山影影绰绰地洒落在后院，我差一点就说"不用，谢谢"。我从没想过要去锡拉丘兹，也没想过要去东北。虽然兴趣不大，但理智还是告诉我，去看看也无妨，又不会损失什么。但事实上，损失还是很大的。因为回来之后，我开始变得不知道何去何从。我不愿离开西部，原因很多。当时已经想当然地以为要在西部

---

[1] 索尔（Carl Sauer, 1889—1975），美国地理学家，加州大学伯克利分校地理学教授。

山区或太平洋岸度过职业生涯，但锡拉丘兹在事业上的前景又好很多，而且，那片地区也比我原来想象的更有吸引力。经过一番痛苦挣扎，再加上我那一贯更明事理的妻子也大力支持，我们下了决心——去！这个偶然因素对我们影响很大。锡拉丘兹提供了更好的工作环境，地理系很棒，正在蒸蒸日上。学校资金一直不算宽裕，才智却很富足。三十年里，从系主任到校长，各级领导都支持着我的追求。同样重要的是，纽约上州的风光也很旖旎，地理位置也不错，我们很快就安居乐业了。亲戚们都生活在西部，他们觉得我们是流亡到了东部。不过，来过这边的亲友都不得不承认，这边也很有魅力。

关于"偶然决定因素"，我想最后补充一点。在我职业生涯之初，我还幸运地遇到了历史地理学界两位一流的学者和教师（其中一位完全是偶遇）。一位是伦敦的克利福德·达比[1]，另一位是威斯康星的安德鲁·克拉克[2]。他们热情地欢迎我，尊重我，仿佛我已经是这个小"行会"中的资深成员。这对新人来说，意义非凡。

地理学家有不同的研究范畴。人们通常认为我们能在整个范畴体系中驾轻就熟地上下游移。我发表的作品大都属于地区规模，现在的研究仍侧重这个层面，因为一个核心的目的就是把美国同时看作一个帝国、国家、联邦以及各种不同的区域来进行研究。不过，我的学术生涯既深受关于世界的微观视野的

---

[1]　达比（Clifford Darby，1909—1992），英国历史地理学家。
[2]　克拉克（Andrew Clark，1911—1975），美国历史地理学家。

影响，又深受关于世界的宏观视野的影响。

地理和历史一样，为思考那些宏大复杂的话题提供了一种思路。斯蒂芬·琼斯（Stephen Jones）说，"全球视野就是地理学家的智识历险"。我一直觉得这话有道理。我小时候迷恋大地图册，学认地点、形状和名字，其实就已经开始了这种全球视野的历险。后来逐步了解了更多的地区和社群，给这个骨架增添了血肉。要是碰上一本大部头著作，讲自己不熟悉的地区，就会有一丝兴奋（我现在想到的是麦高文[1]的《中亚史》）；对一些复杂的地理模式，如世界语言地图，尝试寻找其中的历史意义，也是一种挑战。我们不只是在分门别类地积累事实性的知识，更是要寻找一些概念，借以不断深入理解复杂的自然和文化模式。这种研究源远流长，可以追溯到洪堡[2]、李特尔[3]和雷克吕[4]等人的多卷本著作，却一直没有在美国站稳脚跟。直到现代出现了"伯克利学派"[5]，才写出了类似的著作（如罗斯特隆德、尼芬与拉塞尔、斯宾塞和托马斯的作品），但也都只是单卷本，不仅姗姗来迟，还形只影单，与美国主流地理学渐行渐远。在我早年的成长过程中，还有一些类似的著作滋

---

[1] 麦高文（William Montgomery McGovern，1897—1964），美国人类学家。

[2] 洪堡(A. Humboldt，1769—1859)，德国自然科学家、自然地理学家。

[3] 李特尔（Carl Ritter，1779—1859），德国地理学家，著有《地学通论》（十九卷，未完成）。

[4] 雷克吕（Élisée Reclus，1830—1905），法国地理学家，著有《新世界地理》（十九卷）和《人类和地球》（六卷）。

[5] 地理学家卡尔·索尔执教加州大学伯克利分校多年，开创了极具文化和历史特色的"伯克利学派"。

养了我的胃口，如人类学中林顿[1]的《文化之树》，历史学中拉
尔夫·特纳[2]的两卷本《伟大的文化传统》，以及刘易斯·芒福
德[3]的精彩辩争（尤其是他的《技艺与文明》）。后来，我也找
到了自己的方式，从历史地理的角度向本科生们讲授世界上各
种伟大的文化，帮助学生理解他们的世界。对此，我一直欣然
自得。但这种知识在美国大学中居然长期得不到重视，实在无
法让人理解。

在那些力图阐发宏拔大义的巨著之中，常能见到最富挑战
性的智识历险，尤其是斯宾格勒[4]、汤因比和诺斯拉普[5]的著作。
不用通读他们的鸿篇巨制，阅读相关评论和类似作品就能瞻其
风旨。例如，我在拜读他们大作的同时，还在博厄斯[6]的高足
埃尔娜·冈瑟（Erna Gunther）的指引下，有条理地学习了克罗
伯[7]《人类学》中对"文化"（culture）和"诸文化"（cultures）
的剖析。这些元历史著作之所以引人入胜，不是因为观点大胆，
结论不凡，而是因为视野宏大，广采博览，以求从整体和源头
上把握那些伟大的文化和文明。

几个月前，我和一位音乐学朋友谈起了一本书。我当时读

[1] 林顿（Ralph Linton, 1893—1953），美国人类学家。
[2] 特纳（Ralph Turner, 1893—1964），美国文化史学家。
[3] 芒福德（Lewis Mumford, 1895—1990），美国社会哲学家、建筑及城市规划评论家。
[4] 斯宾格勒（Spengler, 1880—1936），德国哲学家，著有《西方的没落》《世界历史的远景》等。
[5] 诺斯拉普（F. S. C. Northrup, 1893—1992），美国哲学家。
[6] 博厄斯（Boas, 1858—1942），美国人类学家。
[7] 克罗伯（Kroeber, 1876—1960），美国人类学家。

了书评，还没见到书。"嗯，作者力图通过考察一个社会的艺术来综论整个社会，"朋友说，"但没有成功，也不可能成功。壮心可嘉，但终究还是失败了。"（你可以猜到，我们谈的是沙玛[1]的《财富的窘境》。）我说，我就特别喜欢悲壮的失败。其实，我也正朝这个方向努力。我相信我会失败，但仍希望那会是一次真正悲壮的失败。

美国学术团体协会不吝赞词，称哈斯金斯讲演的讲演人为"杰出的人文学者"。但我既不杰出，也称不上人文学者。尽管我这种地理学也属于人文学科，很多时候也是在"描画"，用文字进行描述和阐释，但我对人的理解并没有严格依循现代最常用的"人文主义"概念，反倒是采用了《公祷书》中那种古朴严厉的态度。四十年了，这本书一直伴随着我的日常生活。它虽有些玄秘，却能使人纵心物外，客观地评价自己的工作。这本书丝毫没有妨碍我接受科学真知，却帮我跟学界新近流行的各种"主义"保持着一定距离。具体到我的专业，它能不断提醒我警惕美国社会和文化的某些典型趋向，例如对自由、个人主义、民主、物质主义、科学、进步的过度强调。它能给人带来智慧和希望，而不是愤嫉和绝望，有助缓解国内的污风浊俗引起的愤懑和焦虑。《公祷书》及相关仪规还提供了一套行为规范，列举了人类的愚行顽习，能给日常生活施加一种有益的压力。它年复一年地告诫说，"你本是尘土，亦将归于尘土"。这

---

[1] 西蒙·沙玛（Simon Schama, 1945—　），英国历史学家。该书副题为《黄金时代的荷兰文化》（1987）。

很可医治专业圈里肆无忌惮的虚荣假面。而且，它还不断地提醒我们，没有人能不为这些诱惑所动。

地理学有时也被看作一种道德哲学，主要是指深恋地球的人必定格外关心地球保护。早先有个定义认为，地理学是把地球当作人（现在说人类）的家园来研究。现在，这个定义又开始流行。我们近来认识到，地球作为家园，境况已不容乐观。地理学家和很多人一样，也渴望为修复家园、改造生活方式出谋划策。在这方面，我没有什么实用招数，只能发出微弱的声音，与为数不多的人一道，呼吁人们把目光放长远，深刻反思我们怎样到了现在这个境地。这种历史探索肯定会引发关于人类现状的冷静思考。在这方面，还有很多谜团有待破解。我也没有什么新见，不过是重复卡尔·索尔的呼吁，请地理学家们"将人类生活的方方面面都纳入"研究中来，寻求"一种能真正留给后人一个美好地球的伦理学和美学"。在我认识的地理学家里，索尔是唯一一位真正有哲学思考的人。他在漫长一生中默默钻研时空中的偏远角落，在这些宏大问题上有着精彩的言论。

但对我而言，一次乡间漫步，远比揣摩地球更能激发我对宏旨大义的深思。景观和乡土，属于地理研究中另一个极端，最能唤起我的伦理思考和审美情感。在地理学中，"景观"（landscape）一直是个重要而又棘手的字眼，它指的并不仅是景物、场景或风光。毕竟，眼中所见终须由脑中所有来解释，仁者见仁，智者见智，这里面的玄奥已经引出了不少的真知灼见。

我曾重点关注过象征性景观中反映出的美国价值，通常也会把景观当作一种资料库，不断从中寻找关于文化性格和历史变迁的线索。但景观又不只是一套数据，它本身就是一个综合体、一种混合物，足以引人深思。正是在这里，地理学与美学有了最明显的关联，地理学家可比肩作家、诗人、画家以及所有力图捕捉地方个性或人的地方情结的人。先前有人说地理既是科学又是艺术，即便这个观点至今仍乏实据，但逻辑和可能性还是有的。

我在这方面领会得比较慢，至少部分是这样的，因为我没有受过相关训练，而当时美国的相关文献也不多。不过，1950年代，我倒是有幸收到了一份不知名的新办杂志——《景观》，由一个叫 J. B. 杰克逊[1] 的人编辑出版，地址是圣菲[2] 的一个邮政信箱。几年后，我设法见到了这位谦谦君子。他不是学界中人，因而令人感到耳目一新。他后来被看作甚至被尊为美国文化景观研究的鼻祖和蒙师。同一天，我还幸运地见到了宾夕法尼亚州立大学的皮尔斯·刘易斯（Pierce Lewis）。我在景观研究的学术方面一直就教于他。我自己也日渐关注英国景观，发现这方面的文献相当丰富，其作者不仅包括形形色色的专家学者，还有英国特有的那种专心一志、禀赋过人的业余爱好者。我认识了英国的威廉·G. 霍斯金斯（William G. Hoskins）。这位杰出的乡土历史学家，凭借超群的才智、锲而不舍的精神和独特的

---

[1] 杰克逊（J. B. Jackson，1909—1996），美国作家、出版家。

[2] 美国新墨西哥州首府。

个性，贡献了多套著作和一部精彩的 BBC 电视系列片，让更多的人了解了这种历史地理研究。20 世纪 70 年代，我有很多时间用在了景观地理学上，开了一门讲座，主持了研究生研讨课，还做了一些实地调查，想把英美这方面的精华融会贯通起来，出点新成果。有些学生给出了很有创意的回应，我自己虽然也心有所动，却没能在这方面做深入的研究，基金会的进程报表时时提醒我，更大的研究项目不容拖延。让我心存遗憾的事情不多，停止研究锡拉丘兹和纽约州中部的景观地理，是其中之一。

还有一个很偶然的机会，我参加了一项为读者大众服务的大工程。那是 20 世纪 80 年代，我原来的一个学生——小加弗（John B. Garver, Jr.），在国家地理学会任首席绘图师，邀我去指导绘制一套展现美国地区发展历史的地图。一共做了十七个折帖，每个折帖都有一套地图，在五年中随《国家地理》杂志一并发行。该杂志在全球有一千零六十万订户，即便只有一小部分地图被人认真研究过，也已经是我做过的最高效率的教育工作了。（每当我在旧书店的箱子里看到这些地图，五十美分一张，就忍不住要买，太划算了。）

我也算一个特立独行的地理学家，因为我旅行的时候很少带相机。这当然很不方便，甚至可以说是一种缺陷，但我也在尽力弥补。我在脑子里储存了成千上万个地方的影像，虽然都是片面的、印象主义的，但却像老话说的，是用一双"有乡土鉴赏力的眼睛"得来的。也许，这种鉴赏力和偏好都是从我父亲那里继承来的。我们俩都抵制科技，显得有些落伍。同事们说我是在文字处理器时代使用羽毛笔的人，这说法很贴切。

旅行是地理学家获取知识的重要途径。我也去过不少地方，但没有像有的地理学家那样统筹安排，尽量多看些地方。不过，我发现，在写没去过的地方时，会有些不自在。这些年，我就利用各种机会，像开会，讲学，度假，争取走遍美国和加拿大，至少是有个粗略的接触。我申请到的研究经费不多，却也在一定程度上花到了这方面，也算勉强传承了地理学家作为探险家的角色吧。

我特意提到加拿大，因为它在我的学术生涯中占有重要的地位。身为地理学家，我必须把加拿大看作美国背景的基本组成部分。加拿大不仅与我国北部接壤，与我国有着千丝万缕的联系，也是一个相邻的帝国、联邦、国家和一系列地区，很有比较意义。美国人大多不关心也不了解加拿大，我觉得这是傲慢和愚蠢的表现。加拿大民族主义的根本成因，就是不想变成美国人。知道这一点，对有脑子的美国人来说，很有教益。这里不是详细讨论这个话题的地方，我只是想告诉大家，我在深入了解了加拿大的地理和文学之后收获很大。我对民族主义与地方主义、科技与社会哲学方面的著述格外感兴趣，觉得乔治·格兰特[1]和 W. L. 莫顿[2]的思想与自己志趣相投，很受

---

[1]　格兰特（George Grant, 1918—1988），加拿大哲学家。
[2]　莫顿（W. L. Morton, 1908—1980），加拿大历史学家。

启发。

　　尽管我只顾埋头研究自己感兴趣的东西，对很多同事的研究兴趣关注不多，但仍主张从字面意义来界定地理学，即"ge（地）-o-graphy（写）"，"描述地球"，"绘制地球"，从不同的等级和不同的抽象层面来描绘地球表面的实际特征和性质。这门学问没能很好地适应现代学术体系，也因此吃了苦头。常有人问："地理是自然科学还是社会科学？"几乎所有地理学家都会说"都是"。这本身就让那些喜欢整齐划一的行政人员感到恼火（比如，我在犹他大学的时候，地理学就被归在矿业学院，属"地学"[1]诸科之一）。我对这个问题的回答一直是"都是，但又不止"。也就是说，我的很多工作可以算作自然科学或社会科学的范畴，但目的却大不相同。我还是认可康德的说法，地理更像历史而不是科学，它不是研究某一特定事物，而是以一种特定的方式去研究几乎一切事物。地理是一种视角，一种看问题的方式。如果有人关注万物如何在各地域空间中共存，格外强调环境和协调，他就是在像地理学家那样思考，其最终目的在于综合而非分析。当然，没有人能够掌握某一区域内共存的所有事物。每个地理学家都会有所取舍，按照惯常分类，可以分为社会地理学家、经济地理学家、生物地理学家等。学校行政人员面临的最大诱惑就是解散地理系，将残余分子发配到上述学科之中。这种分类在逻辑上有很大的任意性，学理上也站不

---

[1]　包括地质学、地理学、气象学、海洋学、古生物学等。

住脚，但破坏力不容小觑。它否认了一个古老学科存在的合理性，斩断了它成长所需的连贯性。这就等于间接地告诉学生，地理学不值得你奉献一生。

如果说我的话有点争辩的意味，那是因为这些问题一直伴随着我的生活，因为我的学术生活一直没有局限在校园中。我希望我已经说清楚，地理对我而言不只是一种职业。人是一种奇特的生物。地理就是我的天职（vocation），我指的是那个古老深刻的含义，就是说，天职是一种内在使命，不是用它来谋生，而是要为它付出一生。天生的地理学家每天都在与地理打交道，靠地理来理解远乡近土，理解眼前的一切。不管是跋涉在陌生的他乡，还是走在每天上班的路上，每一个场景，每一处地方，都可能带来无尽的兴致和欢乐；当然，也可能带来痛苦，毕竟，人们对自己生活环境的很多所作所为都让人扼腕叹息。这种经历是那么刺激，那么充实，很难用言语表达。对这样的人来说，地理绝不只是一种职业，更是一种永无止境的人生历练。

我不知道到底有多少人这样钟爱和渴求地理。地理学家总共就没多少，相当一部分自称地理学家的人不过是目光短浅的匠人，他们不会真正明白我在说什么，相反，还会因我这些不得不说的话感到不好意思。当然，肯定也有人虽然从来没有把自己当作地理学家，却也深深地迷恋着地理。现在，社会科学遭遇危机，世界状况日益复杂，这也许能让更多的美国人认识到专业地理的价值。果真如此，则不仅会有更多的人能够学到必要的知识，去从事有成果的工作，而且会有更多的人能够看到当地理学家也有锦绣前程。届时，年轻的美国地理学家不管在哪里出现，也不管何时出现，都能得到全面的培养。

我就是这么一个幸运儿。和我那时候绝大多数美国地理学家一样，我也是很晚才发现还有这么一个职业。好在我发现得还算及时，得以尽享其乐。这样的经历是如此的畅快，当我回想人生的时候（正如你们大方的邀请鼓励我做的这样），就会觉得，似乎从我第一次惊奇地眺望帕洛斯群山的那一刻起，我的幸福生活就开始了。

（乔修峰　译）

1993
安娜玛丽·席梅尔

　　安娜玛丽·席梅尔（Annemarie Schimmel，或译作"安内玛丽·席默尔"）是一位颇具传奇色彩的德国女学者，是在世界范围内有着巨大影响的东方学家、伊斯兰文化研究者。

　　席梅尔 1922 年生于德国埃尔福特，从小就显示出对东方文化的浓厚的兴趣和极高的悟性。十七岁进入柏林大学，两年后以《中世纪晚期埃及的哈里发和卡迪的地位》一文获得博士学位。后被征召为外事部的翻译，利用业余时间继续从事学术研究。1946 年，成为马尔堡大学的阿拉伯语与伊斯兰文化专业的讲师。在马尔堡，席梅尔曾有过一次短暂的婚姻，但家庭生活显然不适合她，很快就又全身心回到学术生活中来。1954 年，受聘任教于安哥拉大学，用土耳其语讲授宗教史。1967 年受聘为哈佛大学印度－穆斯林文化研究教授，直到 1992 年退休。在哈佛任教的二十五年中，席梅尔在春季学期上完一学年的课。几乎每年秋天，她都去巴基斯坦。在巴基斯坦，她极受尊崇，拉合尔的一条大街就是以她的名字命名的。席梅尔的课和讲座非常受欢迎。她讲授的方式十分有名：她会用两只手攥着自己的手包，闭着眼睛，正好讲满预定的时间。用德语、英语和土耳其语做报告，她可以没有稿子；拿着稿子，她可以用法语、阿拉伯语、波斯语和乌尔都语做报告。

作为一个信仰基督教的学者，席梅尔对东方文化特别是伊斯兰的神秘主义有着极为深刻的体认和理解。席梅尔著述极丰，并且将波斯语、乌尔都语、阿拉伯语、信德语以及土耳其语的诗歌文学翻译为英文和德文。因为喜欢猫，她还曾就猫在伊斯兰文学中所扮演的角色写过一本书。1995年，因其在促进东西方之间的理解方面的卓越贡献，席梅尔获德国书业和平奖，德国总统亲自宣读颁奖词。这是公众社会对她一生事业的最高肯定。用她最喜欢的吕克特的一句话就是："世界诗歌就是世界和解。"

从哈佛退休后，席梅尔回到波恩，著述不辍，并且不断受邀做讲座。2003年1月26日，安娜玛丽因手术并发症去世。她没有子女，但是世界各地的朋友、学生以及各行各业的穆斯林，他们永远怀念这位独一无二的学者，这位穆斯林世界的翻译家。

从前，有一个小女孩，她生活在埃尔福特，那是德国中部的一座美丽的城市。可以夸耀的是，那座城市有许多哥特式教堂，也是一个园林艺术的中心。中世纪伟大的神秘主义神学大师埃克哈特（Meister Eckhart）[1] 曾在那里讲道；路德曾在那里受戒成为僧人，并在城中的奥古斯丁修道院度过了许多年华；而歌德也曾在埃尔福特会见过拿破仑，因为那个城市距离古典时代德国文学的中心——魏玛和耶拿——很近，骑马或者乘车只有几个小时的路程。

　　这个小女孩喜欢阅读和绘画，但却讨厌户外活动。因为她是独生女，又是父母年老时所生，所以父母对她倾注了无限的爱护和关心。她的父亲，生长于德国中部厄尔士山一带，是一位邮电局的职员；她的母亲，生长于靠近荷兰边境的北部，其家世代以航海为业。父亲温和有礼，喜爱各个宗教的神秘文学；母亲在德国北部地区严格的新教传统中长大，是个虔诚的教徒，但也由于生活在变化莫测的海洋边上，从而具有极强的通灵禀赋（这在当地并不罕见）：父母的性情恰为互补。在外祖母的村子里过暑假是很奇妙的，那儿有许多故事在流传：亲戚们曾在绕过合恩角或前往印度时有过惊险的航行；外祖父载着珍贵的货物经过一百多天的航行后，在巴西的南里奥格兰德附近失去了他那已经不结实的帆船……

　　后来，母亲的妹妹将这些故事编进一部小说，并写成多部

---

[1]　埃克哈特·冯·霍赫海姆（Eckhart von Hochheim, 1260—1327），德国神学家，哲学家，神秘主义者，通常称作"大师埃克哈特"（Meister Eckhart），德语 Meister 相当于英语 Master。

广播剧以反映沿海地区人们的生活。

父亲和母亲都喜爱诗歌。星期天的下午，父亲习惯于给我们大声朗诵古典文学作品，起先是德文的，后来则是法文的。

这个小女孩拥有一本出版于 1872 年的神话故事书。在七岁的她看来，那本书有许多拼写错误（实际上是 1900 年文字改革之前的老式拼写），她以校正这些“错误”为乐事，似乎已经准备好了去校阅以后人生中不得不面对的无数校样。书中有一则故事，她几乎耳熟能详——可后来她在其他书中都没有见到过。这则故事叫“帕德马纳巴和哈桑”（Padmanaba and Hasan），说的是一位印度哲人造访大马士革，在那里将一个阿拉伯男孩引入灵界生活的秘境，带他进入地宫，那里有法力无边的国王的椁室，周遭都是奇珍异宝。故事的结尾写道：“人们在酣睡，死亡时，才醒了过来。”十年后，当这个小女孩十八岁时，她才意识到这是一则哈底斯圣训（hadith），也就是先知穆罕默德所说的话，在伊斯兰世界里为神秘主义信徒和诗人们所服膺。

她喜欢上学，尤其喜欢学习语言，比如法语和拉丁语。高中时她的第一篇文章就让老师大为惊异，文章的题目是“给我的布娃娃的一封信”，内容是关于中国的义和团起义。她努力照着英国圣经学会出版的一本题为“多语版上帝的话”的小书，用外文抄写短篇文字。她还喜爱诗歌，最喜欢的诗人之一是弗里德里希·吕克特（Friedrich Rückert，1788—1866）。吕克特是位很有才气的东方主义诗人，其所翻译的波斯文学和阿拉伯文学给她留下了深刻的印象。她最热切的希望是学习更多的东方

253

文化，而到她十五岁时，她找到了一位阿拉伯语老师。一个星期后，她彻底迷上了这门课，因为老师不但教她阿拉伯语语法，而且教她伊斯兰的历史和文化。她按星期四到星期四（这是上阿拉伯语课的时间）计算星期，不过她不能告诉别人。因为当时的空气里弥漫着民族主义和政治狂热主义的气息。班上同学中有谁能理解她？亲戚朋友中又有谁能赞赏一个女孩去学习阿拉伯语？

后来这个女孩跳了两级，十六岁时就高中毕业了。唉，为此她不得不在半年里学完七年的英语课程，所以在她那全优的成绩单上英语的分数最低。大概就是因为这个原因，上帝觉得有必要把她派到哈佛大学去教书，以便稍微提高一下她的英语水平。

在进入大学之前，我们必须经过服劳役（Arbeitsdienst）考验，那是一种强制劳动。我们在农村当无报酬的女佣，在贫困地区做农田里的助手，我学会了诸如清理猪圈和收获甜菜这样有用的本领，同时拼命地温习以免忘记我的阿拉伯语。这种对自己理想的顽固坚守的结果是，到十八岁时我没有与时俯仰自动成为一个纳粹分子，我大概是伙伴中唯一的一个。

就在这劳动营地，我们听到了第二次世界大战爆发的消息。领队骄傲地告诉我们，我们可以有比往常六个月的服役期要长得多的时间来驻营为我们伟大的元首效力。对于元首我本来就没有爱，听到这个消息，当然也不会因此而有所增加。

就在战争爆发的第一天，我父亲被调到了柏林。不久，我那消息灵通的母亲得知，如果我学习自然科学的话，就可以解除劳役。为什么不呢？毕竟我喜欢物理，我当即设想自己将来可以从事伊斯兰科技史的研究工作，特别是矿物学史。来到柏林，注册成为文理学院的学生后，我继续学习阿拉伯语，并选修了伊斯兰艺术课程。到第一个学期（这个学期被缩短了）结束时，在 1939 年圣诞节，伊斯兰艺术史资深教授屈内尔（Kühnel）[1] 先生笑着鼓励我，让我放弃自然科学，专心学习伊斯兰文化，并承诺说，在我完成博士学业后可以做他的助手。然而这始终只是一个梦想。1941 年 11 月我完成博士学业时，成了外事部的翻译，因为对于战事而言，博物馆很不重要，即使我到那儿工作，也会被征召入伍。不过四十年后，我最初的梦想变成了现实，我应邀到大都会博物馆从事兼职工作，去做屈内尔先生一度希望我做的工作，即，从事伊斯兰书法研究——我在哈佛大学也曾从事过这一领域的教学工作。

在战时的柏林学习（至少对我来说）就像是生活在政治生活的僵硬现实之外。我的老师们是他们各自领域最杰出的代表。对我而言尤为重要的是，我们有一位女教授，安娜玛丽·冯·加拜因（Annemarie von Gabain，卒于 1993 年），多承她将我领进突厥学的大门，我把她当作自己的“大姊”，自己的“阿帕”（apa）。理查德·哈特曼（Richard Hartmann）教给我们对于古典阿拉伯语和奥斯曼土耳其语的繁难的历史考据方

---

[1]　恩斯特·屈内尔（Ernst Kühnel, 1882—1964），德国学者，从事伊斯兰艺术史研究。

法，而汉斯·海因里希·施耐德（Hans Heinrich Schaeder），一个真正的天才，则将我们带到历史的——不，整个文化的——最辽远的岸边。发现我对毛拉纳·鲁米[1]（Maulana Rumi）感兴趣（因读了吕克特对其诗作的意译而激发），他便建议我阅读尼科尔森（R. A. Nicholson）的《夏姆斯集选刊》（*Selected Poems from the Divan-i Shams-i Tabriz*，该书我曾手抄一部）[2]以及路易斯·马西尼翁（Louis Massignon）[3]关于神秘主义者烈士哈拉伊（Hallaj）（922 年被处死于巴格达）的研究论著——三个月后，1940 年圣诞节，我令他大为惊异，拿出了一组鲁米和哈拉伊诗作的德文韵译，这些翻译我今天仍然觉得是有价值的。战后是施耐德将我带进了 T. S. 艾略特研究领域，在哥廷根逗留之际，我们没有一起讨论波斯诗歌，而是一起读了刚送到他办公桌上的一本《四个四重奏》。于是他建议我读约翰·多恩（John Donne）[4]。我非常喜欢多恩的诗，因为他的风格和我喜爱的波斯诗人是如此相近。二十年后我出版了自己对多恩诗作的德文韵译。

---

[1] 鲁米（Jalāl ad-Dīn Muhammad Rūmī, 1207—1273），13世纪波斯著名的穆斯林诗人，被尊称为"毛拉纳"（Maulana），即大师的意思。

[2] 《夏姆斯集》（*Divan-i Shams-i Tabriz*）是鲁米的一部诗集，为了向他的老师夏姆斯（Shams）致敬，故名。

[3] 路易斯·马西尼翁（Louis Massignon, 1883—1962），法国学者，从事伊斯兰文化和历史研究，虽然他本人是天主教徒，却尝试从内部去理解伊斯兰文化，其观点对西方之认识伊斯兰有重要影响。哈拉伊（Mansur Al-Hallaj, 858—922），波斯神秘主义诗人，伊斯兰苏非教派教师，被当作异端定罪处死。

[4] 约翰·多恩（John Donne, 1572—1631），英国诗人，新教牧师，是玄言诗的杰出代表。

施耐德的夫人和屈内尔的夫人也都从事学术研究工作，她们对我的工作给予了热情的鼓励。这当然对我起到了很重要的作用，由此我在学术世界里从来不曾觉得自己是个异类，而且认为在学术界，女性应当与男性扮演同样的角色。

不过，六个学期无疑是漫长的学习：每到假期我们必须到一个工厂工作，一天工作十个小时，我回家时常常手上带着伤口，来写我关于马穆路克（Mamluk）[1] 历史的学位论文。我对厂里女工们的艰难生活有很深入的了解，也感念她们对我的理解，像我这样的外来者加入工作，就是为了能使他们中一些人可以请几天假而不会被扣工资。在我结束了自己的学业后，我不但为外事部工作，还为一部 16 世纪的一千五百多页的阿拉伯编年史编写了引得，那部编年史是在当时仍在战争中的伊斯坦布尔发现的。

战争的阴云越来越恐怖，轰炸也越来越猛烈——记得我曾在燃烧着的街道上走了四个小时，寻找失踪了的同事，为失去一切的朋友寻找庇护地点，并在我们的办公室自己破译电报，了解不断恶化的政治局势。不过在我的业余时间里，我仍然保持着对我的马穆路克军官们的忠诚——当时我以他们为题在撰写自己的博士后论文。1945 年 4 月 1 日我上交了论文，那一天我们部门因为安全原因被移到了德国中部。在一个萨克森人的小村子里，我们被美国人俘虏，在地牢里过了一个星期，然后

---

[1] 马穆路克（Mamluk），由奴隶组成的军队，曾一度成为伊斯兰世界军事力量的基础。

在停战那天被送到了马尔堡，整个夏天都被圈禁在一个学生宿舍里。对于我们而言这是最好的事情了——至少我们有了住的地方，有了正常的，当然也是很少的食品供应，而且很快我们就组织了一个类似于集中营大学的机构，教育、学习，在一个奇怪的小的社区里适应生活。

一天，一位要人来找我们，他就是知名宗教史专家、当时正要重新开办的马尔堡大学的人文学院院长弗里德里希·海勒尔（Friedrich Heiler）先生[1]。他谈到了合一运动的领导者、瑞典大主教、宗教史专家纳坦·泽德布洛姆（Nathan Söderblom）先生（卒于 1931 年）。尽管在我的印象中，这个博学的来访者在整个谈话中几乎不曾注意到我，但两个月后当圈禁结束时，他来到我家里造访。我是否愿意留在马尔堡？他们需要一个从事阿拉伯和伊斯兰研究的教授，因为此前占有此讲席的教授是个极端的纳粹分子。我几乎没有什么准备，不过我的行李箱里有一本自己的博士后论文——还有一些波斯语和阿拉伯语的文献——可以随身携带，我便答应了。三个月后，1946 年 1月 12 日，在德国北部，我发表了自己的就职演讲，我的姨妈们前来捧场，当时我还不到二十四岁。在马尔堡这样一个保守的小城，这还真是个大事件哩。系里唯一的女性，中世纪德国研究专家路易丝·贝特霍尔德（Luise Berthold）教授，用这样的话向我道贺："亲爱的孩子，记住一件事情——男人是我们的

---

[1]　弗里德里希·海勒尔（Friedrich Heiler, 1892—1967），德国神学家，宗教史研究者。

敌人！"

任凭她警告，我仍深深以教学为乐。没有人能够想象出在那些年里教师和学生是何等的快乐——不再有战争，可以自由地言说，阅读我们此前一无所知的图书，听取回迁移民的富有启发的报告，尽管我们几乎没有什么东西可吃，但却有知识供我们饱餐畅饮。每一门课（无论是阿拉伯语、波斯语，还是土耳其语，又抑或是对伊斯兰文学艺术史的首次尝试）都是一次历险，特别是因为我的学生中有不少是参战归来，年长于我。还有，我与海勒尔先生关系变得十分密切，与他一起从事宗教史的教研工作，用伊斯兰资料来补充他的课程，也学习了很多关于宗教的现象学研究、关于教会史及其曲折幽微，并且十分享受海勒尔先生星期天在他府上的小教堂里所做的德文弥撒。

不过，这个时候也了解了在我们童年和青年时期所发生的暴行，那些暴行如今看来是如此骇人听闻，难以置信，而此前我们绝大多数人竟没有意识到。

在发现新知识领域的过程中，我得到了母亲的支持。1946年5月，母亲投奔我来了，因为父亲在柏林战役中被打死了。许多老人（父亲是其中一个）甚至还不知道怎么使用手枪（每二十五个人有六条枪）就被派去抵御俄国人，作为"主要防线"。

我在马尔堡的生活非常有意思的一个方面是，弗里德里希·海勒尔先生率先意识到了女性对于宗教和学术的贡献的重要性。他的研讨班和他的著作《宗教中的女性》，在这问题成为神职人员和学术界的一个问题之前很早就已经在解决这个问题了。我们开玩笑称他为"庇护女教授的圣徒"。身居这种高位，他热情地宣扬女性担任教会职事，1948年，这个事业的一个瑞典推动者玛尔塔·塔姆-格特林德（Märta Tamm-Götlind）前来拜访他。1949年她邀请我到瑞典，克服了许多"外部"的困难，我前往那里，在瑞典西海岸的一个小岛上和她度过了两个星期来提高我的瑞典语，而这在当时，纯粹是关于神学的。接下来在斯德哥尔摩北部风景如画的西格图纳（Sigtuna）盘桓了几天，然后整整一个月，我流连于乌普萨拉（Uppsala）。我十分幸运地结识了从事东方研究的大师们，譬如 H. S. 尼伯格（H.S. Nyberg）和策特施泰恩（Zetterstéen），还有几位宗教史专家，首屈一指的是吉奥·维登格伦（Geo Widengren）。不过高潮部分则与老主教有关，主教泽德布洛姆的遗孀安娜，十分热忱地接待了她丈夫的朋友的年轻同事。我享受逗留期间的每一分钟，觉得自己完全被宠坏了——可是我怎么能预见到三十五年后这个地方的神学院会授予我荣誉学位？在那一刻，我坦承自己感到十分骄傲可以用瑞典语代表接受学位的外国人表达谢意，对我而言，这门语言充满了珍贵的回忆，我再次领略大教堂周围紫丁香的芬芳，参详那些盘旋于教堂尖顶的乌鸦在清澈的蓝天上不断写下的诗行。

我们不曾见过一个阿拉伯人，更不要说去阿拉伯国家学习了，对于现代学习东方语言的学生来说，这简直难以置信。但是对于战后的德国人来说，就连出访邻国这样最微不足道的远行也堪称大事件。1950 年我在阿姆斯特丹出席第一次宗教史国际研讨会，就是这样一件大事。在那里我才亲见亲闻这一领域的巨人们。其中有路易斯·马西尼翁，其形象纯然是一片光明，几乎没有物质躯体的痕迹。他是一位玄想通灵者，不过这位玄想者却在为弱势群体，为阿尔及利亚的穆斯林不懈地斗争，这位玄想者加上了热忱和仁爱。多年以后在东京一部拥挤的电梯里，他旁若无人地向我说起神秘玫瑰的奥秘，完全没有意识到我们是在嘈杂的人群之中。

阿姆斯特丹打开了我的眼界，使我学会了用多种可能的方法来阐释宗教：本质的，表现的，语文学的，历史学的，神学的，社会学的，等等；不久我从马尔堡神学院获得了宗教史专业的博士学位。不过，很快黑森州的新教教会就禁止该学院授予这种学位，因为其理念与教会对于研究非基督教宗教的态度不相一致。不也存在非新教信仰者从新教学院获取学位的危险吗？

1951 年春天对瑞士的一次短暂造访让我接触到哲学家鲁道夫·潘维茨（Rudolf Pannwitz），他那令人着迷的思想体系（即便在德语国家也是少有人知）有助于我更好地理解印度穆斯林诗人哲学家穆罕默德·依克巴（Muhammad Iqbal）[1]的哲学思想。我还第一次见到了弗里茨·迈尔（Fritz Meier），他是从事苏非

---

[1] 穆罕默德·依克巴（Muhammad Iqbal，1877—1938），诗人，哲学家，政治家，巴基斯坦运动的发起人，用乌尔都语和波斯语写作。

教派[1] 研究的最好的权威，一个值得学习的典范，后来成为我的好友，直到今天。

1952 年是十分关键的一年，那一年我首次造访了土耳其。我取得了一个小小的项目资助，去研究土耳其图书馆里的抄本以考察伊斯兰祈祷者的生活。我立即爱上了伊斯坦布尔，爱上了热情好客的土耳其朋友，从这些朋友那里，我了解了许多伊斯兰文化，还有土耳其的古典往昔。在我第一次土耳其之行结束的时候，我还有足够的钱来完成自己的心愿：我飞到科尼亚（Konya）去凭吊毛拉纳·贾拉鲁丁·鲁米（Maulana Jalaluddin Rumi）的陵墓，1273 年他在那里逝世。这么多年以来诵读、翻译他那令人陶醉的诗篇，我就是觉得自己必须去，而当时的科尼亚是一个沉睡的小城，没有令我失望（不像今天，周遭是一排排高耸的公寓楼，阻隔了灵性）。入夜，一场雷雨将灰色的街道和小花园变成了真切的伊甸园；路上满是沙枣树（麝香柳）的浓郁芬芳，而我也明白了为什么鲁米的诗中总是弥漫着春天的歌。这不是抽象言辞，也不是用滥了的源于古兰经文的关于复活的意象——而是他知道，这雷声真的就像是天使伊斯拉非来（Israfil）的鼓声，宣告着似已死亡的躯体重又活了过来。这些树难道不是穿着丝织的绿袍，焕然一新，来自伊甸园？

我深深地爱上了土耳其，第二年秋天，尽管没有项目资助，我还是又回到了那里。现在回过头来看，这两次土耳其之行是

---

[1] 苏非教（Sufism），是一种洁己修身、虔信真主的伊斯兰教神秘主义教派。

一段心醉神迷的时光，而我的主要欢乐（除了图书馆工作以外）是用脚步去发现伊斯坦布尔。圣苏菲亚图书馆可爱的馆员下班后带我到处走，每到一处就背诵一首诗，所以我是通过诗歌来体验这个城市的。而且时不时地，我与这个国家有名的诗人坐在一起，与他们讨论现代文学的问题——1928 年这个国家通行已久的阿拉伯字母被废止，正在试图摆脱其历史的枷锁。

第二次土耳其之行，在新朋友的帮助下，我走进了另一部分土耳其文化——土耳其苏非教派的最好的传统。有一些非常成功的商人会夜复一夜沉思冥想，还有玄想者和作家中的顶尖人物萨米哈·艾弗迪（Samiha Ayverdi）[1]，她写过许多书和文章反映这种传统的生活。在她家里，我领略了奥斯曼土耳其文化，她和她的家人让我见识了伊斯兰美术的永恒魅力，特别是书法。我喜欢听她讲话，句子悠长，语调抑扬，其时，博斯普鲁斯海峡的天空正飘着玫瑰的云彩。几个星期前，1993 年 3 月，在开斋节前夕，她去世了。在她去世前三天，我最后一次亲吻了她那虚弱的手。

土耳其各行各业的人们都给予我如此慷慨的友情，相形之下，德国对我就显得薄情寡义，马尔堡那位老同事的预先断言，比起我刚入行时显得更为正确——太多的人不喜欢一个年轻女性，而且是一位出版了一本东方诗韵译的年轻女性，更不要说这一卷德文韵译是波斯风格的，而尤为糟糕的是，译者竟迷醉

---

[1] 萨米哈·艾弗迪（Samiha Ayverdi, 1905—1993），土耳其作家，苏非神秘主义者。

于伊斯兰的神秘玄想，而不是单纯依据硬的外部事实，比如历史或者训诂。因而当安卡拉大学邀请我加入刚刚组建的伊斯兰神学系时，我非常高兴地答应去那里，用土耳其语讲授宗教史，尽管我本身是一位信仰基督教的女性。接下来的五年是美好、艰辛而又富于启示的。每年的大部分月份，母亲都会跟我在一起，我们一起在尘土飞扬的漫漫长路上旅行，领略安纳托利亚的美景——中世纪土耳其吟游诗人于努斯·埃姆来（Yunus Emre）[1] 的诗是我的伴侣。在安卡拉的这些年给了我走访农村和小镇的机会，去见证"老妇人的虔诚"，与苏非信徒以及不信教的人一起讨论关于宗教真理的问题，了解了许多伊斯兰的风俗习惯。同时我有许多朋友都抱有阿塔土克（Atatürk）[2]的理想，而我也看到，在当代土耳其的两张脸之间，鸿沟一年比一年增大。结果就是，那些表面上美国化了的人们，切断了他们与伊斯兰—土耳其传统之间的联系，而作为对这一发展趋势的反动，有些人则求助于合法的"原教旨主义"，不断地硬化他们的立场。

当然，我们曾多次造访科尼亚。在我们到达后不久，我被邀请于1954年12月17日在鲁米逝世周年的第一个公开纪念活动上宣读论文。在阿塔土克1925年禁绝神秘主义者兄弟会并

---

[1] 于努斯·埃姆来（Yunus Emre，1240—1321），土耳其诗人，苏非玄想派教徒，对土耳其文学有极大的影响。

[2] 阿塔土克（Mustafa Kemal Atatürk，1881—1938），政治革命家，作家，土耳其共和国的缔造者，第一任土耳其总统。

禁止他们活动以来，这是第一次，年老的托钵僧们聚集在一起，为了"谛听之礼"（samac）、音乐会和胡旋舞。终于见到他们了——我们第一次在私人宅第看到他们，随着醉人的音乐，蹁跹起舞，像白色的蝴蝶。于是鲁米变得更加真切如生，陪伴着我，是我的灵感和慰藉的不竭源泉，直到今天。可是如今，托钵僧的胡旋舞基本上被降格为一种民族风情表演，一种旅游资源，恰似许多号称将鲁米的诗译为西方语言的人，拘执于几个往往存在误解的概念，那个伟大的神秘主义思想家、诗人如果看到这一切，也将不寒而栗。但是谁还能够经受 1001 天的严格训练，除了学习鲁米的波斯文著作，还有音乐、胡旋舞和冥想，慢慢地熏染这托钵僧，一直到他成熟？

五年后我的学术研究走进了一个死胡同，于是决定返回马尔堡，并没得到我的同事们的欢迎。

不过与此同时，编织我人生的另外一条线出现了。还是个学生的时候我就喜欢印度穆斯林诗人穆罕默德·依克巴（1877—1938），他被尊为巴基斯坦精神之父，在他的诗歌作品中，东方理念和西方理念（分别体现为鲁米和歌德）以一种奇妙的方式融合在一起。1947 年巴基斯坦独立后，我方始购得几本关于他的研究著作。因缘际会，亦多承鲁道夫·潘维茨之力，我结识了一位德国老诗人，名曰哈姆斯·迈因克（Harms Meinke），该氏曾将依克巴的一些诗作从英文版韵译为德文。他将这德文韵译寄往拉合尔（现陈列于依克巴纪念馆），依克巴以他的两本波斯文著作回赠表示谢意。哈姆斯·迈因克读不懂，便转赠给了我。这就是依克巴的《东方来信》（*Payam-i mashriq*），是对歌德《西东诗集》（*West-Östlicher Divan*）的回应，还有《永恒之书》（*Javidnama*）[1]，灵魂游历七重天的见闻。我情不自禁地将后者韵译为德文，我的热情是如此强烈，不断地说到他那非常精彩的、有所改变但深层仍然是玄想主义的思想，因而我的土耳其朋友敦请我将这部史诗译为土耳其语——当然不是韵文，不过附有注解。其结果促成了我于1958年初受邀访问巴基斯坦。

在巴基斯坦，我不仅发现了依克巴的记忆以及他的诗歌的反响，而且对这个国家的多种语言和文学产生了兴趣，彻底爱上了印度河盆地的信德语。阅读沙·阿布杜·拉提夫（Shah Abdul Latif，卒于1752年）及其后继者的神秘主义诗歌，就是一场对于古典伊斯兰思想的永不落幕的精神历险，神秘主义潮流，加上印度巴克提（bhakti）虔爱元素，特别是追求永恒之爱的灵魂以女性为其代表的这一构想，多年来一直让我着迷不已。我时常回想起童年故事中那个智慧老者帕德马纳巴，他将那个阿拉伯小孩带进苏非教派的秘境，乡野那无数圣者坟墓的四壁，回响着这么一句话："人们在酣睡，当他们死亡时，才醒了过来。"而信德音乐那起起伏伏的曲调，让我深深地爱上了印度甚

---

[1] 《永恒之书》（*Javidnama*），依克巴代表作之一，1932年出版，受但丁《神曲》的启发而创作。在《神曲》中但丁的向导是维吉尔，在《永恒之书》中依克巴的向导是鲁米。

至整个东方音乐。

离开土耳其之后，巴基斯坦成为我工作的主要领域。在随后的几年甚至一直到今天，我曾多次造访那里，逐渐了解了这个幅员辽阔国家不同的犄角旮旯——不仅熟悉了散布着小陵墓的信德大草原，而且，在更为晚近的阶段，还熟悉了北部的山区。我常常问自己，这三十几次巴基斯坦之行，最美好的体验是什么。是我被授予"巴基斯坦希拉里"（Hilal-i Pakistan，这个国家最高级别的市民勋章，阿迦汗也出席授勋仪式）时伊斯兰堡那个光芒四射的早晨？是那次驾车前往与中国接壤、海拔15000英尺的红其拉甫山口？或者是沿着南迦帕尔巴特山飞进年轻的印度河的峡谷？或者是人们那难以置信的热情好客，即便在最贫穷的乡村也是如此，那不知名的卫兵急着为来自德国的贵客端来一杯水时那种彬彬有礼？或者是乘一架小直升机飞过俾路支省南部来到拉斯贝拉，然后骑骆驼到达莫克兰山的卡蒂（Kati）族圣地，Hinglaj神圣洞穴？我曾目睹了政治风云变幻；与布托先生和齐亚·哈克将军都曾有过长谈；见证了工业化的发展；旧的生活方式渐渐消失；不同派系之间的关系日趋紧张；部长和各省首长人事变动或者被杀死……不过，色彩斑斓的文化传统和如此众多的人的友谊（我频频在电视上露面，他们通常因此而认识我）让我在巴基斯坦感觉非常自在。

我对巴基斯坦（以及整个南亚次大陆）的热爱得到了延续，虽然我的工作发生了意想不到的变化。1960年，在被聘到波恩大学从事伊斯兰及相关语言的教学研究之前，我曾协助在马尔堡组织主办了宗教史国际会议。五年后，美国同行邀请我帮助他们在加利福尼亚州克莱蒙特市组织主办了下一届会议。那是我第一次造访美国。我非常享受，吸收一切，从迪士尼乐园到大峡谷以及纽约，一直让我兴奋不已。会议清楚地显示出，对于宗教学，大多数欧洲学者采取的是历史进路，而若干北美学者则鼓吹一种更为动态的观点。学派之间的这种分歧多少有些令人担心，但是对我来说更为困扰的是威尔弗雷德·坎特韦尔·史密斯所提出的我是否可以考虑来哈佛讲授印度-穆斯林文化的这一问题。此即著名的"速食米"讲席，由一位印度穆斯林富豪设想创立。[1]这位先生痴迷于密尔（Mir，卒于1810年）和加利布（Ghalib，卒于1869年）的乌尔都诗歌，希望借此推动，将他所喜爱的这些诗歌翻译为英文，让西方人感受其魅力，就像一百多年前菲茨杰拉德将莪默伽音（Omar Khayyam）的《鲁拜集》（*Rubaiyat*）译为英文那样。不，我拒绝道，我一点儿也不感兴趣——乌尔都不是我研究的领域。美国？我从来没想过去那儿定居。

当时，还有另外一个原因让我拒绝，或者至少可以说是犹豫着不愿接受这个邀约：1961年我迁至波恩，从1963年起，我与Albert Theile（最具创造力的高级文化出版社之一）合作，编辑出版一种阿拉伯文化杂志。我们的 *Fikrun wa Fann*（《艺术与思想》）常常被誉为德国出版的最漂亮的杂志，我不仅负责其中

---

[1] 这个人就是"速食米"(Minute-Rice) 的发明人 A.K. Ozai Durrani。后来席梅尔接受邀约，成为该讲席的第一任教授。

的阿拉伯文本，而且还负责一部分排版构图，我学会了如何运用剪刀加糨糊做出一个经典的排版，直到完成一件精美的作品。在选择文章、作者以及插图的过程中，我们必须频频光顾博物馆、电影院和芭蕾舞剧场，这可爱的工作令我的视野不断拓宽，让我可以放纵自己的艺术兴趣，从而以某种方式补充了我的教学科研生活。离开我的杂志？绝不！

不过话又说回来，谁能拒绝来自哈佛的邀约？最终我还是接受了，因为在德国我看不到进一步晋升的机会——正如我的系主任所说："席梅尔女士，如果你是个男的，你会有一个讲席。"

我与哈佛大学的合同从 1966 年 6 月开始，不过，前几个月我是去印度和巴基斯坦购书。从伊朗来到阿富汗后，我在那儿停了下来，她美丽的自然风光俘获了我的心——班达米尔蓝宝石湖难道不是出自一个孩子的梦境？后来我多次回到这个国家，在那里热情好客的人民的陪伴下旅行，从锡斯坦到巴尔赫，从加兹尼到赫拉特，每一个地方都充满了伊斯兰的历史记忆，回响着波斯诗句。我在拉合尔逗留一阵，然后来到印度，在随后几年里我对那里越来越熟悉——不仅包括有着莫卧尔遗产的北部，也包括更为广阔的南部。我发现在德干高原的古老皇邑（古尔柏加，比达尔，比贾布尔，奥兰加巴德，以及葛尔康堡－海德拉巴）有如此众多的事物见证了这一地区大量的却罕有人知的文学和艺术遗产，等于在我眼前展开了一个全新的世界，我努力为我在哈佛的学生们打开这个世界，同时这也使得我能够在卡里·韦尔奇（Cary Welch）1985年在大都会博物馆筹备那次题为"印度！"的辉煌文物展时提供若干帮助。

1967年3月，我来到哈佛，经历了第一个早晨的恐怖风暴。从来没有人告诉我这样的事情是非常常见的，正如也没有人耐烦向我介绍哈佛人事管理的秘辛：规范打分的神秘流程，学期论文，入学面试，研究生和本科生的区别，等等。熟悉的是完全不同的学术体系（德国和土耳其都有其独特的学术体系）的人，怎么可能知道所有这些？第一个学期是艰难的：我不但在波斯语、乌尔都语以及其他许多科目之外还被要求开一门伊斯兰历史概论课，而且我还用所有的课余时间在威德纳图书馆里为刚从南亚次大陆运到的成百上千册乌尔都语图书进行编目。我第一次查目录的时候，乌尔都文图书只有六七册，而现在威德纳图书馆拥有堪称全美最好的乌尔都语和信德语藏书。

"哈佛是世界上最孤独的地方。"一位美国同事曾对我这样说。我顺利度过了最初的几年，这要感谢我那些很棒的学生——他们来自印度和巴基斯坦，来自南北卡罗来纳以及西海岸，来自伊朗和阿拉伯世界，有耶稣会的，有穆斯林，还有佛教徒。他们是我的孩子，在我度过令人绝望的低潮的时候，是他们在支持着我，我尽力帮助他们解决他们的问题（不仅是学业上的问题，还有个人生活上的问题），而这对我克服自己的问题也有很大的助益。我既已通过诗人们的眼睛见识了伊斯坦布尔，就又通过E. E. 卡明斯（e.e. cummings）的诗句稍许了解

"居住在装修过的灵魂里的坎布里奇女士们"[1]。

我的问题是，我必须用并非自己的语言来上课，我非常喜欢用土耳其语上课，但我总难释怀自己在高中时期英语几乎不及格，尽管我已经用英语出版了几本书。而更为糟糕的是，在德国我可以使用 1810 年以来关于东方诗歌的一些精彩的韵译，如果没有的话，我就自己翻译；而在这里，我像个哑巴一样，不能将这些珍宝和盘端出给我的学生——或者至少我是这样感觉的。在 1970 年哈佛给了我终身教职以后，我有了更多的保障，我一个学期完成两个学期的教学任务，秋季大部分时间我在德国和南亚次大陆度过，我认为这种安排，对于我自己的研究和我的学生都是有益的。这样的安排能够让校方接受，在很大程度上是由于"速食米"基金管理人詹姆斯·R. 彻里（James R. Cherry）先生的努力，自从我来到美国，就一直享有他的友谊和并从他智慧的建议中受益。随着时间的推移，特别是搬进艾略特宿舍之后，我越来越觉得自己是哈佛的一员，通过高级交谊厅认识来自不同专业领域的同事——对于一个偏僻小系的教员来说，还真的需要高级交谊厅这种东西来促进自己对于这个一流精英大学所面临的问题的敏

---

[1] 爱德华·E. 卡明斯（Edward Estlin Cummings，1894—1962），美国诗人，画家，早年毕业于哈佛大学。有些出版社按照卡明斯本人一段时间的习惯，将其名字用小写字母印作 e.e. cummings。美国马萨诸塞州坎布里奇市，因坐拥哈佛大学和麻省理工学院而闻名于世。卡明斯这首十四行诗讽刺了以生活在坎布里奇市的那些大学教授妻子为代表的一群妇女，她们因循，自满，缺乏个性，生命中塞满了各种人为造作，却失去了自然。

感性。

奇怪的是，我在三大洲之间奔走，但是我的学术成果却不断增长。美国强制要求我用英文发表作品，那意味着比我以前用德文写作时有了更为广泛的读者群。我还有很多机会可以更好地了解北美，因为出席许多学术会议，我去过大多数一流大学的校园。到处都能找到朋友。加州大学洛杉矶分校几乎成了我的一个据点，我多次去那里出席勒维-德拉-维达（Levi-della-Vida）学术研讨会[1]，而且万没想到自己还收获了荣誉，于1987年得到勒维-德拉-维达奖。还有犹他大学盐湖城分校和犹他州南部那令人叹为观止的美景；还有俄勒冈大学尤金分校和达拉斯大学；教堂山大学、多伦多大学以及其他很多大学；还有芝加哥大学，那儿有很好的宗教史研究团队，他们邀我参与编写米尔恰·埃利亚德（Mircea Eliade）主编的极负盛名的《宗教学百科全书》[2]。正好可以在这里提一下，1980年春天，宗教史专业的美国学术团体协会讲座，把我带到了田纳西大学、杜克大学和加拿大埃德蒙顿的阿尔伯塔大学。我觉得单纯从数量上来讲，我就伊斯兰玄言诗的各个方面所作的讲座（已结集

---

[1] 勒维-德拉-维达（Levi-della-Vida），即 Giorgio Levi Della Vida（1886—1967），意大利籍犹太人，语言学家，主要研究希伯来语、阿拉伯语等伊斯兰语言以及中东文化。二战期间流亡美国，曾先后任教于费城宾夕法尼亚大学和加州圣地亚哥大学，二战后回到意大利，并将自己的藏书捐赠给圣地亚哥大学图书馆。加州大学洛杉矶分校筹划组织了"Giorgio Levi Della Vida 伊斯兰研究丛书"，并设立了"Giorgio Levi Della Vida 奖"，用以表彰伊斯兰研究领域的杰出成就。

[2] 米尔恰·埃利亚德（Mircea Eliade，1907—1986），罗马尼亚宗教史学家，哲学家，作家，美国芝加哥大学教授。

出版，题为《透过面纱》），应该是破了纪录的。在大洋另一岸的时间，我四处去做讲座，到瑞士和斯堪的纳维亚，到布拉格和澳大利亚，到埃及和也门，还有别忘了，1971年我还参加了伊朗建国2500周年庆典。

人们常常问我，在课堂、打字机以及没完没了的多个主题的讲座之间生活，有没有感觉到疲于奔命。有时会有那样的感觉，但是，结识这么多有趣的人，在讲座之后（一起共进早餐、午餐和晚餐的时候）尽情地热烈讨论，这些所带来的欢乐，无疑令人怡然忘倦，因为这让脑子充满了新鲜的观点，即便是一个幼稚的记者或者一个好奇的高中生所提出的最愚蠢的问题，也能告诉你，你应当更为巧妙地解决某个问题，或者更为清晰地界定某种构想。诚然，经常被问到"你作为一个女人怎么会对伊斯兰感兴趣，没事干啦？"这样的问题，令我越来越失去耐心甚至感到愤怒。

我的学术生活圈子（与我的社会生活紧密相连）得到了拓展。我的美国堂弟保罗·席梅尔（与我父亲同名，但是我父亲从来不知道这个保罗的存在）在麻省理工学院任教，与我同一天入选美国艺术与科学院，一直给我带来很多欢乐，我为他还有他那充满爱的家人感到骄傲，他的两个女儿对伊斯兰文化也非常感兴趣。

看到自己学生的发展进步（现在有的是已经退休的大使，有的是须鬒苍然的教授），目睹早前播下的精神种子如何生长成熟开花结果，足慰平生。在学会了用现象学的方法研究宗教

（这种方法有助于人们理解宗教的外部表征并且逐渐将追寻者带进宗教的核心）以后，我便坚信这样一种方法，可以让我们在危险的"调和论"观点（这种观点泯灭差异性）的横扫过程中不失去自我，又能达成迫切需要的宽容。

早些年我哪里梦想得到我会被选为（1980 年）国际宗教史学会的主席，是担任此职的第一个女性，也是第一个伊斯兰教研究者。又有谁能预见到我会受邀在爱丁堡极负盛名的吉福德讲座进行演讲，这是每一个宗教史学家哲学家的梦想。17 岁那年，我学习波斯语第二个学期时，曾读过中世纪伟大的伊斯玛仪派哲学家纳塞尔·霍斯鲁（Nasir-i Khusraw，卒于 1071 年之后）的《游记》（*Safarnama*）[1]，我哪里能想到我在哈佛所教过的最好的学生中有一些就是伊斯玛仪派的信徒，哪里能想到我会跟伦敦的伊斯玛仪派研究所发生密切的联系，我在那里的夏季课程授课，为此我翻译了纳塞尔·霍斯鲁的诗歌（感谢老天，这回是译成英语韵文）。

上大学之前在劳役营近乎绝望的境地下，我曾给柏林清真寺的伊玛目[2]写过一封信，问他能不能在拉合尔找到一个家庭，我可以花一段时间跟他们学习乌尔都语（当然，这纯粹是乌托邦式的想法）——谁能预见到四十多年后，拉合尔最美丽的街道之一就是用我的名字来命名？

---

[1] 纳塞尔·霍斯鲁（Nasir-i Khusraw，1004—1088），波斯诗人、作家、哲学家、旅行家、伊斯玛仪派学者。伊斯玛仪（Ismaili），伊斯兰教什叶派支派之一。

[2] 伊玛目（imam），对伊斯兰教领导者的尊称。

我这一生，生活在不断扩大的圈子里，正如里尔克(Rilke) 所说，是一个不断学习的过程。诚然，对历史的学习和再学习，在我的人生中出现多次，这使我对于不断转换焦点或者说在与我相联系的国家的政治生活中转换立场，多少有些厌倦。也许，在现代看伊斯兰（绝不仅限于伊斯兰！）社会，我们应当记住 14 世纪北非历史学家伊本·克勒顿[1]在其《世界史导论》(*muqaddima*) 中所表述的对于历史潮流的独到见解，早年我曾节译过其中一部分——人们倾向于（至少我是如此）寻找事件海洋起伏不定的表面背后那永恒不变的力量。

我那智慧的父母，用不同的方式教会了我这些道理。如果没有我父亲对于宗教之最核心的深刻理解，如果没有我母亲那历久弥深的智慧，没有她对我这样一位多少有些异乎寻常的女儿的无限的耐心，那么我的人生将会大不相同。母亲生长在乡村，从来没有上过高中，完全是自学，可是我所有德文著作和文章的手稿和校样，她都读过，正如她爱说的那样，她扮演的是一个"民众的声音"，借此教会我在写作的时候心里要装着非专业的读者。不过，她也努力地检查我过深地进入神秘主义之爱的梦境的倾向，因为，她自己也超级感性，如果不保持警惕，她担心我会失去自己清醒的意识和批判的头脑。

尽管看来现在这学习的时间快要结束了，但是我明白，过

---

[1] 伊本·克勒顿 (Ibn Khaldun, 1332—1406)，历史学家，被认为是现代历史编纂学、社会学、经济学等学科的先驱之一。撰有七卷本《世界史》，第一卷《导论》可以看成是独立的一部书。

去的每一刻——即使是最令人不快的时刻——都教会了我一些东西，每一次经历都融入了我的生活并使之不断丰富。生命不息，学习不止，当依克巴大胆地说出"天国不是度假！"时，他所表述的，是对于歌德和其他思想家来说很重要的观点，那就是，即便是永生，那也是一个不断成长的过程，也是一个不断学习的过程——以某种神秘的方式去学习神那深不可测的神秘，他以各种各样的迹象，昭示着自己。痛苦，也是其中的一部分；而人生最为困难的任务，就是学习忍耐。

对我来说，学习就是将知识和经验转化为智慧和爱，走向成熟——按照东方的传说，普通的砾石也能变成红宝石，只要它耐心地吸取太阳光华，洒自己的鲜血完成最高的献祭。在凭吊过科尼亚的毛拉纳·鲁米陵墓之后，我曾写过几句诗，也许这些诗句可以说明学习对我来说意味着什么：

你永远难以抵达的那银峰

看起来像一朵极乐的云彩

在暮色中。

你永远难以跨越的那盐湖

冲着你狡黠地微笑

在晨雾中。

在这条路上的每一步都让你走得更远

离开家，离开鲜花，离开春天。

有时候那云的影子在这条路上舞动，

有时候你在一处废弃的驿馆歇脚，

从黑色的烟缕中探寻真相，

有时候你紧走几步

与某位同心共胆者一道

只是为了再次摆脱他。

你行行重行行，任狂风撕扯，

烈日炙烤

而那牧人的笛声

告诉你"那血泊中的路"，

直到你不再哭喊，

直到那盐湖

只是你干涸的泪滴

倒映出那极乐的山峰

比你的心距离你更近。

（苏杰　译）

图书在版编目（CIP）数据

学问生涯 /（美）道格拉斯·格林伯格，（美）斯坦利·N. 卡茨编；吕大年等译 . —杭州：浙江大学出版社，2018.9
书名原文：The Life of Learning
ISBN 978-7-308-17409-1

Ⅰ.①学… Ⅱ.①道…②斯…③吕… Ⅲ.①人文科学-文集 Ⅳ.①C53

中国版本图书馆 CIP 数据核字（2017）第 229088 号

学问生涯

[美]道格拉斯·格林伯格　[美]斯坦利·N. 卡茨 编　吕大年等 译

责任编辑　王志毅
文字编辑　周　运
责任校对　王　军　夏斯斯
装帧设计　罗　洪
出版发行　浙江大学出版社
　　　　　（杭州天目山路148号 邮政编码310007）
　　　　　（网址：http://www.zjupress.com）
排　　版　北京大观世纪文化传媒有限公司
印　　刷　北京中科印刷有限公司
开　　本　880mm×1230mm　1/32
印　　张　9.25
字　　数　180千
版 印 次　2018年9月第1版　2018年9月第1次印刷
书　　号　ISBN 978-7-308-17409-1
定　　价　54.00元